——————————— 님의 소중한 미래를 위해
이 책을 드립니다.

내 인생의
첫 주식 공부

주식투자 왕초보가 꼭 알고 싶은 것들

내 인생의 첫 주식 공부

백영 지음

메이트북스

메이트북스 우리는 책이 독자를 위한 것임을 잊지 않는다.
우리는 독자의 꿈을 사랑하고,
그 꿈이 실현될 수 있는 도구를 세상에 내놓는다.

내 인생의 첫 주식 공부

초판 1쇄 발행 2020년 7월 1일 | 초판 13쇄 발행 2023년 9월 1일 | 지은이 백영
펴낸곳 ㈜원앤원콘텐츠그룹 | 펴낸이 강현규·정영훈
책임편집 안정연 | 편집 박은지·남수정 | 디자인 최선희
마케팅 김형진·이선미·정채훈 | 경영지원 최향숙
등록번호 제301-2006-001호 | 등록일자 2013년 5월 24일
주소 04607 서울시 중구 다산로 139 랜더스빌딩 5층 | 전화 (02)2234-7117
팩스 (02)2234-1086 | 홈페이지 matebooks.co.kr | 이메일 khg0109@hanmail.net
값 17,500원 | ISBN 979-11-6002-290-2 03320

이 도서의 국립중앙도서관 출판시도서목록(CIP)은 e-CIP홈페이지(http://www.nl.go.kr/ecip)에서
이용하실 수 있습니다.(CIP제어번호 : CIP2020024926)

투자에 있어서, 무지(無知)와 빌린 돈을 합하면
재미있는 결과가 나올 것이다.

• 워런 버핏(미국의 투자자) •

주식은 공부한 후에
여유자금으로 시작하세요!

존 리(메리츠자산운용 대표이사)

한국처럼 다양한 기업이 있는 나라는 없습니다. 그런데 안타까운 점은 우리나라처럼 주식투자를 안 하는 나라가 없다는 점입니다. 자녀에게 사교육비를 쏟는 대신, 과감하게 아이가 가장 좋아하는 일을 찾아줘야 합니다. 그리고 학원비로 주식이나 펀드를 사서 노후를 준비해야 합니다. 이것이 우리나라를 살리는 길입니다.

열심히 일하는 데도 경제적으로 쪼들리는 이유는 무엇일까요? 돈과 자본에 대해 제대로 배우지 못했기 때문입니다. 자본주의 사회에 살고 있으면서 자본이 일하게 하는 법을 알지 못하기 때문입니다.

돈을 위해 일하지 않고 돈이 당신을 위해 일하게 해야 합니다. 그렇게 하기 위해서 수입의 일정부분을 노후에 투자해야 합니다. 그 최적의 방법이 바로 주식투자입니다. 부자가 된다는 것은 내가 '돈'으로부터 '독립'하는 것을 말합니다. 돈으로부터 독립하기 위해서는 주식을 알고 시장에 오래 머물며 오랫동안 투자해야 합니다.

하지만 아무런 준비 없이 주식시장으로 무작정 들어오는 것은 반대입니다. 최근 주식에 대해 별다른 공부도 하지 않은 이른바 '주린이'라는 분들이 주식시장으로 대거 몰려들었고, 현재도 빠른 속도로 몰려들고 있습니다. 다들 주식으로 돈 번다고 하니 대출을 받고 적금을 해약해 시장에 들어오지만 이런 주식투자는 위험천만하기 그지없습니다.

주식은 반드시 여유자금으로, 월급의 10% 정도로 시작해야지, 절대로 빚을 내서 하는 게 아닙니다. 그리고 주식에 대해 기본적인 공부조차도 하지 않고 시장에 진입했다면 요행을 바라고 횡재를 바라는 마음 그 이상도 이하도 아닙니다. 설령 처음에 어느 정도의 투자수익을 올렸다고 하더라도 그건 누구나 한 번쯤은 경험하는 초심자의 행운일 뿐입니다.

요행을 기대하지 말고 처음부터 올바른 주식투자관을 가지고, 차근차근 기본기를 쌓고, 좋은 회사의 주식을 꾸준히 오래 사들이는 습관을 들여야 합니다. 그럴 때 주식투자는 요행이나 사행심이 아닌 건전한 투자이자 노후준비가 됩니다.

두근거리는 마음으로 주식시장에 들어왔지만 막상 입문서로 삼을 책이 없다는 말을 들었습니다. 그런 분들에게 이 책을 추천합니다. 금융문맹을 벗어나고, 투자의 바른 길을 위한 주식 교과서와 같은 책이 필요하던 차에 이 책이 출간된 것을 기쁘게 생각합니다. 저자는 일반인을 위한 펀드교육에 열심히 참여한 경험을 살려 주식투자를 쉽게 이해할 수 있는 책으로 잘 만들었습니다.

　자기의 현재 상황과 수준에 맞지 않는 주식 유튜브나 주식 카페 등에 가입해서 단타 추종자가 되지 말고, 이런 기본서를 줄 그어가며 열공해 온전히 자기 지식으로 만들 필요가 있습니다. 이 책을 통해 주식투자의 A부터 Z까지 하나씩 알아가면서 비로소 주식투자의 진면목과 방법들을 알아갈 수 있을 것입니다.

　다시 당부하지만, 짧은 시간에 큰돈을 벌어보겠다는 의도라면 지금이라도 주식시장을 떠나길 권합니다. 혹은 거래를 멈추고 주식투자의 기본기를 처음부터 다시 공부하길 권합니다. 우리나라에는 탐욕에 사로잡혀 단기적으로 요행을 바라는 주식투자자가 너무 많습니다. 차트 공부를 열심히 했기에 매매 타이밍을 맞출 수 있다고 착각하면 안 됩니다. 그런 사람들은 결국 패배자가 되고 말기에 주식시장에 오래 머물 수가 없습니다. 주식투자는 노후준비를 위한 것이지 재테크가 아닙니다.

저는 2014년 미국에서 귀국한 이후 전국 방방곡곡을 돌며 1,000회가 넘는 강연을 통해 제대로 된 투자의 중요성을 설파하는 주식투자 운동을 꾸준히 벌여왔습니다. 주식투자자로서 항상 위기를 극복했던 인간의 능력을 믿고, 기업 가치가 올라가는 자본주의의 원리를 믿기에 노후준비의 방법으로 주식투자를 권하고 있습니다.

주식에 투자하는 것이 위험한 것이 아니고 주식에 투자하지 않는 것이 위험한 것이라고 생각합니다. 부디 서두르지 말고 이 책을 시작으로 정석대로 투자해 풍성한 노후를 즐기길 바랍니다.

주식투자의 기본기,
이 책 한 권이면 됩니다!

2020년 코로나19가 확산되면서 공포 역시 확산되었습니다. 경제적으로나 사회적으로 코로나19는 고통스러운 다양한 영향을 끼쳤는데, 경제를 위축시키고 주식시장을 폭락시켰습니다. 주식시장의 내적요인이 아닌 외적요인에 의한 급락에 이른바 '동학개미운동'이 시작되었습니다.

우리나라 우량기업의 주식을 외국인 투자자가 잠식하면서 국내주식시장을 좌지우지하는 것에 내심 불만이 있었는데, 그 시작이 어떠했건 개인의 주식시장 참여 확대는 의미 있는 일이라고 생각합니다. 넓게 보면 좋은 회사의 주식에 투자하고 자본시장 발달에 기여하는 것도 국가경제 발전에 이바지하는 것이기 때문입니다.

다만 새로운 수많은 초보투자자가 생겼는데 주식투자라는 것이 결과를 장담할 수 없기에 한편으로는 걱정도 됩니다. 주식을 잘 알고 투자해야 좋은 결과를 견인할 수 있기 때문에 마냥 개인투자자의 유입을 반기기에는 조심스러움이 앞섭니다.

여러 곳에서 다양한 투자 관련 강좌를 진행하곤 했는데 어느 날 쉬는 시간에 한 분이 조용히 오셔서는 "주식은 어디에 있나요"라는 질문을 던졌습니다. 순간 당황했는데 아차 싶었습니다. '주식은 어디 있을까? 주식은 무엇일까?' 누구나 아는 듯하지만 잘 모르고 있을 수 있겠다는 생각이 들었습니다.

좋은 투자 결과를 만들어내려면 기초에 충실해야 하기 때문에, 주식투자를 즐겁게 이어갈 수 있는 기본을 다지는 교과서가 필요하다는 생각을 가지게 되었습니다. 수많은 사람들이 주식에 투자하면서 성공과 실패가 교차하는데, 이른바 '묻지마 투자'로는 좋은 결과를 만들어내기가 어렵기 때문입니다.

근본적으로 주식에 투자한다는 것은 주주가 된다는 것입니다. 이 점을 간과해서는 안 됩니다. 좋은 기업에 주인으로 투자해 해당 기업의 경영성과를 나누는 것이 주식투자의 본질입니다. 주가의 상승과 배당의 증가는 회사의 성장에 따라 자연스러운 것입니다. 주식에 투자하는 것은 주인의 위치에서 해당 기업의 미래에 투자하는 것이라는 점을 기억해주면 좋겠습니다.

　주식투자를 하면 세상을 보는 눈이 명석해지는 것을 느끼게 됩니다. 좋은 주식을 발굴하고 투자를 수행하는 과정에서 돈의 흐름과 투자의 논리를 배울 수 있습니다. 많은 분들이 막연한 감으로 혹은 불명확한 대박정보로 주식투자에 뛰어 들었다가 주식투자를 해서는 안 된다는 편견을 가지고 있습니다. 저는 주식 이야기의 정석을 들려드리고자 합니다. 늘 곁에 두고 보시면서 자신만의 투자원칙을 잘 가다듬는 데 조금이나마 도움이 된다면 기쁘겠습니다.

　주식이란 무엇인가에서 주식투자를 위한 계좌계설 그리고 주식종목 발굴과 매매타이밍을 잡을 수 있는 기본적 분석, 기술적 분석을 쉽게 풀어가고자 합니다. 마지막으로는 나름의 투자원칙을 세울 수 있는 아이디어들을 초보자 입장에서 정리해보았습니다.

이 책을 기본으로 조급하지 않게 여유자금으로 주식투자를 즐기길 바랍니다. 언젠가 이 책으로는 턱없이 부족함을 느낄 때, 여러분은 어느덧 전문가 문턱에 다가서게 되리라 믿습니다.

개미투자자들의 성공을 기원하면서
저자 백영

1부
주식의 기본에 대해 확실한 개념 잡기 ▁▂▃▅

01 주식과 주식회사

02 주식의 본질가치

03 주식의 발행과 상장

04 증권시장의 종류

05 주식과 배당

2부
계좌를 만들어 주식 매매 시작하기 .ıdıl

3부
거시경제 분석으로 투자 환경 이해하기

4부
기본적 분석으로 좋은 주식 고르기

5부
기술적 분석으로 매매타이밍 잡기

6부
투자정보 중에서 옥석 골라내기

7부
투자스타일에 맞게 즐겁게 투자하기

8부
나만의 주식투자 원칙 세우기

01 투자심리와 손절

02 분산투자

03 기본적 분석 vs. 기술적 분석

04 적극적 투자 vs. 소극적 투자

05 나만의 투자원칙

06 역발상 투자

01

주식의 기본에 대해
확실한 개념 잡기

'좋은 회사'가 필요할 때 자금을 조달하고, 성장해 고용을 늘리며
국민소득이 증가하는 것이 자본시장의 바람직한 선순환 구조입니다.
그 중심에 바로 주식이 있습니다. 자, 이제 주식의 기본부터 시작해봅시다.

01
주식과 주식회사

주식은 증권의 한 종류이며 법적으로 자본증권입니다. 주식은 주식회사의 주인이 되는 지분입니다. 이 점이 채권자의 지위에 서는 채권이나 다른 증권과 다른 점입니다. 주식을 영어로 Equity라고도 하는데 1주의 가치는 주주 간 공평하다는 데서 유래합니다. 자본주의를 폭발적으로 발전시킨 매개체가 주식이니 주식을 모르고 경제를 논할 수 없습니다.

주식의 개념 및 분류

주식은 증권의 한 종류입니다. 증권은 유가증권의 준말입니다. 유가증권은 '재산적 권리를 표시한 증서'라는 뜻입니다. 유가증권을 말 그대로 풀어쓰면 '재산적 권리에 관한 가치가 있는 증서'입니다.

증권은 다시 다음의 3가지로 분류할 수 있습니다.

선하증권

운송물의 수취를 확인하고 그 운송물을 증권의 소지인에게 인도할 것을 약정하는 유가증권

- 화폐증권 : 수표, 어음 등
- 상품증권 : 선하증권, 창고증권 등
- 자본증권 : 주식, 채권, 수익증권, 파생결합증권 등

우리가 흔히 주식투자라고 할 때 주식은 바로 자본증권의 한 종류에 해당하는 것이니, 주식을 증권과 같다고 생각해서는 안 됩니다. 주식의 일반적인 정의는 '출자지분을 나타내는 유가증권'입니다. 주식회사에 있어서 주식은 출자지분의 단위가 됩니다. 즉 주식회사의 주인에 해당하는 몫이 바로 주식이며, 이 점이 채권자의 지위에 서는 채권과의 명확한 차이라고 할 수 있습니다.

주식과 채권의 비교

구분	주식	채권
자금조달	자기자본	타인자본
존속기간	영구증권	기한부증권
원금상환	의무 없음	의무 있음
경영참여	참여권 있음	참여권 없음
원금상환권리	잔여재산분배청구권	우선적으로 원리금 지급

영구증권

기한의 정함이 없는 증권

주식은 주인의 몫이므로 회사의 경영에 참여할 수 있는 참여권이 있습니다. 반면에 채권은 채권자로서 우선적으로 원리금을 지급받을 수 있는 권리가 있습니다.

또한 자본시장법에서 증권은 '취득과 동시에 어떤 명목으로든 추가적인 지급의무를 부담하지 않는 금융투자상품'이라고 정의합니다. 굳이 법적인 정의까지 소개하는 것은 증권의 본질적인 의미를 알고 투자를 시작하기 바라는 마음에서입니다. 추가적인 지급의무가 없다는 것은 자본주의를 폭발적으로 발전시킨 매우 의미 있는 특징입니다.

사업이라는 것은 위험성, 즉 불확실성을 가지는 것이며 이런 불확실성 때문에 투자가 어려운 것입니다. 자영업의 경우 사업이 실패하면 무한책임을 지게 되지만, 주식회사의 경우 출자한 지분까지만 책임을 지면 됩니다. 즉 내가 주식을 취득하면서 투자한(출자한) 금액까지가 투자의 실패에 대한 대가이므로 최악의 상황은 제한됩니다. 바로 이 점이 주식회사 제도의 장점인 '투자자의 유한책임'입니다.

유한책임은 주식회사의 태동과 관계가 깊습니다. 주식회사는 17세기 영국과 네덜란드의 인도 무역을 위한 회사(동인도회사)에서 시작되었습니다. 배가 인도에서 후추를 싣고 무사히 도착하면 대박이지만, 배가 풍랑에 가라앉기도 하고 해적에게 수탈당하기도 했으니 위험성이 큰 사업이었습니다. 이런 위험을 나누어 가지는 것을 체계적으로 만들어낸 것이 바로 주식회사이며, 그 지분을 나누어 가지는 것이 바로 주식이었던 것입니다.

당시의 투자자는 투자 위험을 인내할 수 있는 왕족이나 귀족이었으며, 일반인이 투자하기는 어려웠습니다. 이런 제한된 투자시장을 일반인도 투자하기 쉽도록 증권화해 잘게 나누고 유통시킬 수 있도록 만들어낸 것이 바로 지금의 주식입니다.

여기서 한 가지 더 중요한 주식의 특징이 나오는데 '유통'이 가능하다는 것입니다. 단순한 회사의 지분에 관한 증서는 양도가 어렵지만 이를 표준화, 규격화해 유통을 자유롭게 하면 대규모 자금을 모으기가 쉬워집니다. 즉 주식이 활발히 매매가 되는 주식시장이 형성된 것입니다. 이런 증권시장을 통해 자본주의가 급격히 발전할 수 있었습니다.

즉 새로운 사업 아이디어가 있으나 자금이 부족한 사업가는 주식회사를 통해 주식과 채권을 발행해 여러 투자자(주주, 채권자)를 모집할 수 있게 되고, 그 경영의 성과에 따라 주주에게는 배당을, 채권자에게는 확정된 이자를 지급하게 됩니다. 회사의 경영을 전문 경영인이 맡게 되면 회사의 주인과 운영자도 분리가 가능합니다.

증권시장의 구조

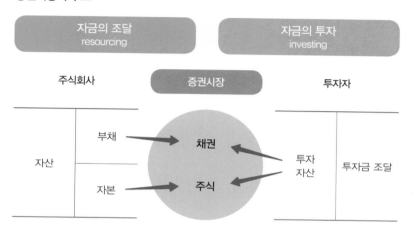

주식에 투자한다고 하면 투기꾼을 보듯이 하는 사람이 있습니다. 이는 자본주의의 속성을 오해하는 것입니다. 곰곰이 생각해보면 한국뿐만 아니라 세계 거부의 대부분은 주식을 많이 가진 사람입니다. 예를 들어 우리나라의 그룹 회장을 재벌이라고 부러워하는 것은 그가 현금 자체를 가지고 있어서가 아니라, 좋은 회사의 주식을 다른 사람보다 많이 가지고 있는 대주주이기 때문입니다.

주식회사의 태동을 생각해보면 답이 보입니다. 사업을 직접 수행하는 것은 너무나 어려운 일이나, 주식을 가지고 있으면 경영진이 사업을 운영한 과실을 배당과 주식의 가치 상승으로 손쉽게 보상받을 수 있습니다. 다만 투자한 원금까지는 손실 가능성이 열려있다는 위험성

또한 존재합니다. 그만큼 주식투자는 위험성이 있지만 내가 스스로 운영할 수 없는 수많은 사업기회를 취할 수 있는 편리하고 합리적인 제도인 것입니다.

주식투자와 주식투기의 차이

투자(投資)라는 말을 풀어보면 '자본을 던진다'라는 뜻입니다. 왜 자본을 던진다는 표현을 사용했을지 생각해보면 투자에는 불확실성이 내재되어 있기 때문입니다. 즉 투자는 성공을 보장하는 것은 아니기 때문에 그런 표현을 사용한 것입니다.

투자의 일반적인 의미는 '미래의 수익을 위해 현재의 경제적 희생을 감내해 자산을 취득하는 행위'입니다. 투자로부터 발생하는 이익은 매입한 자산의 가치상승으로 발생합니다. 때문에 정해진 이자를 받는 정기예금과 같은 상품을 구매하는 것은 투자라는 표현을 쓰지 않습니다.

투자의 3요소는 수익성, 안정성, 유동성인데 이 3가지를 고려해 투자를 하게 됩니다.

> **유동성**
> 필요한 시기에 최소한의 손실로 현금으로 바꿀 수 있는 정도를 말하는데, 유동성이 높다는 것은 현금으로 쉽고 빠르게 전환할 수 있다는 의미임

- 수익성 : 투자기간 내 가장 높은 수익을 줄 수 있는 정도
- 안전성 : 미래의 불확실성에 대한 정도
- 유동성 : 손실을 최소화하면서 현금화할 수 있는 정도

투자의 3요소 중에서 어떤 것이 더 중요한가는 투자자의 성향에 따라 모두 다르기 때문에 결국 투자자의 선호에 따라 달라집니다. 즉 투

자는 투자자의 성향에 맞게 적절한 투자대안이 결정되어야 합니다.

다만 자본의 가격이라고 할 수 있는 금리가 낮아진 상황에서 한국의 성장성은 과거에 비해 낮아졌습니다. 이러한 금융시장의 변화 속에서 안전한 자산으로만 자산 포트폴리오를 구성한다면 수익성이 낮아질 수 있습니다. 고령화 시대를 맞아 안전한 노후를 보장받기 어려워지는 딜레마에 빠지는 것입니다.

반대로 단기간에 지나치게 높은 수익을 보려 한다거나, 시장의 정보를 분석하거나 연구하지 않고 풍문과 감에만 의존한다면 주식투자는 결국 '주식투기'가 되고 맙니다.

투자할 주식에 대해 잘 이해하고, 합리적이고 올바른 투자원칙을 세워야 합니다. 그렇게 한다면 아름다운 노후를 위한 여러 대안 중에서 주식투자는 매우 중요한 수단이 될 것입니다.

> **자산 포트폴리오**
>
> 주식, 채권, 부동산 등으로 자산을 나누어 투자한 현황으로, 금융자산으로만 본다면 주식과 채권의 투자현황을 말함

 주린이가 진짜 궁금해하는 것들

◎ 코스피와 코스닥 중 어디에 투자하는 게 좋을까요?

Ⓐ 코스피(유가증권시장)는 상대적으로 기업의 규모가 큰 편이며, 코스닥은 기업의 규모는 작으나 성장성이 좋은 기업이 많습니다. 아무래도 코스닥 종목이 기대수익이 더 높다고 할 수 있습니다. 코스닥은 미국의 나스닥시장을 참고했으나 현실은 혁신적인 기업보다는 대기업의 1차 벤더가 많아 영업이익률이 좋지 않은 경우가 많습니다. 그래도 코스닥에는 바이오벤처 회사가 많이 상장되어 있으므로 열심히 공부하고 투자하길 바랍니다.

02
주식의 본질가치

주식의 본질적인 가치는 어떻게 산정할까요? 투자론 교과서의 기초적인 주류 이론을 살펴보죠. 복잡한 산식이 중요한 것이 아니라 주식가치를 산정하는 이론의 틀만 잘 이해해도 충분합니다. 지금 이 순간에도 주식의 본질가치는 변하고 있기 때문입니다. 그래도 주가가 형성되는 논리를 이해하면 왜 주가는 미래의 관점에서 결정되는지 알 수 있습니다.

주식의 본질가치 문제

투자 철학을 이야기할 때 '가치투자'라는 말을 자주 사용합니다. 여기서 말하는 가치란 본질적 가치를 말합니다. 어떤 기업의 '본질가치' 혹은 '내재가치'는 경제학 측면에서 말하는 '합리적 균형가격', 경영학 측면에서는 '적정한 시장가치(Fair market value)'와 유사한 개념입니다. 이렇게 해당 기업이 가진 본질적인 가치에 근거해 저평가된 자산에 투자하는 방법을 가치투자라고 합니다.

그런데 그 본질가치를 어떻게 산정할 수 있을까요? 본질적인 가치라는 것이 과연 있을까요?

사실 본질적인 가치에 대한 분분한 이론이 있지만 결국은 투자자의

가치투자

기업의 본질가치에 역점을 둔 투자로, 저평가된 자산에 투자함

성향과 투자 스타일의 문제로 귀결됩니다. 왜냐하면 지금 이 순간에도 어떤 사람은 그 주식을 비싸다고 매도하는 사람이 있는가 하면, 어떤 사람은 싸다고 매수하는 사람도 있기 때문입니다. 즉 본질가치를 명확하게 밝혀낼 수 있더라도 그것을 투자자 모두가 동의할 수도 없을 뿐만 아니라, 끊임없는 경제상황의 변화에 그 본질가치도 수시로 바뀌어야 합니다.

포스트모더니즘적인 측면으로 해석해보면 본질가치는 투자자가 서 있는 그 자리에 있습니다. 고상한 이론들이 무엇이건, 결국 가격(주가)은 시장이 결정합니다. 내가 옳은가 옳지 않은가는 중요하지 않고, 시장이 어떻게 가격을 결정하는지가 중요합니다. 이 점을 놓치고 고집을 피워서는 안 됩니다. 즉 대부분의 투자자는 시장을 이길 수 없다는 점을 반드시 명심해야 합니다.

특정 주식이 비싸더라도 시장에서 사주겠다는 '바보'가 있다면 주가는 오릅니다. 반대로 너무나 저평가되었다고 판단하더라도 시장이 인정해줄 충분한 시간을 견딜 수 없다면 다른 투자안을 선택하는 것이 합리적입니다. 주식투자를 하는 우리가 다루는 것은 논리가 아니라 돈이기 때문입니다.

그렇다면 주가결정이론은 무시해도 좋은 것일까요? 아닙니다. 시장가치를 산정하는 이론의 틀은 반드시 이해해야 합니다. 본질가치를 산정하는 이론적 틀을 이해하면 투자에 대한 이해가 깊어지고, 향후 실수를 줄일 수 있으며, 새로운 투자안에 대해서도 좀더 합리적인 의사결정이 가능합니다. 자, 이제 이론의 뼈대만을 직관적으로 이해할 수 있는 수준까지 공부해보도록 합시다.

본질가치

기업이 보유하고 있는 내재가치로, 자산가치와 수익가치로 구성

본질가치 산정

우리는 주식에 투자하면서 2가지 이익을 기대합니다. 그것은 바로 매매차익과 배당소득입니다.

- 매매차익 : 주식가격이 상승하면 이를 되팔아 얻게 되는 시세차익, 즉 자본이득
- 배당소득 : 기업이 영업성과를 결산해 이익의 일부를 주주에게 주는 배당이득

시장에서 주식의 가격이 각각 다른 것은 바로 투자자들이 기대하는 매매차익과 배당소득이 다르기 때문입니다. 예를 들어 규모가 크며 시장지배력이 안정적이고 높은 수익(배당소득과 자본이득)을 주는 주식은 주당 100만원이 넘기도 하고, 반대로 주가가 1,000원에도 미치지 못하는 '동전주'도 있습니다. 혹은 제약회사 중에는 재무제표는 적자투성이지만, 신약개발의 가능성이 높다면 상대적으로 높은 가격에 거래되기도 합니다.

시장에서 높은 이익이 기대될수록 앞으로 주가는 오르게 될 것입니다. 반대로 시장에 비관적인 전망이 지배하면 앞으로 주가는 떨어지게 됩니다. 결국 주식의 진정한 가치를 평가하는 방법은 우리가 주식을 보유함으로써 미래 보유기간 동안 어느 정도의 수익을 올릴 수 있는지를 산정해, 그 수익을 할인해 현재가치로 환산하고 모두 더하면 되는 것입니다.

시장지배력

개별 기업이 가격에 영향을 줄 수 있는 힘의 정도로, 독점에 가까울수록 시장지배력이 높음

가치산정의 어려움

그런데 주식의 가격을 평가하는 것은 채권을 평가하는 것보다 매우 어렵습니다. 채권의 경우는 보유기간 동안 이자수익이 분명하게 명시되어 있고 만기에 원금을 상환받을 수 있어서 부도만 나지 않는다면 미래의 수익금액을 확실히 알 수 있습니다. 또한 채권은 할인시 보통 시장수익률(시장이자율)을 할인율로 사용하기 때문에 쉽게 가치를 평가할 수 있습니다. 그런데 주식은 만기가 없고 배당 또한 불확실하니 적정 가치 계산이 어려워집니다. 즉 주식의 적정가치를 평가하기 어려운 다음의 2가지 불확실성이 있습니다.

- 미래 수익의 불확실성
- 적정한 할인율의 불확실성

현실적으로 내일의 일도 알지 못하는데 분기, 연말, 내년, 10년 후 배당을 어찌 예측할 수 있을까요? 예를 들어 SK하이닉스의 중국 반도체 공장에 화재가 발생해 공장 가동이 중단되었던 적이 있습니다. 당시에 SK하이닉스 주가는 어떻게 되었을까요?

당일만 주가가 하락했고, 익일부터 주가가 오히려 더 상승했습니다. 반도체와 같은 정교한 첨단산업은 화재로 인한 단순 가동 중단에도 막대한 손실을 입게 됩니다. 그런데 오히려 주가가 올라버린 상황은 왜 발생한 것일까요? 메모리반도체 산업에서 일본과 대만기업이 위축되면서 SK하이닉스가 준독점한 시장구조에 그 원인이 있었습니다.

당시 하이닉스 공장의 화재로 인한 칩공급 감소 우려로 현물시장에

할인율

미래시점의 일정 금액과 같은 가치를 갖는 현재시점의 금액을 계산하기 위해 적용하는 비율

서 칩가격은 급등했고, 하이닉스의 재고자산 평가는 함께 상승하며, 화재로 인한 손실의 상당 부분을 보험을 통해 보전받게 됩니다. 결론적으로 미래의 메모리칩 가격의 상승예상이 SK하이닉스의 주가를 밀어올리게 된 것입니다.

할인율에 대한 부분도 살펴봅시다. 시장이자율도 매일 변하는데 적정 할인율을 찾는 것은 역시나 너무나도 어려운 일입니다. 어떤 투자자는 SK하이닉스 공장의 화재에 대한 위험가중치를 높여 할인율을 높였다면(더 낮은 가격에 매수) 주식의 매도로 대응했을 것이고, 다른 투자자는 오히려 칩가격의 상승에 무게를 두고 SK하이닉스의 미래 수익력을 긍정적으로 예상하면서 할인율을 낮게(더 높은 가격에 매수) 가져가 매수로 대응했을 것입니다. 주식마다, 투자자마다, 상황이 변할 때마다 할인율이 달라집니다.

이렇게 여러 사실과 요인이 복합적으로 작용해 주가를 결정합니다. 그렇기 때문에 어떤 마법의 공식 하나로 적정주가를 산정한다는 것은 있을 수 없는 일입니다. 따라서 주식의 가치를 평가하기 위해서는 일정한 가정이 필요하고, 서로 다른 가정에 따라 평가모형도 달라지게 됩니다.

주식 평가모형은 미래의 현금흐름을 '배당'으로 파악하느냐, '이익'으로 파악하느냐에 따라 '배당평가모형'과 '이익평가모형'으로 구분할 수 있습니다. 그리고 각 모형은 서로 다른 현금흐름을 할인하는 것이어서 그 할인율도 차이가 있습니다. 왜냐하면 주식의 가격을 책정할 때 현금흐름을 배당으로 설정하든지, 이익으로 설정하든지, 어느 것을 하든지 똑같은 가격이 나와야 하므로 각각의 현금흐름을 할인하는 할인율은 당연히 다를 수밖에 없습니다.

주식의 배당평가모형

여기서는 가장 일반적인 배당평가모형에 대해서만 살펴보도록 하겠습니다. 복잡해보이는 산식이 나오지만 어렵게 생각할 필요는 없습니다.

주식을 소유하고 있는 사람이 얻게 되는 미래의 현금흐름은 2가지가 있습니다. 첫 번째는 주주총회에서 결정되어 정기적으로 받게 되는 '배당금'입니다. 그리고 두 번째는 보유하고 있던 주식을 팔았을 때 받게 되는 '주식매각대금'입니다.

배당평가모형에서 어떤 기업의 이론적 가치는 앞으로 받게 될 배당과 주식매각대금을 적절한 요구수익률로 할인한 금액, 즉 현가의 합이라고 할 수 있습니다. 예컨대 할인율이 r이며, 배당금이 D_1이고 1년 후의 처분가격이 P_1인 주식을 1년만 보유하고 1년 후에는 판다고 하면, 이때의 주식의 가치는 다음과 같이 계산됩니다.

요구수익률

투자자가 투자하기 위한 최소한의 수익률로, 그 이상이 되어야 투자하는 수익률

$$P_0 = \frac{D_1}{(1+r)} + \frac{P_1}{(1+r)}$$

P_0 : 현재 주식가격
D_1 : 1년 후의 배당금

2년 후에 이 주식의 가격이 P2이고 이 투자자가 주식을 2년간 보유한 후 매각한다면 이때의 주식가치는 다음과 같습니다.

$$P_0 = \frac{D_1}{(1+r)} + \frac{D_2}{(1+r)^2} + \frac{P_2}{(1+r)^2}$$

만일 투자자가 n년간 보유하고 배당을 받고, n년 후에 주식을 매각한다면 현재의 주식가치는 다음과 같이 표현될 것입니다.

$$P_0 = \frac{D_1}{(1+r)} + \frac{D_2}{(1+r)^2} + \cdots + \frac{D_n}{(1+r)^n} + \frac{P_n}{(1+r)^n}$$

P_0 : 현재시점에서의 주식의 이론적 가치
D_n : n기에서의 배당수입
r : 주식투자자들의 요구수익률
P_n : n시점에서의 처분가격

여기서 n년도의 처분가격 P_n은 (n+1)년도 이후의 배당수입에 대한 현재가치와 같습니다. 즉 공식은 다음과 같습니다.

$$P_0 = \frac{D_{n+1}}{(1+r)} + \frac{D_{n+2}}{(1+r)^2} + \cdots + \frac{D_\infty}{(1+r)^\infty}$$

내재적 가치

해당 자산이 가지는 본질적인 가치

그러므로 주식의 내재적 가치는 영속적인 배당수입에 대한 현재가치라 할 수 있습니다. 즉 다음과 같은 식이 나오는 것입니다.

$$P_0 = \frac{D_1}{(1+r)} + \frac{D_2}{(1+r)^2} + \cdots + \frac{D_n}{(1+r)^n} + \frac{D_{n+1}}{(1+r)^{n+1}} + \cdots$$

결론적으로 다음의 식으로 최종 정리가 됩니다.

$$P_0 = \sum_{n=1}^{\infty} \frac{D_n}{(1+r)^n}$$

따라서 주식을 일시적으로 소유하든, 계속적으로 소유하든, 보유기간에 관계없이 주식의 이론적 가치는 동일합니다. 결국 증권의 내재가치는 영속적인 미래배당흐름을 주주의 요구수익률로 각각 할인한 현재가치로 표시되는데 이를 배당평가모형이라고 합니다.

위에서 이야기한 다소 복잡한 이론을 모두 이해하지 않더라도, 주가의 결정이 결국 미래의 배당을 할인해 더한 값이라는 점은 꼭 기억해야 합니다. SK하이닉스의 사례에서도 보았듯이 주가의 결정에 가장 중요한 사항이 바로 미래의 현금 흐름이라는 것, 즉 주가는 지향점이 미래라는 것을 명심합시다. 현재의 주가는 여러 투자자들이 현재시점에서 예측하는 해당 회사의 미래가치의 평균값에서 형성됩니다.

미래가치
미래 일정시점에 가지게 되는 가치

적정주가가격 계산

자, 이제 이론을 배웠으니 실제 계산을 해봅시다. 예를 들어 투자자 A는 매년 배당금이 100원인 주식을 보유하고 있으며 현재 요구수익률(기대수익률)이 연 10%라고 할 때, 이 투자자가 갖고 있는 주식의 가치는 1,000원이 될 것입니다.

$$주식의 가치 = \frac{100}{0.1} = 1,000원$$

이와 같은 배당평가모형에서 우리는 다음의 중요한 2가지 투자상식을 발견할 수 있습니다. 첫째, 배당이 클수록 주가는 상승합니다. 둘째,

요구수익률이 클수록 주가는 하락합니다.

너무나 당연하게 회사가 배당을 늘려갈 수 있는 미래이익이 높아지면 주가는 상승할 것입니다. 그리고 보수적인 투자자일수록 높은 기대수익률이 제시되어야, 즉 주가가 낮아야 투자를 실행한다는 점을 눈여겨봐야 합니다.

할인율이 곧 기대수익률이며 요구수익률입니다. 위험을 즐기는 투자자일수록 가격이 다소 높더라도 적은 수익률로 이익이 가능하다고 판단하면 주식을 매수할 것입니다.

일반적으로 주식시장이 공포에 접어들 때는 다들 주가가 충분히 더 낮아져야 투자를 실행합니다. 반면에 주식시장이 호황인 경우에는 위험에 관대해져 주가가 높더라도 쉽게 매수하는 경향이 있습니다. 하지만 합리적인 투자자라면 분위기에 휩쓸리지 않고 합리적인 기대수익률을 고수합니다. 주식으로 성공한 사람들의 특징 중 하나가 일반인과 반대로 투자하는 성향을 가지고 있다는 점을 기억해야 합니다.

미래이익

미래에 발생되리라고 기대되는 이익으로, 주가는 해당 기업의 미래이익에 영향을 크게 받음

03
주식의 발행과 상장

주식은 다양하게 발행되며, 일정 조건을 충족하면 상장이 가능합니다. 상장은 주식회사가 거래소에서 거래될 수 있다는 것 이상의 의미가 있습니다. 소수가 보유하던 주식을 일반인에게 공개하는 만큼, 즉 주주가 늘어나는 만큼 그 회사의 사회적 책임도 막중해집니다. 상장하면서 회사는 더욱 성장의 기틀을 다지고, 투자자는 성장의 과실을 받습니다.

증권시장의 구조

증권시장은 크게 2가지로 구분됩니다. 발행된 증권이 처음으로 투자자에게 매각되는 '발행시장'과 이미 발행된 증권이 매매되는 '유통시장'으로 구분됩니다.

발행시장은 증권이 발행되어 최초로 투자자에게 매각되는 시장으로 '1차 시장'이라고도 합니다. 발행주체는 투자자로부터 사업자금을 조달하고, 투자자는 수익성이 좋은 투자안에 투자하고 기업경영에 참여할 수도 있습니다.

유통시장은 발행시장에서 투자한 증권을 매각해 투자자금을 회수할 수 있는 시장입니다. 유통시장은 증권이 투자자 상호간에 매매되는

증권

증권에는 주식 및 채권이 가장 대표적임

'2차시장'으로, 우리가 흔히 말하는 협의의 증권시장입니다. 유통이 가능하다는 것은 자본의 거래를 증대시키고 활성화시키는 역할을 합니다.

증권시장은 자본주의를 발달시킨 핵심적인 요소라고 할 수 있습니다. 이때 증권시장의 범주는 단순히 거래소시장뿐만 아니라 장외시장까지도 포함하지만, 여기서는 주로 거래소시장에 대해 살펴보도록 하겠습니다.

증권의 종류

증권시장에서 거래되는 증권을 자본시장법에서는 다음과 같이 분류합니다.

- 지분증권(주식)
- 채무증권(채권)
- 수익증권
- 투자계약증권
- 파생결합증권
- 증권예탁증권

이 중에서 지분증권, 즉 주식에 대해 주로 살펴보겠습니다.

공모 vs. 사모

발행시장에서 증권의 발행에는 '공모'와 '사모'가 있습니다. 이 2가지 중 하나의 방법으로 증권을 발행하게 됩니다.

공모는 법(자본시장법)상 50인 이상의 투자자에게 투자를 권유하는 것을 말하며, 사모는 소수의 투자자를 대상으로 투자를 권유하는 방법입니다. 보통의 개인투자자는 소수에게 투자 자격이 주어지는 사모보다는 공모에 투자하는 경우가 대부분입니다.

주식의 구분

주식은 액면표시, 기명 여부, 배당과 잔여재산 분배 순서, 전환 여부 등에 따라 다음과 같이 구분됩니다.

1) 액면표시

주식은 자본의 구성단위로서 균등한 단위로 합니다. 금액으로 표시하는 방법인 '액면주식'과 전체 자본금에 대한 비율로 표시하는 방법인 '무액면주식'이 있습니다. 상법 개정으로 무액면주식의 발행도 가능하나, 한국은 미국과 달리 여전히 액면주식을 주로 발행합니다.

액면금액 5,000원 미만의 주권을 발행하는 경우에 1주의 금액은 100원, 200원, 500원, 1,000원, 2,500원으로 해야 합니다. 일반적으로 유가증권시장은 액면 5,000원으로, 코스닥시장은 액면 500원으로 정하는 경우가 많습니다.

액면금액

주식이나 채권의 권면에 기재된 금액

2) 기명 여부

주주의 성명이 주권과 주주명부에 표시되는가에 따라 '기명주'와 '무기명주'로 구분할 수 있습니다. 거래소의 경우 기명주로 거래됩니다.

3) 배당과 잔여재산 분배 순서

배당이 잔여재산의 분배에 관해 우선적 지위가 인정되는 주식을 '우선주', 열후적 지위에 있는 주식을 '후배주'라 하고, 일반적인 주식을 '보통주'라 합니다. 보통 우선주의 경우 배당의 조건이 보통주에 비해 좋은 조건을 가지나, 의결권이 없는 경우가 많습니다.

4) 전환 여부

전환주식이란 주식을 다른 종류의 주식으로 전환할 수 있는 주식을 말합니다. 일반적으로 전환권을 사채와 결합해 전환사채를 발행하는 경우가 많고, 주식과 사채의 장점을 함께 가져 투자자의 관심이 많습니다. 주식형사채에 대해서는 뒤에서 더 자세히 살펴보도록 하겠습니다.

주린이가 진짜 궁금해하는 것들

Q 액면분할이란 걸 하면 그 주식의 가치가 달라지는 건가요?

A 액면은 자본의 단위 개념이며, 액면을 분할하는 것은 기업의 본질가치에는 변화가 없습니다. 예를 들어 둘이서 피자 1판을 2조각으로 나누어 1조각씩 가지는 것과 10조각으로 나누어 5조각으로 나누는 것은 본질적으로 차이가 없습니다. 액면분할도 같은 논리를 적용할 수 있습니다. 유가증권시장에는 액면가가 5,000원인 경우가 많고, 코스닥시장에서는 액면가가 500원인 경우가 많습니다.

상장의 의의

상장은 말 그대로 장(場)에 올린다는 것으로, 주식회사가 발행한 주권이 거래소가 정하는 요건을 충족해 증권시장에서 거래될 수 있는 자격을 부여하는 것을 말합니다. 상장을 영어로 Listing이라고 하는 것과 같은 뜻입니다. 즉 거래할 수 있는 리스트에 올라간다는 의미인 것입니다.

현재 법에 허가된 거래소는 한국거래소가 유일합니다. 주의할 점은 'IPO(기업공개)'와 혼동하지 말라는 것입니다. 기업공개는 기업이 공모를 통해 여러 투자자에게 발행주식을 분산시켜 거래될 수 있도록 하는 상장 이전의 단계를 말합니다. 즉 상장을 위해서 기업공개라는 절차를 꼭 거치는 것이지만 기업공개가 곧 상장인 것은 아닙니다.

기업공개
대주주 개인이나 가족이 가지고 있던 주식을 일반인들에게 널리 팔아 주식을 분산시키고 기업경영을 공개하는 것

상장의 효과

기업을 운영하는 분들의 로망이라고 해야 할까요? 중소기업의 목표는 회사를 키워 상장사가 되는 것입니다. 그만큼 상장사가 된다는 것이 힘들기도 하지만 상장회사라는 효과와 자부심도 큽니다. 상장의 효과는 다음과 같습니다.

- 자금조달 확대 : 상장을 하는 가장 큰 요인 중 하나로, 증권시장을 통해 증자나 채권발행 등 다양한 방법으로 기업성장에 필요한 자금을 조달할 수 있음

- 기업의 홍보 : 상장회사라는 그 자체로도 기업의 인지도를 높이는 효과가 있고, 종업원의 입장에서도 상장회사에 근무한다는 자부심이 생기는 경우가 많음
- 투자자본의 회수 가능 : 상장은 주식거래가 활발해지므로 회사 설립자나 초기 투자자의 투자금 회수가 쉬워짐
- 소유와 경영의 분리 : 기업공개 등으로 주식의 분산이 이루어지고, 기업의 소유와 경영이 분리되어 회사 경영의 투명도를 높이게 됨

상장기업의 혜택인 양도소득세 비과세

상장기업의 자본시장법상의 특례에 따른 여러 혜택이 있지만 여기서는 투자자 입장에서 양도소득세 측면을 이야기하고자 합니다. 특히 소액투자자 입장에서는 매우 중요한 혜택입니다.

비상장주식의 경우 양도차익의 20%(중소기업의 경우 10%, 중소기업 이외의 기업의 주식을 소유한 대주주로서 1년 미만 보유한 경우 30%)를 세금으로 납부해야 하나, 주권상장법인이 발행한 주식의 경우에는 대주주 및 특수관계자 이외의 자가 증권시장을 통해서 한 양도에 대해서는 양도소득세를 부과하지 않습니다. 즉 상장법인인 경우 비과세가 가능하나 그 조건을 구체적으로 정리하면 다음과 같습니다.

- 주식 양도소득세 비과세 요건 : 국내 상장주식 + 장내거래 + 소액주주

비상장주식

증권 거래소에 상장되지 않은 주식이며 장외주식이라고도 함

046

이때 소액주주는 다음의 조건들을 모두 다 충족해야 합니다.

1) 지분율 기준

- 유가증권시장 : 1% 미만
- 코스닥시장 : 2% 미만
- 코넥스시장 : 4% 미만

2) 시가총액 기준

- 2018년 3월 31일 이전 : 유가증권시장 25억원(코스닥시장 20억원, 코넥스시장 10억원)
- 2018년 4월 1일~2020년 3월 31일 : 유가증권시장 및 코스닥시장 15억원(코넥스시장 10억원)
- 2020년 4월 1일~2021년 3월 31일 : 전체 시장 10억원 통일
- 2021년 4월 1일 이후 : 전체 시장 3억원 통일

우리가 흔히 말하는 대주주와 소득세법(제94조)에서 말하는 대주주와는 차이가 있습니다. 시가총액 기준으로 2021년 4월부터는 전체 투자금이 3억원 이상인 경우 세법상 대주주에 해당해 양도차익에 대해 과세가 됩니다. 장기적으로 보면 전반적인 양도세 차익에 대해 과세를 하기 위한 과정이라고 판단됩니다. 결론적으로 소액주주가 거래소에서 국내주식을 매매해 얻은 차익에 대해서는 비과세가 가능합니다. 비과세 투자대안이 드물기 때문에 이를 충분히 활용해야 합니다.

04
증권시장의 종류

우리나라 증권시장에는 유가증권시장, 코스닥시장, 코넥스시장이 있습니다. 유가증권시장은 규모가 상대적으로 큰 기업이 주로 상장된 한국증권시장의 중추적인 시장입니다. 규모는 작지만 성장성이 좋은 기업이 상장된 코스닥시장과 중소기업 전용시장인 코넥스시장도 있습니다. 비상장이지만 한국금융투자협회가 관리하는 K-OTC시장도 있습니다.

거래소시장

거래소시장은 일정한 장소에서 정해진 시간에 계속적으로 상장증권의 주문이 집중되는 경쟁매매원칙에 따라 조직적이고 정형화된 매매거래가 이루어지는 시장입니다. 한국의 경우 자본시장법에 따라 설립된 거래소가 개설하는 시장을 말합니다.

현재는 거래소 허가주의 체계로 개정되어 금융위원회의 허가를 받으면 거래소 설립이 가능하나, 아직까지는 다른 거래소가 설립되지 않아 한국거래소가 유일한 거래소입니다. 현재 한국거래소가 개설하고 있는 시장에는 유가증권시장, 코스닥시장, 코넥스시장, 파생상품시장이 있습니다.

자본시장법

'자본시장과 금융투자업에 관한 법률'의 줄임말. 투자와 관련된 6개 법을 통합한 법률로 투자와 관련된 가장 중요한 법률임. 은행에 은행법이, 보험에 보험업법이 있다면 증권투자 관련은 자본시장법이 기본이 됨

유통시장 구조

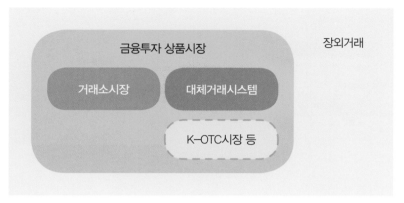

금융상품시장은 거래소 외에 거래소를 대체하는 별도의 대체거래시스템이 있을 수 있고, 협회가 운영하는 OTC시장 등이 있습니다. 일반적으로 발행된 주식이나 채권이 거래소 내에서 거래되면 이를 장내거래라고 합니다.

거래소의 회원(투자매매업자, 투자중개업자)이 아닌 자는 거래소가 개설한 증권시장 및 파생상품시장에서 매매거래를 하지 못합니다. 이때 회원이 바로 증권회사이므로, 개인은 거래소에 주문을 직접 넣을 수 없어 회원인 증권사에 계좌를 개설한 후에야 비로소 주문이 가능합니다. 이것이 바로 증권사에서 개설하는 계좌를 '위탁계좌'라고 부르는 이유입니다.

거래소 홈페이지에는 주가지수와 같은 시장 정보뿐만 아니라 공시, 규정, 금융교육자료까지 투자에 도움이 되는 유용한 정보가 가득합니다. 그러므로 주식 초보자는 거래소 홈페이지를 자주 방문할 필요가 있습니다.

**투자매매업자,
투자중개업자**

자본시장법상 금융투자업자 중에 속하며, 증권 등의 매매와 중개를 업으로 하는 곳, 즉 증권사라고 이해하면 됨

거래소 홈페이지(www.krx.co.kr)

유가증권시장

유가증권시장은 종전의 한국증권거래소가 1956년에 개설한 시장을 승계한 것입니다. 유가증권시장은 코스닥시장 및 코넥스시장과 달리 주식뿐만 아니라 채권, 수익증권, 파생결합증권 등이 상장되어 거래하는 종합증권시장으로 운영되고 있습니다.

유가증권시장에 일반 법인이 상장하려면 설립 후 최소 3년이 경과했고 자기자본 300억원 이상, 상장주식수 100만주 이상이어야 하는 등 규모가 상대적으로 큰 기업이 가능합니다. 그 외에도 주식분산 요건과 매출액과 수익성 등의 요건을 갖추어야 합니다.

상장이 이뤄지면 투자자간 무한히 매매가 가능하므로 투자자 보호를 위해 상장을 위해서는 질적인 부분도 엄격한 심사를 진행합니다.

1) 기업의 계속성

기업이 상장 후 문제가 없어야 하므로 영업의 계속성, 재무안전성 여부를 심사합니다.

파생결합증권

파생상품이 결합한 형태의 증권으로, 기초자산의 가치변동에 따라 수익이 결정됨. 증권이므로 최대투자손실은 투자한 원금까지임

---

2) 경영의 투명성

거래소 상장법인은 수많은 투자자의 이해관계가 얽혀 있으므로 경영이 투명해야 하고 내부통제제도, 공시체계 등도 갖춰야 합니다.

3) 투자자 보호 및 공익성

투자자 보호는 거래소의 상장심사의 기본이 되는 항목입니다. 소액주주의 이익이 침해되지 않아야 합니다. 아울러 선량한 풍속 및 사회질서를 위반해서는 안 됩니다.

벤처기업

신기술과 전문적인 노하우, 새로운 아이디어를 가지고 창조적·모험적 경영을 하는 기업

코스닥시장

코스닥(KOSDAQ)시장은 중소기업 및 기술중심기업의 자금조달을 지원하고 성장성이 큰 기업에 대한 투자자의 투자기회를 제공하기 위해 운영됩니다. 미국의 나스닥(NASDAQ)을 벤치마킹해 만들어진 시장으로, 기업 규모는 작지만 성장 잠재력이 높은 벤처기업, 유망 중소기업 등이 용이하게 자금을 조달할 수 있도록 만들어진 시장입니다. 거래소는 벤처기업이 보다 용이하게 자금을 조달할 수 있도록 지원함으로써 우리나라 경제의 미래 성장기반을 마련하고, 벤처기업의 성장 과실을 투자자가 함께 공유할 수 있도록 벤처기업의 코스닥시장 상장요건을 일반기업의 요건보다 완화해 적용하고 있습니다.

코스닥시장의 일반기업 상장기준은 '시총 300억원&매출액 100억원 이상(벤처 50억원)' 등의 다양한 기준 중에서 선택할 수 있습니다. 그 외에도 주식분산 요건이나 매출액, 수익성 등의 요건이 유가증권시장

에 비해 완화되어 있습니다.

이러한 코스닥시장의 특성상 유가증권시장에 비해 기대수익률도 높은 만큼 위험도도 크므로 좀더 주의가 필요하다고 할 수 있습니다. 따라서 상대적으로 개인 투자자가 많은 시장입니다.

시가총액

상장 주식을 시가로 평가한 주식시장에서 평가되는 그 기업의 전체가치

벤처기업 및 기술성장기업에 대한 특례

벤처기업 중에서 전문평가기관의 평가결과가 A등급 이상인 기술력과 성장성이 인정되는 기술성장기업은 신규상장심사요건의 특례를 적용받습니다. 이를 '기술특례상장'이라고 합니다.

이들 기업에게는 경영 성과 요건과 자기자본이익률 요건을 적용하지 않습니다. 자기자본 요건도 10억원 이상 혹은 시가총액 90억원 이상의 조건을 충족하면 되고, 경영 성과나 이익 규모의 조건을 제외할 수 있습니다.

코넥스시장

코넥스(KONEX, Korea New Exchange)는 자본시장을 통한 초기 중소·벤처기업의 성장지원 및 모험자본의 선순환 체계 구축을 위해 2013년 7월 개설되었습니다. 초기의 중소기업 중심의 새로운 시장입니다.

코넥스시장은 유가증권시장 및 코스닥시장과 마찬가지로 거래소가 개설하는 증권시장이므로, 코넥스시장에 상장된 기업은 유가증권시장

및 코스닥시장의 상장법인과 동일하게 주권상장법인의 지위를 가집니다. 다만 코넥스시장은 중소기업만 상장이 가능하고 공시의무가 완화되어 있는 등 유가증권시장 및 코스닥시장의 상장법인과 많은 차이점이 있습니다.

상장 절차도 증권의 자유로운 유통과 재무 정보의 신뢰성 확보를 위한 최소한의 요건만 적용하므로 상장과 관련해 지원을 해줄 지정자문인 제도를 운영하고 있습니다. 다만 코넥스시장에서는 기술평가기업 또는 크라우드펀딩기업이 지정자문인 선임 없이 코넥스시장에서 상장할 수 있는 특례상장제도를 도입하고 있습니다.

코넥스시장은 스타트업 기업이 많아 위험감수 능력을 갖춘 투자자로 시장 참여자를 제한할 필요가 있어, 코넥스시장의 상장주권을 매수하려는 투자자는 1억원 이상을 기본 예탁금으로 예탁해야 합니다. 개인 투자자의 경우 소액투자전용계좌를 통해 매수하는 경우 연도별 3천만원을 한도로 합니다. 그만큼 고수익-고위험 시장이라고 할 수 있습니다.

크라우드펀딩
자금을 필요로 하는 수요자가 온라인 플랫폼 등을 통해 불특정 다수에게 자금을 모으는 행위

K-OTC시장

K-OTC시장이란 증권시장에 상장되지 않은 주권의 장외매매거래를 위해 한국금융투자협회가 운영하는 시장입니다. 장외시장이나, 금융투자협회가 조직화되고 표준화한 장외시장이라는 점에서 매도자와 매수자가 직접 매매하는 장외거래와는 차별됩니다.

단순히 규모가 작은 기업만 거래되는 것이 아니라 여러 가지 이유

로 상장을 하지 않았거나 못한 종목, 그리고 준비하고 있는 기업들도 거래되고 있습니다. 그래서 거래되는 종목들을 보면 우리가 익히 알고 있는 회사들도 있고 대기업 계열의 자회사도 있습니다. 상장이 되지 않았고 거래량이 적다 보니 탄탄한 기업이나 가격이 낮게 형성된 경우가 종종 있습니다. 정보가 부족하고 거래가 많지 않다는 점은 위험요소이지만 열심히 분석하고 공부한 사람이 가져갈 수 있는 이익의 몫이 있습니다.

상장폐지

거래소시장은 다수의 투자자가 참여해 거래하는 곳이므로, 믿고 투자할 만한 일정 요건을 갖춘 기업에 대해 투자 적격성과 관련한 엄격한 심사를 거쳐 상장을 하게 됩니다. 따라서 상장법인이 기업 내용의 변화 등으로 그 적격성을 상실하게 되면 거래소는 해당 법인의 발행주식을 거래대상에서 제외해 투자자를 보호할 필요성이 있습니다. 이를 '상장폐지'라고 합니다.

상장폐지는 거래소시장에 상장된 증권에 대해 매매거래대상이 될 수 있는 적격성을 상실시키는 조치입니다. '관리종목지정'은 상장기업의 영업실적 악화 등으로 기업 부실이 심화되거나, 유동성 부족 또는 기업지배구조 등이 취약해 상장폐지 우려가 있다고 판단되는 경우 사전예고단계로서 투자자의 주의를 환기시키기 위한 조치입니다.

유가증권시장에서 최근년 매출액이 50억원 미만이면 관리종목에 해당되고, 2년 연속 매출액이 연 50억원 미만이면 상장이 폐지됩니다.

기업지배구조

기업을 경영하는 구조에 대한 것으로 기업 경영의 통제에 관한 시스템을 말함. 기업 경영에 직접·간접적으로 참여하는 주주·경영진·근로자 등의 이해관계를 조정하고 규율하는 체계 코스닥시장에서는 30억원 미만이면 관리종목에 지정되고, 2년 연속이면 상장이 폐지됩니다.

자영업인 갈비탕집도 맛집이라면 연간 매출이 30억원을 넘을 수 있을 테니, 이 정도면 회사가 거의 영업활동이 안 되는 상황이라고 할 수 있습니다. 간혹 단기고수익을 노리는 투자자들이 관리종목을 매매하기도 하지만 일반적인 초보투자자라면 접근 자체를 하지 않는 것이 안전합니다.

상장폐지가 결정되면 투자자에게 최종매매기회를 주기 위해 7일 동안의 정리매매 기간을 가집니다. 이른바 눈물의 마지막 파티인 셈입니다. 필자도 젊은 시절 혈기에 무분별한 투자를 일삼다가 관리 지정 후 정리매매 직전에 매도한 종목이 있는데, 손실은 그야말로 처참했습니다. 관리종목과 같은 주식은 그들만의 리그로 남겨놓는 것이 건강에 좋습니다.

정리매매

상장폐지가 결정된 종목의 투자자에게 주는 최종 매매기회로, 보통 1주일 정도 기간을 부여함. 정리매매는 일반적인 접속매매가 아닌 30분 단위의 단일가매매임

주린이가 진짜 궁금해하는 것들

◉ 삼성전자와 삼성전자우의 차이점은 뭔가요?

Ⓐ 삼성전자 우선주는 삼성전자 보통주와는 달리 배당에 우선적인 권리를 가지고 경영에 참여하지 않는 조건의 주식입니다. 일반적으로 우선주는 보통주에 비해 주가가 낮게 형성되는 경향이 있어 배당을 목적으로 하거나 가치투자를 선호하는 투자자가 좋아합니다.

05
주식과 배당

자본의 증감에 따라 '증자'와 '감자'가 발생할 수 있습니다. 또한 확정된 이자를 받는 채권과는 다르게 주식은 투자의 대가로 '배당'을 받을 수 있습니다. 주식투자수익은 매매차익이 전부가 아닙니다. 저금리시대에 은행이자를 능가하는 우량회사의 배당가치가 더욱 돋보이고 있습니다. 주식의 분할과 병합, 자사주, 담보 등에 대해서도 배워봅시다.

배당

주식 보유자는 회사의 주인으로 해당 회사의 자본에 투자한 지분만큼 참여할 수 있습니다. 주식회사는 존속기간을 정하지 않으므로 정기적으로 결산을 해 이익을 배당합니다. 즉 주주는 회사의 이익에 대한 당연한 권리가 생기는데 '배당'이 대표적입니다.

배당이란 자기자본을 출자한 주주들에게 출자에 대한 보상으로 지급하는 현금 또는 기타 자산을 말합니다. 보통 기업은 순이익을 배당금과 유보이익으로 배분하는데, 유보이익은 주주에게 배당하지 않고 기업 내부에 남겨 재투자하는 재원이 됩니다.

배당은 현금을 배당하거나 주식으로 배당할 수도 있습니다. 어떤 사

존속기간

권리 등이 유효한 기간으로, 만기라고 이해하면 쉬움

람이 사업을 시작할 때 본인의 자금으로만 투자하기 어려울 때는 자금을 빌리게 됩니다. 재원을 조달한 형태에 따라 재무상태표 오른쪽인 대변에 '부채' 또는 '자본'으로 기록합니다. 이때 주인의 몫이 자본이고, 빌린 돈, 즉 채권자의 몫이 부채가 됩니다.

이렇게 본인의 자금 혹은 빌린 돈으로 재원을 조달해 사업을 하게 되면 그 결과는 여러 가지 자산의 형태로 나타나게 됩니다. 재무상태표에는 왼쪽 차변에 기입하게 됩니다.

재원

자금의 원천을 이르는 말임. 주식회사 입장에서 기업을 운용하기 위한 자금을 주주에게 받게 되면 주식을, 채권자에게 빌리게 되면 채권을 발행함. 즉 투자자 입장에서는 주인이 되고 싶다면 주식을 받고 채권자가 되고 싶다면 채권을 받게 됨

기업의 배당

기업	
재산 (자산)	빌린돈(부채)
	주인돈(자본)
사업결과	재원조달

기업(결산)	
자산	부채
	자본
현금	① 현금배당 ② 주식배당

기업은 경영을 위해 돈을 빌릴 수도 있고(채권), 주주에게 조달(주식)할 수도 있습니다. 경영성과를 주식이나 현금으로 배당할 수도 있습니다.

만약 사업이 잘 되었다면 가장 중요한 자산의 하나인 현금이 늘어나게 됩니다. 결산을 마치고 회사의 주인인 주주에게 배당하는 방법에는 2가지가 있는데 현금으로 줄 수도 있고, 현금을 자본화해 주식으로 줄 수도 있습니다. 주로 성장성이 좋은 기업은 벌어들인 현금을 다시 투자하는 것이 유리하므로 주식배당을 선호하는 경우가 많습니다. 상장회사라면 현금이 필요한 주주는 배당받은 주식을 매도할 수 있으므

로 현금화에 별다른 문제가 없습니다.

배당이 꾸준하다는 것은 사업의 변동성이 낮고, 회사의 재무구조가 양호하다는 반증이기도 합니다. 따라서 현금 혹은 주식배당이 늘어나는 것은 주가에 호재인 경우가 많습니다. 다만 주식의 수가 늘어나면 추후에는 배당률이 하락할 수는 있습니다.

일반적으로 연 1회의 결산기를 정하는 경우가 대부분이며, 상법은 이사회 결의로 연 1회에 한해 중간배당을 할 수 있다고 정하고 있습니다. 다만 상장회사는 분기마다 배당을 할 수도 있습니다.

자본의 증가

기업 운영에 필요한 재원을 회사채 발행과 같이 정해진 이자를 지급하기로 하고 부채로 조달하는 방법이 있고, 주식을 발행해 주주로부터 자본을 모을 수도 있습니다. 이때 주식을 발행하는 자본금의 증가, 즉 증자란 회사가 주인의 몫인 자본금을 늘리기 위한 것입니다.

증자는 일반적으로 신주발행을 통한 자금조달을 의미합니다. 증자에는 자본금의 증자와 함께 실질적인 재산의 증가를 가져오는 '유상증자'와 자본금은 증가하지만 실제 재산은 증가하지 않는 '무상증자', 이렇게 2가지 형태가 있습니다.

유상증자는 기업이 기존 주주들에게 신주를 발행하고 기존 주주들은 주식매입 자금을 기업에 지불합니다. 따라서 기업의 자본금과 실질 재산이 함께 증가합니다. 앞서 살펴본 주식배당은 기업이 기존 주주들에게 돈을 받지 않고 새로운 주식을 발행해 나누어주는 것이므로 무상

회사채

주식회사가 시설투자나 운영 등의 장기자금을 조달하기 위해 발행하는 채권을 말하며, 일반적으로 3년을 만기로 하고 분기마다 일정 이자를 지급하는 조건으로 발행함

증자의 한 사례가 됩니다.

한편 유상증자의 종류는 다음과 같습니다.

1) 주주배정증자

주주에게 그가 가진 주식 수에 따라서 신주인수 기회를 부여합니다. 가장 일반적인 유상증자의 방법이며, 신주의 인수권을 기존의 주주에게 부여하고 청약하지 않은 실권주는 이사회 결의로 처리합니다. 신주 발행에 따른 구주주의 선택이 가능하므로 발행가액을 자유롭게 결정할 수 있습니다.

2) 3자배정증자

회사 경영상 목적을 달성하기 위해 특정한 자에게 신주인수의 청약 기회를 부여합니다. 신사업의 도입이나 재무구조의 개선 등의 사유가 많습니다. 다만 기존 주주의 참여가 배제되어 이해관계가 부딪힐 수 있으며 회사의 경영권 변동에 중대한 영향을 미칠 수 있으므로, 정관에 특별히 정하거나 주주총회 특별결의를 거치도록 하는 등 규제가 있습니다. 아울러 신주를 배정받는 특정 투자자에게 과도한 특혜를 주지 않도록 발행가액을 기준주가의 90% 이상으로 정해야 합니다.

3) 일반공모증자

불특정 다수에게 신주인수의 청약기회를 부여하는 방식이며 '완전공모'라고도 합니다. 기존 주주의 신주인수권이 배제되고 불특정 다수를 대상으로 신주를 모집하므로, 구주주의 피해가 없도록 발행가액을 기준주가의 70% 이상에서 정해야 합니다. 아울러 투자자가 많아져 발

주주총회 특별결의

주주총회의 일반결의와는 달리 주주총회에 출석한 주주의 의결권의 3분의 2 이상의 수와 발행주식총수의 3분의 1 이상의 수로 의결하는 것

행사무가 복잡해지는 측면이 있습니다.

투자자의 입장에서 증자는 상황에 따라 다르다고 할 수 있습니다. 증자의 성격이 중요한 셈입니다. 예를 들어 어떤 기업이 고객 주문의 증가로 공장 증설을 위한 증자라면 이는 호재이나, 재무구조의 악화로 자본잠식을 해소하기 위한 증자라면 악재가 됩니다. 다만 상장폐지 우려가 있는 한계상황에서 기업이 증자에 성공한다면 단기적으로는 호재가 될 수도 있습니다. 따라서 단순히 증자가 투자자의 입장에서 호재인지 악재인지는 상황에 맞게 판단할 필요가 있습니다.

자본금의 감소

회사의 자본금을 감소시키는 것을 자본금의 감소, 즉 감자라고 합니다. 자본금의 감소에는 실질적으로 자본금이 감소해 주주에게 반환하는 것도 있으나, 일반적으로 회사의 자산이 결손으로 인해 감소된 경우에 자본금 잠식을 없애기 위해 하는 경우가 대부분입니다.

이는 주주에게 실제로 반환하는 것이 없이 회계적인 계산상으로만 자본금이 감소되므로 명목상의 자본금 감소에 해당합니다. 예를 들어 자본금 100억원인 회사가 기존 주식 10주를 1주로 줄이는 감자를 실시하면, 주식의 액면금액에는 변동 없이 자본금이 10억원으로 줄어들고 나머지 90억원은 누적손실금과 상계하는 결과를 가져옵니다.

자본금 감소는 주주 및 회사채권자의 이해관계에 중대한 영향을 미치는 사항이므로 자본금의 감소를 위해서는 상장회사의 경우 주주총회의 특별결의가 있어야 합니다. 감자를 발표하는 경우 일반적으로 주

자본금 잠식

회사의 적자 등으로 자본잉여금이 바닥나고 납입자본금까지 잠식되어 마이너스로 기록되는 것으로 납입자본금보다 자본총계가 적게 되는 것

가 하락을 가져오는 경우가 많아 우스갯소리로 주식투자를 하는 사람은 '감자탕'도 싫어한다고 합니다. 기본적으로 투자종목을 선별할 때 초보자는 재무구조가 취약해 감자의 우려가 있는 종목은 애초에 멀리하는 것이 바람직합니다.

합병 등에 의한 주식발행

1) 합병에 의한 주식발행

합병으로 인해 존속하는 회사가 소멸하는 회사의 주주에게 신주를 발행해 교부합니다.

2) 주식병합에 의한 주식발행

주식병합의 경우 회사가 발행한 주식의 총수가 감소하고 1주의 금액이 변경됩니다. 주주의 지분변동은 없으며, 회사는 1주의 금액이 변경된 신주식을 발행해 교부합니다.

3) 주식분할에 의한 주식발행

회사가 자본이나 재산을 변경시키지 않고 기존의 주식을 세분화해 발행주식총수를 증가시키는 절차입니다. 주식분할은 주식병합과 반대되는 개념입니다. 분할되는 주식은 기존의 지분율에 따라 배분되므로 주주의 실질적인 지위에는 변화가 없습니다. 삼성전자가 2018년 50대 1로 액면분할한 사례가 있습니다.

주식병합
2개 이상의 주식을 합해서 주식액면금액의 단위를 병합 전보다 크게 하는 것으로, 액면가는 높아지고 유통주식수는 줄어들게 됨

자사주

자사주는 자기회사의 주식으로 상법의 자본충실원칙에 따라 자사주 취득이 엄격히 제한됩니다. 그러나 상장법인은 자본시장법이 정하는 경우에 따라 자기주식을 취득할 수 있습니다. 일반적으로 자사주는 주가관리와 경영권 방어의 목적으로 활용됩니다.

자사주는 그만큼 유통주식의 감소를 의미하므로 주가 상승요인의 하나가 됩니다. 자사주인 경우에는 의결권이 없으나 매각하는 경우 의결권이 다시 살아납니다. 주권상장법인이 자기주식을 취득하거나 처분하는 경우 법에서 정한 방법을 따라야 하며, 일반적으로 신탁계약을 통해 취득합니다.

유통주식

상장법인의 총발행 주식 중 최대주주 지분 등을 제외하고 실제 시장에서 유통이 가능한 주식을 말함. 유통주식이 적은 경우 적은 거래량으로도 주가의 변동성이 커질 수 있음

06

시장관리제도

주식시장을 안정적으로 운영하기 위한 여러 관리제도들이 있습니다. 주식시장이 발달하면서 규제가 다양하고 정교해지고 있습니다. 금융당국의 시장관리의 핵심은 공평성입니다. 물론 투자는 본인의 책임이지만 투자의 과정이 일방에게 유리해서는 안 됩니다. 시장관리제도는 투자자가 기본적으로 알아야 할 내용이면서 투자에 참고할 신호가 되기도 합니다.

주식시장의 매매거래 정지(CB)

시장이 멈춘다는 것은 그만큼 투자에 중대한 영향을 미칠 상황이라는 뜻입니다. 서킷브레이커(Circuit Breakers; CB) 제도는 시장상황이 급격히 악화되는 경우 시장참여자에게 이렇게 하락하는 것이 합리적인지 생각해보는 시간을 제공하기 위해 증권시장 전체의 매매거래를 일시적으로 중단하는 제도입니다.

CB는 시장이 급락하는 경우 쏠림현상이 심화되는 것을 완화하고, 증권시장 안정화를 위한 장치입니다. 다만 시장 전체를 멈추는 것은 시장의 연속성을 훼손하고 불확실성을 증폭시킬 수 있으므로 심리적 공황상태와 같은 극단적인 상황에서만 CB가 발동됩니다.

시장

거래소 시장에는 유가증권시장, 코스닥시장, 코넥스시장, 파생상품시장 등이 있음

1) 발동요건

코스피지수와 코스닥지수가 전일 종가지수에 대비해 각각 8%, 15%, 20% 이상 하락해 1분간 지속되는 경우 발동합니다. 동일 조건으로는 1일 1회 발동하며, 장 종료 40분 전 이후에는 발동하지 않습니다.

2) 발동효과

주가지수가 8%, 15% 하락하면 CB 발동으로 증권시장의 모든 종목 및 주식 관련 선물·옵션시장의 매매거래를 20분간 중단합니다. 20% 이상 하락하면 당일 장을 종료합니다.

3) 매매거래 재개

매매거래 중단 후 20분이 경과된 때에 매매거래를 재개합니다. 재개 시 최초의 가격은 재개시점부터 10분간 호가를 접수해 단일가매매방법에 의해 결정하며, 그 이후에는 정상적인 접속매매 방법으로 매매합니다.

종목별 매매거래정지제도

특정 종목에 대한 풍문 등으로 투자자에게 기업정보를 충분히 주지시킬 시간이 필요하거나 시장에서 정상적인 매매체결이 불가능한 경우, 거래소는 해당 종목의 매매거래를 일시적으로 정지할 수 있습니다. 투자자에게 주의를 환기하고 안정적인 매매거래를 도모하기 위한 조치입니다.

종목별 매매거래정지의 자세한 사유와 거래 재개 시점은 다음과 같습니다.

1) 매매거래 정지 사유

- 어음·수표의 부도 발생
- 영업활동의 정지
- 파산, 해산, 회생절차개시신청
- 감사의견 부적정 등

2) 매매거래 재개 시기

- 풍문에 의한 경우 : 기업이 공시한 경우 30분이 경과한 때(연장 가능)
- 호가 폭주나 시장관리상 필요한 경우 : 상황에 따라 매매거래 재개 시기 결정

변동성완화장치(VI)

변동성완화장치(Volatility Interruption, VI)는 주가의 급변으로부터 투자자를 보호하기 위한 가격안정화 장치입니다. 개별종목에 대해 일정한 가격범위를 설정하고 체결가격이 동 가격범위를 벗어날 경우 발동됩니다.

VI는 갑작스런 주가 급등락이 우려되는 경우 단일가매매방식으로 매매체결시간을 일정 정도 지연해 주가 급변의 사유를 파악할 수 있는 시간을 제공하는 기능을 합니다. 초단기적인 투자를 주로 하는 경우

단일가매매
주식의 매매주문을 일정시간 동안 모아 일시에 하나의 가격으로 체결하는 것

라면 이런 VI가 발동하거나 근접하는 종목에 일부러 투자하는 경우가 있습니다. 어떤 이유이건 시장에서 관심을 받고 있는 종목이기 때문입니다.

1) 동적 VI

동적 VI는 특정 호가에 의해 주가가 직전 체결가격보다 일정 비율 이상 변동할 때 발동됩니다. 장중에는 코스피200종목은 3%, 일반종목은 6%가 발동기준입니다. 동적 VI가 발동되면 매매방식이 단일가매매로 전환되어 2분간 호가를 접수해 당해호가간 매매 거래를 체결시킵니다.

2) 정적 VI

정적 VI는 호가제출시점 직전에 체결된 단일가 체결가격을 기준으로 10% 이상 변동한 경우 발동됩니다. 정적 VI가 발동되면, 동적 VI와 동일하게 매매체결방식이 2분간 단일가매매로 전환됩니다.

 주린이가 진짜 궁금해하는 것들

◎ VI가 발동한 주식은 위험하니까 건드리지 말아야 하나요?

Ⓐ VI는 변동성을 완화하기 위한 장치입니다. 즉 그만큼 주가가 많이 움직였다는 것입니다. 주가가 움직이는 이유는 있을 것이며, 주가가 크게 움직인다는 것은 시장에서 주목을 받고 있다는 것입니다. 매매 참여여부를 결정하는 중요한 요소는 투자자의 스타일이라고 봐야 합니다. 매매가 활발한 종목에서 단기에 매매차익을 보고자 한다면 VI가 발동한 종목이 적당할 수 있습니다. 아무래도 가치형 종목이나 배당형 종목을 선호하는 사람들에게는 적당하지 않다고 보여집니다.

호가

증권 시장에서 투자자가 주문하는 매도·매수의 가격

프로그램매매 관리제도

프로그램매매는 시장분석, 투자타이밍, 주문제출 등의 과정을 컴퓨터로 처리하는 거래기법을 일반적으로 통칭하는 말입니다. 시장상황에 따르는 투자전략에 따라 사전에 정한 프로그램으로 주문이 자동 실행되게 하는 매매방식입니다.

거래소는 프로그램매매를 크게 '지수차익거래'와 '비차익거래'로 구분하고 있습니다. 프로그램매매에 대한 자세한 내용은 다음과 같습니다.

1) 지수차익거래

지수차익거래는 주식시장과 파생상품시장의 가격 차이를 이용하는 매매 기법입니다. 코스피200지수(코스닥 150지수) 구성 종목과 코스피200지수 선물·옵션(코스닥 150지수 선물·옵션)을 서로 반대 방향으로 매수·매도를 하게 됩니다. 고평가된 쪽을 매도하고 저평가된 쪽을 매수해 이익을 취하는 전략입니다.

2) 비차익거래

비차익거래는 동일인이 일시에 코스피지수 구성 종목 중 15종목 이상을 매수·매도하는 거래입니다. 지수차익거래와는 달리 파생상품시장과의 연관성 없이 일시에 매매하고자 하는 주문이 일정 규모 이상인 경우 비차익프로그램매매에 해당합니다.

프로그램매매

일정한 조건이 충족되면 자동적으로 매도·매수 주문을 내도록 설정한, 프로그램에 따라 이루어지는 주식매매 방식

차익거래

2개의 시장에서 가치가 다른 상품을 저평가된 것을 사고 고평가된 것을 파는 방식으로 무위험 이익을 내는 것

프로그램매매호가 일시정지 제도(사이드카)

파생상품시장
주식, 채권, 통화, 원자재 등과 같은 현물 시장 상품으로부터 파생된 상품이 거래되는 시장임. 주식 관련 상품의 거래가 가장 활발함

사이드카(Sidecar)는 파생상품시장에서 선물가격이 급등락하는 경우 프로그램매매가 주식시장에 미치는 충격을 완화하기 위해 주식시장 프로그램매매호가의 효력을 일시적으로 정지시키는 제도입니다. 코스피200지수 선물가격이 기준가 대비 5%(코스닥은 6%) 이상 변동해 1분간 지속되는 경우 1일 1회에 한해 사이드카가 발동되며, 5분간 정지합니다.

단기과열종목 지정제도

단기과열종목 지정제도는 미확인된 정보 등의 시장 확산으로 인한 투자자의 추종매매로 주가가 단기간에 급등락하는 단기과열을 예방하기 위한 제도입니다. 자세한 내용은 다음과 같습니다.

1) 단기과열종목 지정

- 당일 종가가 직전 40매매거래일 종가의 평균 대비 30% 이상 상승
- 최근 2거래일 평균 회전율이 직전 40매매거래일 회전율의 평균 대비 600% 이상 증가
- 최근 2거래일 평균 일중변동성이 직전 40매매거래일 일중변동성의 평균 대비 50% 이상 증가

2) 단기과열종목의 매매체결

단기과열종목으로 지정되면 3일간 30분 단위 단일가매매방식을 적용해 매매거래를 체결합니다.

시장경보제도

시장경보제도는 투기적이거나 불공정거래의 가능성이 있는 종목의 주가가 단기간에 비정상적으로 급등하는 경우에 주의를 환기시키기 위한 제도입니다. '투자주의종목, 투자경고종목, 투자위험종목', 이렇게 3단계로 지정됩니다.

불공정거래

주식시장에서의 불공정거래란 시장에서 합리적으로 형성되어야 할 가격을 왜곡하는 일체의 거래를 포괄적으로 말함

1) 투자주의종목

소수지점, 소수계좌 거래집중종목 등 투기적이거나 불공정거래 개연성이 있는 종목을 투자주의종목으로 지정합니다. 별도의 지정예고 없이 1일간 지정되며, 익일 자동해제됩니다.

2) 투자경고종목

주가가 비정상적으로 급등하는 경우, 투자자의 주의를 환기시키고자 투자경고종목으로 지정합니다. 5일 또는 15일 기준으로 주가가 급등하면서 해당기간 중 특정계좌의 시세관여율이 높은 경우 지정예고되고, 이후에도 주가상승률이 높아 다시 지정예고요건에 다시 해당하는 경우 투자경고종목으로 지정됩니다. 지정일로부터 10일 이후의 날로서 지정예고조건에 다시 해당하지 않는 경우에 해제됩니다.

3) 투자위험종목

투자경고종목 지정에도 불구하고 투기적인 가수요가 진정되지 않고 주가가 지속적으로 상승할 경우 투자위험종목으로 지정예고하고, 이후에도 주가 상승이 지속되는 경우 투자위험종목으로 지정해 관리합니다. 지정일부터 10일 이후의 날로서 지정예고요건에 다시 해당하지 않는 경우에 해제됩니다.

공매도 관리

공매도(Short Selling)는 자본시장법상 소유하지 않은 증권을 매도하는 것으로 정의하고 있습니다. 투자자 입장에서는 고평가된 증권의 매도를 통해 차익을 얻는 기회가 됩니다. 시장 측면에서는 주식시장에 추가적인 유동성을 공급해 가격발견의 효율성을 제고하는 측면이 있습니다.

공매도를 옹호하는 입장에서는 부정적인 정보가 가격에 빠르게 반영될 수 있어 주가 버블 형성을 방지하는 효과가 있다고 합니다. 그러나 공매도를 활용하기 힘든 개미투자자 입장에서는 주가 하락을 가속화시키는 주범으로 공매도를 지적하고 있습니다. 주식시장이 선진화될수록 공매도를 허용하나 공매도가 가지는 잠재적인 위험을 관리할 필요성 또한 존재합니다.

1) 차입 공매도 허용

공매도는 매도증권의 차입 여부에 따라 소유하지 않은 증권의 매도,

유동성

거래가 원활하게 형성할 수 있도록 매수나 매도를 지원해 거래를 늘리는 것을 말함

즉 무차입 공매도와 차입한 증권으로 결제하고자 하는 차입 공매도로 구분합니다. 한국의 경우 자본시장법에서는 차입 공매도만을 예외적으로 허용하고 있습니다. 즉 투자자는 주문을 제출하기 이전에 신용대주 거래 또는 대차거래 등에 의해 차입한 증권에 대해서만 공매도를 할 수 있습니다.

대주거래는 개인투자자 등이 회원사 또는 증권금융회사가 보유하고 있는 주식을 신용으로 차입하는 거래입니다. 대차거래는 기관투자자 등이 한국예탁결제원 또는 한국증권금융 등의 중개기관을 통해 거래당사자 간에 주식을 빌리는 거래입니다.

2) 공매도로 보지 않는 경우

- 매수계약 체결 후 결제일 전에 해당 증권을 다시 매도하는 경우
- 전환사채의 권리행사, 증자 등으로 취득할 주식이 결제일까지 상장되어 결제가 가능한 경우 그 주식의 매도

3) 공매도호가의 가격 제한

공매도는 원칙적으로 직전 가격 이하로 호가할 수 없습니다. 하지만 가격이 상승하는 경우에는 직전 가격으로 호가할 수 있습니다.

4) 공매도 거래의 투명성 강화

거래소는 공매도 거래의 투명성 제고를 위해 공매도 거래현황을 집계해 종목 및 업종별 공매도 거래현황을 공표하고 있습니다. 투자자는 공매도 종합포털 사이트(short.krx.co.kr)에서 공매도 제도 및 공매도 관련 통계를 확인할 수 있습니다.

한국예탁결제원

주식이나 채권 등 유가증권의 집중 예탁업무를 담당하는 기관으로 유가증권의 결제를 신속하고 정확히 실행해 실물이동에 따른 위험을 줄이는 역할을 함

한국증권금융

증권을 담보로 금융투자업자에게 자금을 대출해주거나 투자자예탁금을 맡아 운용하는 등의 업무를 하는 기관

5) 숏커버링

공매도한 주식을 매수해 갚는 것을 숏커버링(Short Covering)이라고 합니다. 공매도도 영원히 유지할 수는 없으니 결국은 되갚아야 하는 시점이 도래하고 이를 활용해 주가의 반등을 통해 수익을 거둘 수도 있습니다. 공매도 비중이 높아 주가가 부진했던 종목의 경우 악재가 해소되거나 업황이 돌아서는 경우 숏커버링으로 주가 반등이 가속화 되는 경우가 발생합니다.

 주린이가 진짜 궁금해하는 것들

◉ **공매도비율이 많다는 건 무슨 의미인가요?**

Ⓐ 공매도가 많다는 것은 주식을 빌려서 매도한 거래가 많다는 뜻입니다. 아무래 도 주가를 비관적으로 보는 사람이 많은 것이라고 해석할 수 있습니다. 그런데 국내시장의 공매도는 순수한 공매도는 허용하지 않기 때문에, 즉 빌려서 매도 만 가능하므로 대차기간이 만료되면 주식을 되갚아야 합니다. 만약 주가가 하락 하지 않고 상승하는 경우 공매도는 손실을 줄이기 위해 다시 사들여 대차거래를 청산하려는 매수가 발생할 수 있습니다. 이를 '숏커버링'이라 하며 이런 경우 오 히려 주가는 강하게 반등할 수도 있습니다.

02

계좌를 만들어
주식 매매 시작하기

증권회사를 굳이 꼭 방문하지 않고도 계좌를 개설할 수 있습니다.
언제 어디서든지 주식을 매매하기 위해서는 스마트폰(MTS)이,
기술적 분석이나 기본적 분석을 하기에는 컴퓨터(HTS)가 편리합니다.

01
증권계좌 개설하기

증권계좌 개설은 증권투자의 시작입니다. 시작이 반이라는 말이 있듯이 계좌를 개설하고 입금을 해야 비로소 투자가 시작됩니다. 실천하지 않으면 어떤 일도 생기지 않습니다. 투자를 시작해보면 경제를 이해하는 폭이 넓어집니다. 주주로 참여해서 바라보는 기업과, 소비자가 바라보는 기업은 많이 다를 겁니다. 자, 이제 투자를 즐기도록 해보죠.

증권계좌 개설방법

증권계좌 개설방법에는 여러 가지가 있습니다. 크게 대면 개설과 비대면 개설로 나눌 수 있습니다. 대면 개설은 증권사 창구 방문과 거래은행 창구 방문으로 나누어집니다. 그리고 비대면 개설은 HTS를 통한 개설과 MTS를 통한 개설로 나누어집니다.

여러 증권사 중에서 여러분에게 맞는 증권사를 선택하면 됩니다. 본인이 혼자서 투자를 할 계획이라면 굳이 증권사를 방문해 개설하지 않고 비대면, 즉 방문 없이도 계좌 개설이 가능합니다.

아는 지인이 있거나 투자상담 및 지원을 받기 원한다면 해당 증권사 영업점 창구에서 개설하는 경우가 일반적으로 많습니다. 물론 해당

HTS

HTS(Home Trading System)은 온라인을 통해 주식매매를 하는 시스템으로 'Home Trading System'의 머리글자를 딴 것임. 투자자가 증권회사에 가거나 전화를 이용하지 않고 컴퓨터를 이용 매매하는 시스템임. 반면에 스마트폰에서 매매하는 시스템은 MTS라고 함

증권사의 가까운 지점에서 개설하고 담당 직원을 지목해 등록해달라고 할 수도 있습니다.

담당 직원이 있는 경우에는 해당 직원의 투자 상담을 받을 수 있습니다. 투자유망 종목을 추천받을 수도 있고, 하루 종일 신경 쓰기 어려운 경우에도 시장 상황에 맞게 주문한 매수 및 매도를 처리해주므로 편리합니다. 다만 본인이 직접 주식매매 주문을 하지 않는 경우에는 거래수수료가 비싸집니다.

이런 부분은 전적으로 투자자 본인이 선택할 몫입니다. 무엇이건 사람이 움직이는 데는 비용이 발생하니 이런 비용이 아깝다고 생각한다면 스스로 공부해서 스스로 하면 됩니다. 그런데 초보투자자라면 매매에 익숙해질 때까지 증권사 직원의 도움을 받는 것도 나쁘지는 않습니다. 첨언하자면 흔히 말하는 선수 수준의 증권사 직원은 고객도 가려서 받습니다.

투자유망 종목

투자성과가 좋을 것으로 기대하는 종목임. 단, 추천받는 종목에 대한 최종 책임은 투자자의 몫이니 추천만으로 투자하기보다는 투자자 본인이 한 번 더 검증하고 공부하는 것이 좋음

계좌 개설시 챙겨야 할 것들

증권사 창구에서 계좌를 개설하는 경우에는 현장에서 필요한 바를 안내해주니 크게 어려운 점이 없을 것입니다. 주민등록증이나 운전면허증과 같은 신분증만 있어도 가능합니다. 자금은 계좌 개설 후 입금처리해도 됩니다.

거래에 사용할 인감(도장)을 쓰거나 서명으로도 거래가 가능합니다. 실무적으로 서명 거래하는 경우에는 창구거래시 본인확인 절차를 반드시 거치므로 창구에 방문해 거래하는 경우에는 본인만 거래가 가능

비대면 전자금융

금융 업무에 컴퓨터 및 정보통신기술을 적용해 자동화와 전자화를 구현하는 것을 전자금융이라 함. 전자금융의 수단으로는 PC뱅킹, 폰뱅킹, 모바일뱅킹이 있는데 모두 비대면으로 거래가 이루어짐

합니다. 다만 요즘에는 입출금을 대부분 비대면 전자금융으로 처리하므로 창구에 방문하는 경우가 그다지 많지 않아 서명거래가 불편할 것은 별로 없습니다. 도장을 쓰게 되면 분실하게 될 경우에 불편하기도 합니다.

증권사가 아무래도 은행의 지점보다는 적기 때문에 증권사는 여러 은행과 제휴를 맺어 은행에서도 증권계좌 개설이 가능합니다. 거래은행의 계좌와 증권계좌를 연결하면 자금관리도 편할 수 있습니다. 요즘은 은행과 증권사가 계열사인 경우가 많아 거래 은행의 계열사인 증권사를 선택하면 고객등급에 우대를 받거나 수수료를 우대받을 수 있는 등 장점이 있습니다.

키움증권 계좌 개설 가능 금융기관

	주식계좌	선물옵션	펀드계좌	해외주식	FX마진	해외선물
신한생명 녹색보험	O	O	O	-	-	-
KB국민은행	O	O	O	O	O	O
신한은행	O	O	-	-	O	O
우리은행	O	O	O	O	O	O
농협	O	-	O	-	-	-
IBK기업은행	O	O	O	O	-	-
하나은행	O	O	O	O	O	O
citibank	O	O	O	-	-	-
DGB대구은행	O	O	-	-	-	-
광주은행	O	O	-	-	-	-
BNK경남은행	O	O	O	-	-	-
BNK부산은행	O	O	-	-	-	-
MG새마을금고	O	O	O	-	-	-
Standard Chartered SC제일은행	O	O	-	-	-	-
신협	O	O	O	O	-	O

자료 : 키움증권 홈페이지

키움증권은 온라인 위주 증권사이므로 제휴 금융기관이 특히 많은 편입니다. 대형 증권사의 경우도 제휴 은행 등이 많으니 홈페이지에서 확인하고 편리한 금융기관을 선택하면 됩니다.

주 금융거래를 은행계좌로 하는 경우가 많으므로 은행이체 약정을 해놓으면 본인이 지정한 은행계좌 이체가 편리합니다. 따라서 증권계좌 개설시 본인의 주거래은행의 계좌를 이체지정계좌로 등록하는 것이 자금관리에 유용합니다.

증권사는 은행과는 다르게 통장을 교부하는 것이 아니라 증권카드를 교부합니다. 증권카드는 증권사뿐만 아니라 제휴 은행의 CD, ATM 기기에서도 카드를 이용해 입출금이 가능합니다. 그리고 증권카드가 체크카드를 겸하는 경우 카드사용에 따르는 별도의 혜택이 있을 수 있으니, 본인에게 맞는 카드를 선택하는 것이 좋습니다. 단순히 증권거래만 하는 경우라면 종합계좌만 개설해도 무방합니다.

OTP(One Time Password)는 안전한 전자금융거래를 위해 거래시 고정된 비밀번호 대신 매번 다른 비밀번호를 사용하는 일회용 비밀번호를 의미합니다. 자금이체를 위해 OTP기기를 발급 혹은 등록하는 것이 편리합니다. 기존에 은행 등에서 OTP를 발급받은 경우에는 증권사의 영업점이나 홈페이지에서 등록해 사용하고, 없는 경우에는 해당 증권사에서 발급을 받는 것이 거래에 편리합니다.

증권사는 월별로 거래내역과 잔고를 통지하도록 되어있습니다. 거래가 없더라도 1년에 2번, 즉 반기에 한 번씩 잔고가 통보됩니다. 일반적으로 이메일을 통해서 받는 경우가 많은데 우편으로 통보받을 수도 있고, 통보 자체를 받지 않겠다고 신청할 수도 있습니다. 요즘은 다양한 알리미 서비스가 있어서 증권사의 잔고통보는 법적인 의미가 강한 셈입니다. 다양한 투자정보도 제공되니 도움이 됩니다. 문자, 메일, 메신저 등으로 증권사마다 다양하게 제공되니 본인이 편리한 방법으로 통보받을 수 있습니다.

OTP

무작위로 생성되는 일회용 패스워드를 이용하는 사용자 인증 방식

다양한 알리미서비스 사례

구분	내용	알림종류
투자정보	당일체결내역(국내주식,체결 시)	UMS
	예상미수금 안내	메일+UMS
	종목감시(WTS 사용고객)	
	키움데일리 등 시황/이슈분석, 보유종목의 리포트 및 공시정보 안내	SMS+PUSH
	주가지수 및 관심종목 현재가 안내 (시가+12:00+종가/시종가)	SMS
	신용공여(담보대출/신용융자/대주) 만기일 및 이자안내	메일+SMS
	선물옵션 당일체결내역(국내선물옵션/야간선물옵션, 전량체결시)	SMS
	해외주식 당일체결내역(미국주식/홍콩주식/상해A주, 전량체결 시)	SMS
	금현물 당일체결내역(전량체결시)	SMS
	해외선물옵션 당일체결내역(전량체결시)	SMS
	FX마진 체결내역 및 마진콜, 반대매매, STOP주문거부 통보	SMS
온라인업무	예약이체 통보서비스, 예약주문 거부 통보	SMS
	보유증권 권리(유 무상, 배당 등) 통보	메일
	이체 출금 결과통보(연계은행 이체/즉시이체/CD출금시)	SMS
	공모주청약 경쟁률 안내(마감일 전일 16시/마감일 9시 30분,11시, 15시, 16시)	SMS

자료 : 키움증권 홈페이지

주식투자는 적시성이 생명이므로 다양한 알림제도를 최대한 활용하는 것이 좋습니다. 아울러 대부분의 증권사는 아침에 투자정보를 보내주는데, 이메일보다는 SNS로 받아보는 것이 편리합니다.

거래신청서와 함께 금융거래목적확인서, 통장양도금지 등의 다양한 서류를 작성해야 합니다. 이런 부분은 자금세탁방지제도와 관련되어 고객확인제도의 절차에 따라 진행되는 것이니 좀 불편하더라도 작성해야 합니다.

자금세탁방지제도

각종 범죄나 탈세 등 부정하게 조성된 자금을 깨끗한 돈으로 가장하는 것을 적발하고 예방하기 위한 제도적 장치

02
비대면계좌 개설

주식주문이 전화로 이루어지던 시절을 지나 HTS가 대세인가 싶었는데 이제는 모바일이 매매의 상당 부분을 차지하고 있습니다. 투자의 세계에 빠져들면 스마트폰이 뉴스와 게임, 동영상을 보는 도구에서 투자의 세상을 열어주고 돈도 벌어주는 기기로 바뀌게 됩니다. 요즘 대세이자 방문이 필요 없는 비대면계좌 개설 과정에 대해 확인해봅시다.

비대면계좌 개설방법

비대면계좌 개설을 위해서 먼저 준비해야 할 것은 스마트폰, 신분증 (주민등록증 혹은 운전면허증), 은행통장입니다.

증권사마다 다소 다를 수 있지만 여기서는 삼성증권 계좌 개설로 설명하겠습니다. 증권사별로 계좌를 개설하는 방법은 큰 차이가 없습니다. 아울러 화면은 증권사가 업그레이드하게 되면 조금씩 바뀔 수 있으나 업무흐름은 크게 달라질 게 없습니다. 이러한 점을 고려하길 바랍니다.

비대면계좌

방문 없이 스마트폰 등을 통한 본인 인증으로 신규 계좌를 개설할 수 있음

1) 삼성증권 홈페이지 방문

- 홈페이지 화면에서 비대면계좌 개설을 찾아서 클릭하면 되고, 화면에서 휴대전화 문자로 계좌 개설을 위한 앱 설치와 계좌 개설 안내방법 영상을 볼 수 있도록 안내받을 수 있음

문자를 통한 앱 설치

- 도착한 문자에 제시된 주소를 클릭해서 계좌 개설을 위한 앱을 다운로드받음
- 구글플레이 스토어에서 직접 해당 앱을 검색해서 다운로드를 받을 수도 있음

2) 앱 설치 후 앱 열기

- 앱 접근을 위한 동의절차 동의 및 확인
- 종합/CMA 계좌 개설 선택

CMA

증권사가 고객으로부터 예탁받은 금전을 어음 및 채무증서 등에 운용하고, 그 수익을 고객에게 지급하는 수시입출금이 가능한 단기금융상품

3) 계좌 개설 진행

계좌 개설 흐름

시작화면에서 '메뉴(三)'로 들어갑니다.

번호 순서대로 눌러 '계좌 개설'을 시작합니다.

비대면계좌 개설을 진행 합니다.

CMA, 종합계좌 개설을 위해 해당 메뉴로 들어갑 니다.

준비 내용을 확인하고 시 작하기로 들어갑니다.

빈칸 없이 기본정보 입력 을 하고, 다음으로 넘어갑 니다.

종합계좌

주식 및 금융상품을 복 합적으로 거래할 수 있 는 계좌

휴대폰 인증

스마트폰과 같은 휴대폰으로 본인임을 인증하는 것을 말하며, 실명확인 때문에 의무적으로 진행해야 하는 절차임

편한 방법으로 인증합니다. 가이드에선 휴대폰 인증으로 진행하겠습니다.

휴대폰 본인인증을 완료하면 다음 화면으로 넘어갑니다.

비대면계좌 개설이기 때문에 신분증 촬영이 필요합니다.

신분증 인식이 성공했다면 다음으로 넘어갑니다.

'동의'에 모두 체크한 뒤 다음으로 넘어갑니다.

기본정보를 빈칸없이 입력한 후 다음으로 넘어갑니다.

이 화면과 동일하게 선택 합니다.

내용을 확인하고 확인 버튼 을 누릅니다.

종합계좌와 CMA계좌 중 개 설할 계좌를 선택합니다. 가 이드에선 두 계좌 모두 개설 되도록 선택하겠습니다.

CMA 계좌는 은행의 일반 입출금계좌에 비해 수익률이 높고 안전하기 때문에 일시적인 목돈 관리에도 유용합니다.

모두 동의하고 넘어갑니다.

계좌 비밀번호로 사용할 숫 자 4자리를 입력합니다.

해당하는 항목으로 선택하 고 다음으로 넘어갑니다.

계좌 비밀번호

· 일반적으로 숫자 4자 리를 사용하며, 일정 횟수 이상을 잘못 입력 하는 경우에 재설정 절 차가 필요함

금융거래 목적 확인서 내용을 화면과 같이
선택한 후에 확인을 누릅니다.

내용을 확인하고 다음으로
넘어갑니다.

투자성향이 초고위
험 투자형이 아닌 보
수적인 성향으로 판
정되는 경우 일부 상
품은 제한됩니다.

반드시 희망으로
선택합니다.

초고위험투자형일
경우 [기존 투자성향
유지]를 선택하여 다
음 페이지로 넘어갑
니다.

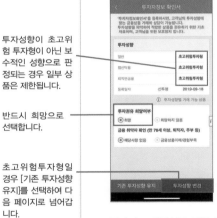

투자정보 확인서를 작성해
야 합니다.

투자성향 정보 작성의 예시입니다.

여기서 '투자성향'은 예시입니다. 여러분의 성향에 맞게 결정됩니다. 추후 해
외주식이나 레버리지ETF를 투자하거나 자문서비스를 받을 계획이 있다면 초
고위험형에 해당 되어야 거래에 제한이 없다는 점을 참고하세요.

투자성향 정보 작성의 예시입니다.

투자성향 정보 작성의 예시입니다. 결과보기를 눌러주세요.

투자성향 등록이 완료되었습니다. 확인으로 넘어갑니다.

인증번호 3자리 확인 가능한 본인 계좌를 입력하면 됩니다.

입력한 계좌에서 인증번호 3자리를 확인해서 입력하면 됩니다.

자, 드디어 선택한 계좌 개설이 완료되었습니다.

주린이가 진짜 궁금해하는 것들

ⓠ 주식을 잘못 사서 예수금이 마이너스가 되면 어떻게 되나요?

ⓐ 가지고 있는 현금보다 더 많이 매수한 경우에는 그만큼 매도하면 됩니다. 초보 투자자는 현금으로만 매매하는 것이 합리적이라고 생각합니다. 대출거래는 기대수익도 커지지만 위험성도 커집니다. 매매경험이 충분히 쌓인 다음에 신용거래를 선택하기 바랍니다. 물론 제일 좋은 것은 신용거래나 미수거래를 아예 하지 않는 것입니다.

03
HTS 설치 및 개요

주문은 모바일의 앱을 통해서 할 수 있지만(MTS), 주식을 공부하고 차트를 편하게 보려면 컴퓨터를 통한 HTS가 편리합니다. 값비싼 스마트폰의 수많은 기능 중 일부만 사용하는 것이 대부분이듯이 HTS도 단순 매매만 하는 것이 아니라 활용의 정도에 따라서 무궁무진하게 이용의 폭이 넓어집니다. 일단은 기본적인 HTS 활용부터 시작해보도록 합시다.

MTS

온라인을 통해 주식매매를 하는 시스템 중 하나로, 스마트폰으로 매매하는 시스템

HTS 설치

증권사의 홈페이지에서 HTS 다운로드 아이콘을 쉽게 찾을 수 있습니다. DB금융투자의 HTS를 예로 들어보도록 하죠. 증권사별로 화면이 조금씩 다르지만 기본적인 구조는 같습니다.

HTS 설치

자료 : DB금융투자 홈페이지

HTS에 로그인을 하게 되면 화면에 수많은 메뉴가 나오게 됩니다. 각각의 기능에 익숙해지려면 자주 클릭해보는 것보다 더 좋은 방법은 없습니다. 여러 항목을 자주 클릭해보면 자연스럽게 익숙해집니다. 전문가는 자신이 원하는 대로 화면을 구성해 주식거래를 합니다. 이런 부분은 매매를 하다보면 본인에게 맞는 화면을 찾을 수 있게 되니 처음부터 조급해 할 필요는 없습니다.

일반적으로 초보투자자는 주식주문종합화면이 시작하기에 가장 편할 것이라 생각됩니다. HTS 화면 중 가장 많이 사용하게 되는 화면이 바로 '종합화면'입니다.

HTS 주식종합화면

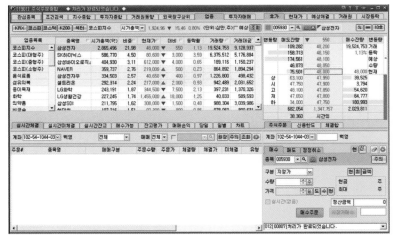

자료 : DB금융투자 HTS화면

대부분의 HTS 종합화면은 관심종목과 본인 위탁계좌의 보유종목과 평가액, 그리고 단순화된 매매화면의 복합화면으로 구성됩니다.

화면의 윗부분은 종목과 가격이 제시되고, 아랫부분은 투자자의 계좌상황 그리고 매수·매도를 할 수 있는 화면으로 구성되어 있습니다.

위탁계좌

증권계좌를 말하는데, 증권사를 통해 매매를 위탁한다는 의미임

종합화면에서 먼저 관심종목을 설정해야 합니다. 관심종목 메뉴를 누르면 아래와 같은 화면이 나오고 종목을 선택해서 저장하면 됩니다.

관심종목 등록

관심종목 등록

자료 : DB금융투자 HTS화면

관심종목을 그룹으로 생성 관리할 수 있기 때문에 일단은 투자예상 종목 위주로 구성하고 본인이 관심 있는 테마, 예를 들어 2차전지 관련주, IT장비주, 바이오 제약주 등 이런 식으로 묶어서 관리할 수 있습니다.

일단 관심종목 첫 그룹에는 삼성전자를 등록할 필요가 있습니다. 시가총액도 크고 시장에 미치는 영향이 크기 때문에 삼성전자의 움직임은 실제로 보유하지 않더라도 관심종목에는 넣어두고 주가 추이를 살펴봐야 합니다.

보통 HTS화면 가장 아래에 종합주가지수 등이 표시됩니다. 이를 클릭하면 당일 지수의 추이를 포인트와 차트로 볼 수 있도록 화면이 생성됩니다.

지수 추이

당일 지수추이를 살피면서 매매를 하는 것이 성공확률을 높입니다. 아울러 지수는 국내지수뿐만 아니라 미국의 다우지수와 같은 주요국의 지수도 포함해서 살피는 것이 좋습니다.

초보자들이 실수를 많이 하는 것 중 하나는 본인이 선택한 종목이 시장의 흐름과는 크게 상관없이, 자신이 매수한 어떤 이유로 상승할 수 있을 것이라고 생각하는 신념(?)입니다. 그런데 대부분의 종목은 시장의 상황에 영향을 많이 받습니다. 매수 혹은 매도하려는 종목의 가격 흐름도 봐야 하지만 시장의 전체적인 분위기도 함께 고려해서 매매를 결정하는 습관을 들여야 합니다.

다우지수

대표적인 미국주식시장 지수로, 미국의 다우존스(Dow Jones)사가 뉴욕증권시장에 상장된 우량기업 주식 30개 종목을 표본으로 삼아 시장가격을 평균해 산출하는 주가지수

화면찾기

HTS에 아직 익숙하지 않은 경우 원하는 화면을 찾기가 쉽지 않을 수 있는데, 일반적으로 HTS 위쪽 화면번호를 넣는 곳 옆에서 돋보기 아이콘을 클릭하면 화면찾기 기능을 활용할 수 있습니다.

예를 들어 특정 종목의 현재가 위주로 보고 싶은 경우 '현재가'라고 조회하면 다양한 현재가 화면이 있음을 알 수 있습니다. 그 중에서 각각 클릭해보고 본인에게 적절한 화면을 찾으면 됩니다. 그렇게 본인의 입맛에 맞는 화면으로 구성을 해나가면 됩니다.

현재가

현재 거래되는 가격을 말하며, 현재가와 기타 정보를 제공하는 방식에 따라 현재가 화면도 매우 다양함

화면찾기

자료 : DB금융투자 HTS화면

화면검색 기능을 통해 다양한 화면을 찾아서 실행해보면서 본인에게 가장 잘 맞는 화면으로 HTS를 활용하면 좋습니다.

뉴스화면

마지막으로 뉴스에 관한 것입니다. 주식시장에는 '소문에 사고 뉴스에 팔아라'라는 격언이 있습니다. 뉴스는 좋은 것이건 나쁜 것이건 중요

뉴스화면

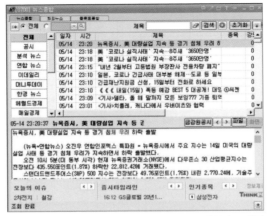

자료 : DB금융투자 HTS화면

뉴스는 관심 있는 기업을 검색해서 볼 수도 있고, 키워드 검색으로 기사를 서치할 수도 있습니다. HTS뿐만 아니라 스마트폰의 뉴스도 경제 관련 뉴스부터 보는 습관을 가지면 좋습니다.

하며, 해당 종목에 관한 뉴스만 찾아볼 것이 아니라 미국시장, 중국시장, 원유 및 금시장 등 다양한 뉴스를 보는 습관을 가져야 합니다. 다양한 경제 뉴스를 보다 보면 세상을 더 스마트하게 바라보는 자신을 발견할 수 있게 됩니다. HTS 화면의 상위메뉴에도 뉴스 메뉴가 있습니다. 뉴스화면에서 해당종목의 뉴스나 공시도 검색할 수 있습니다.

초보 주식투자자는 본업에 충실하면서 투자도 하려면 시간이 부족해 드라마를 볼 시간도 없을 듯합니다. 그런데 제대로 된 주식투자자라면 드라마를 보더라도 어느 회사가 제작했고 해당 회사가 드라마의 성공으로 얼마를 벌 수 있을지 생각합니다.

주식투자자는 아침에 일어나자마자 미국증시와 원유, 금, 환율의 추이를 챙기게 됩니다. 이런 습관이 모여 주식투자의 성공뿐만 아니라 경제에 눈을 뜨게 되는 좋은 계기가 될 것입니다.

환율

한 나라의 화폐와 외국 화폐와의 교환 비율을 말하며, 1달러의 가격이라고 쉽게 이해하면 됨. 즉 환율이 오른다는 것은 달러가 그만큼 비싸졌다는 의미임

HTS 매매 실행

투자라는 말을 풀어보면 '자본을 던진다'입니다. 왜 '던진다'라는 표현을 썼을까요? 한번 실행된 투자는 시장으로 들어가 시장의 흐름에 절대적인 영향을 받게 된다는 의미라고 봅니다. 이제 실제 자금을 주식시장이라는 바다에 던져보도록 합시다. 주가가 오르고 내리고, 시장상황과 회사현황이 시시각각 변하며 기쁨과 후회가 교차합니다.

HTS 주문 실행

HTS 주식주문종합화면에서 미리 설정해둔 관심종목 중에서 POSCO를 매수하는 것을 가정해봅시다. 관심종목 중에서 POSCO를 더블클릭하면 다음 페이지에서 보듯이 현재가 화면이 겹쳐져 나타납니다. 이렇게 화면을 겹쳐보면서 시세움직임에 대해 좀더 많은 정보를 가지고 살필 수 있습니다.

POSCO의 오늘 주가는 169,500원으로 시작했고, 현재까지 저점은 167,000원입니다. 현재가 화면에서 보여주는 차트는 분봉으로, 1분 단위로 시세움직임을 보여줍니다.

전일 종가인 168,000원에서 강보합으로 등락하고 있는데 현재 가격

분봉

1분 단위의 주가 움직임을 기록한 차트로, 단타매매에 적합함

HTS 주문 실행

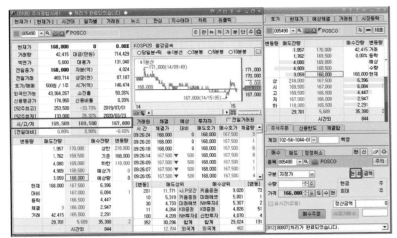

자료 : DB금융투자 HTS화면

HTS의 주문은 다양한 화면에서 가능합니다. 현재가 화면이 종합주문화면보다는 매매동향을 파악하면서 매매하기에 좋습니다.

보다 약간 낮은 166,000원에 매수하기로 했다면, 오른쪽 주식주문에서 지정가를 166,000원에 놓고 수량을 정한 후 매수주문을 누르고 확인하면 주문이 실행됩니다. 이제 주사위는 던져진 것입니다.

매수증거금

매수를 보증하기 위한 증거금으로 증권(주식, 선물, 옵션 등 포함)을 거래할 때 거래제도에 따라 익일 또는 3일 후 주식과 현금의 교환이 이루어지는 후불제이므로 이러한 거래의 이행을 담보하기 위한 보증금 성격의 자금을 뜻하며, 주식은 종목에 따라 증거금률이 별도로 지정됨

주문할 때 주의할 점

1) 미수의 위험성

위 주문을 할 때 HTS 주문화면에 현금과 최대라는 아이콘이 있습니다. '현'이라는 것은 현금으로만 매수한다는 의미이고, '최'라는 것은 매수증거금만으로 최대한 매수할 수 있는 만큼 매수하겠다는 것입니다.

이를 정확히 이해하려면 매매흐름을 알아야 하는데, 보통매매는 주문이 체결되면 그 완결(수도결제)은 3영업일째 마무리됩니다. 즉 월요일에 매수한 후 중간에 휴일이 없다면 수요일에 실제 주식을 가져오고 수요일에 자금도 최종 지불합니다. 이때 결제를 보장하기 위해 매수할 때 증거금을 쌓는데 일반적으로 매수대금의 40%만 있으면 주문이 가능합니다. 최대주문금액은 본인 보유현금의 2.5배까지 가능합니다.

만약 100원을 가지고 250원어치 매수주문을 체결했다면 3일째 되는 날 나머지 150원의 현금이 계좌에 있어야 하며, 만약 현금이 부족하다면 그만큼 익일 반대매매 처리되어 강제로 매도처리가 됩니다. 이를 '미수매매로 인한 반대매매'라고 합니다.

초보투자자는 현금으로 매매하는 것이 안전합니다. 시장의 변화라는 것이 너무나 무섭다는 것은 한번 반대매매를 당해보면 알게 되지만 일부러 경험할 것은 아닙니다. 투자는 변동성을 가지는 것이며, 변동성을 완화하는 좋은 방법은 시간제한을 두지 않는 것입니다. 초심자가 '미수'라는 짧은 시간제한을 스스로 선택한다면 고수익보다 고위험에 처할 가능성이 훨씬 높아집니다.

2) 현금의 소중함

현금은 너무나 소중합니다. 투자하지 않으면 적어도 원금이 다칠 일은 없습니다. 시장은 내가 원하는 대로 움직이지 않습니다. 항상 내가 예측한 방향과 달리 갈 수 있다는 것을 염두에 두고 매매에 임해야 합니다.

그렇게 하려면 항상 계좌에 현금이 있어야 합니다. 초보투자자는 보통 있는 현금으로 한 번에 모두 매수하기 쉽습니다. 특히 초심자에게

반대매매
납부기한 익일 아침 단일가거래로 부족한 금액을 강제로 임의상환 정리(매도)하는 것

는 현금이 중요합니다. 소위 말하는 물타기도 현금이 있어야 가능합니다. 항상 '현금은 소중하다'는 절대명제를 기억해야 합니다. 최소한 현금을 20% 정도는 남겨놓고 매수합시다.

3) 분할매수와 분할매도

한꺼번에 매매하는 습관은 고치는 것이 좋습니다. 매수할 때도 나누어 매수하고, 매도할 때도 나누어 매도하는 것이 변동성을 줄이는 효과적인 방법입니다. 시간이 넉넉하면 3차례에 걸쳐서 매수 혹은 매도하고, 시간이 좀 부족하더라도 반반씩 나누어 매수 혹은 매도하는 습관을 기르는 것이 좋습니다.

성격이 급한 사람보다 성격이 느긋한 사람이 주식투자의 성공확률이 높습니다. 초보투자자일수록 사고 나면 떨어지고 팔고 나면 오르는 신비한 경험을 하게 되는데, 분할매매는 이런 위험을 줄여줍니다.

4) 조건부 특화주문

손절매와 익절매에 대해서 중요하다는 이야기는 많이 하지만 막상 실천하기는 어렵습니다. 이익은 기분 좋은 일이니 이익이 다소 줄어들더라도 괜찮지만 손실은 너무나도 뼈아픕니다.

특히 초보자일수록 손실을 일정 범위 내로 한정해서 잘라내는 것이 다음을 위해 중요한데, 이를 강제적으로 실행할 수 있는 방법이 있습니다. 증권사의 HTS에 이런 기능이 있는데 아쉽게도 실제 사용하는 사람은 많지 않습니다. 여러분은 처음부터 이런 매매기능을 활용할 것을 추천합니다.

일반적으로 특화주문이나 조건부주문이라는 화면을 찾으면 됩니다.

익절매

손실을 제한해 매도하는 것이 손절매라면, 익절매는 목표이익이 달성되면 매도해 이익을 확정하는 것을 말함 여기에서 조건식을 투입하면 되는데, DB금융투자 화면에서는 '상위 메뉴 주식주문 - 특화/일괄주문 - 주식서버조건주문'으로 찾아가면 됩니다.

화면을 못 찾겠더라도 걱정할 필요가 없습니다. 각 증권사 고객센터에 전화하면 친절하게 가르쳐줍니다. 꼭 어려운 것뿐만 아니라 공인인증서 문제나 출금, 입금, 매매와 같은 기본적인 것도 얼마든지 상담이 가능하니 수시로 전화해서 배우면 좋습니다.

특화주문

투자자의 특성에 맞게 조건을 설정한 주문

특화주문 화면

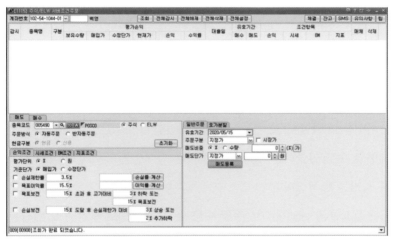

자료 : DB금융투자 HTS화면

특화주문은 특별한 조건식을 가진 주문을 할 때 사용합니다. 조금만 익숙해지면 손절매매기법을 자동으로 실행시킬 수 있습니다.

화면을 찾아 들어가면 보유종목 리스트가 나오고, 조건식을 투입하는 항목이 다음과 같이 나옵니다.

특화주문 조건식

| 손익조건 | 시세조건 | BM조건 | 지표조건 |

평가단위 ○ % ● 원
기준단가 ● 매입가 ○ 수정단가
□ 손실제한가 [   ] 원
□ 목표이익가 [   ] 원
□ 목표보전 [   ] 원 초과 후 고가대비 [   ] 원 하락 또는
[   ] 원 목표보전
□ 손실보전 [   ] 원 도달 후 손실제한가 대비 [   ] 원 상승 또는
[   ] 원 추가하락

| 손익조건 | 시세조건 | BM조건 | 지표조건 |

평가단위 ● % ○ 원
기준단가 ● 매입가 ○ 수정단가
□ 손실제한률 [3.5%] [   ] [손실률 계산]
□ 목표이익률 [15.5%] [   ] [이익률 계산]
□ 목표보전 [15%] 초과 후 고가대비 [3%] 하락 또는
[15%] 목표보전
□ 손실보전 [15%] 도달 후 손실제한가 대비 [3%] 상승 또는
[2%] 추가하락

자료 : DB금융투자 HTS화면

%와 금액조건 중에 선택이 가능하나 초보자는 %로 선정하는 것이 좀더 기계적인 매매에 맞습니다.

이익을 제한할 수도 있고, 손실을 제한할 수도 있으며, 양쪽을 모두 제한할 수도 있습니다. 일단 손실제한은 걸어놓는 것이 손절매를 철저히 지키는 방책입니다.

손실제한은 %(퍼센트)로 정할 수도 있고, 금액으로 정할 수도 있습니다. %로 설정한다면 −3%는 짧게 보는 것이고, 일반적이라면 −5%로 설정하는 것이 무난합니다. 만약 조금 더 길게 보겠다면 −10% 수준으로 설정하면 되겠습니다.

조건식에 자동주문으로 선택하면 조건을 충족시에 투자자의 확인을 추가로 받지 않고 주문이 나가고, 반자동은 투자자의 확인을 거치게 됩니다. 자동주문을 추천합니다.

손실제한

손실이 더 이상 확대되지 않도록 제한을 두는 것으로, Loss cut 또는 Stop loss라고도 함

정보나 기능이 부족해서 투자를 못할 것은 없습니다. 각 증권사의 HTS가 얼마나 발달했는지 찾아서 공부할수록 감탄하게 됩니다. 부지런히 연구하면 전문가의 길은 멀지 않습니다.

 주린이가 진짜 궁금해하는 것들

◎ **시장가로 파는 게 좋나요, 보통가로 파는 게 좋나요?**

- -

🅰 매도를 신속하게 진행하려면 시장가로 매도하지만 일반적으로 보통가로 가격을 지정해 매도합니다. 시장가는 가격을 지정하지 않고 수량만을 지정하기 때문에 살 때는 비싸게 살 수 있고, 매도할 때는 낮은 가격에 매도될 수 있습니다. 특히 장이 시작할 때 반드시 매수하고 싶다면 시장가로 매수하면 좋습니다. 반대로 당일에 꼭 매도하려면 장 마감에는 시장가로 매도하면 거래될 확률이 높습니다.

시장가

시장가 주문은 투자자가 종목과 수량은 지정하되 가격은 지정하지 않고 주문을 내면 주문이 접수된 시점에서 가장 유리한 가격으로 매매가 성립되는 주문. 신속한 거래를 할 때 시장가주문을 하면 편리함.

05
매매거래 제도

증권시장에서는 조금 더 싸게 사려는 사람과 조금 더 비싸게 팔려는 사람들의 무한경쟁이 이루어지므로, 이를 합리적으로 관리할 여러 가지 규칙이 있습니다. 마감 전과 마감 후에도 거래가 이뤄지는 제도가 있고, 정규거래시간의 시작과 끝은 단일가로 거래합니다. 호가에도 알고 보면 종류가 많습니다. 복잡해보이지만 익숙해지면 어렵지 않습니다.

매매거래의 수탁

거래소시장에서 매매할 수 있는 자는 금융투자회사로서 거래소의 회원인 자로 한정되어 있습니다. 쉽게 말해서 개인투자자가 아무리 돈이 많아도 직접 거래소에 주문을 넣을 수 없는 것입니다. 일반투자자는 금융투자회사(투자·매매중개업자, 즉 증권회사)에게 주문을 위탁해야 합니다. 그래서 증권계좌를 개설할 때 위탁계좌라는 표현을 사용합니다.

규정상 수탁의 방법에는 문서, 전화, 전자통신방법(HTS, MTS)이 있습니다. 일반 개인 투자자는 주로 PC로 하는 HTS, 스마트폰과 같은 모바일 기기로 하는 MTS가 주를 이루고, 증권회사의 ARS나 관리자를 통해 전화로 주문할 수도 있습니다.

금융투자회사
자본시장법상 금융투자업무를 '투자매매업, 투자중개업, 집합투자업, 투자일임업, 투자자문업, 신탁업'의 6가지 업무로 구분하고 금융투자업무 전부 또는 일부를 담당하는 회사

위탁증거금의 징수

위탁증거금은 증권매매거래를 수탁하는 경우 결제이행을 담보하기 위해 징수하는 현금 또는 대용증권을 말합니다. 징수율 등 징수기준은 증권사마다 조금씩 다릅니다. 예를 들어 100원인 주식 1주를 매수할 때 100원이 전부 있지 않고 40원만 있어도 주문이 가능합니다. 결제일인 2영업일 후에는 나머지 60원이 위탁계좌에 있어야 하는 것은 물론입니다.

대용증권은 현금에 갈음해 위탁증거금으로 사용할 수 있는 증권을 말합니다. 사정비율은 거래소가 정한 비율 이내에서 회원사인 증권사가 자율로 정하게 됩니다.

다만 다음과 같은 경우는 결제의 안전성을 위해 위탁증거금 100% 의무입니다.

- 상장주식수가 5만주 미만인 종목의 매도주문을 수탁한 경우
- 투자경고종목, 투자위험종목으로 지정한 종목의 매수주문
- 결제일에 매수대금을 납부하지 않은 주문(미수동결계좌)

> **대용증권**
>
> 위탁증거금, 신용거래 보증금 및 기타 보증금을 거래소에 납입할 때 현금을 대신할 수 있는 일정 조건을 갖춘 유가증권

증권시장 운영

1) 매매거래일과 휴장일

매매거래일은 월요일부터 금요일까지입니다. 휴장일은 토요일, 공휴일, 근로자의 날, 12월 31일입니다.

2) 매매거래시간

매매거래시간은 정규시장과 시간외시장으로 나누어집니다. 정규시장은 오전 9시부터 오후 3시 30분까지입니다. 시간외시장은 장개시 전과 장개시 후로 나뉘는데 장개시 전은 오전 7시 30분부터 오전 9시까지이고, 장개시 후는 오후 3시 40분부터 오후 6시까지입니다.

3) 매매수량단위

매매수량단위는 다음과 같습니다.

- 1주 단위 매매
- ELW는 10주 단위 매매

4) 호가가격단위

코스닥시장은 5단계, 유가증권시장은 7단계로 호가가격단위가 구성됩니다.

- 1,000원 미만 : 1원(유가증권시장, 코스닥시장)
- 5,000원 미만 : 5원(유가증권시장, 코스닥시장)
- 10,000원 미만 : 10원(유가증권시장, 코스닥시장)
- 50,000원 미만 : 50원(유가증권시장, 코스닥시장)
- 100,000원 미만 : 100원(유가증권시장, 코스닥시장)
- 500,000원 미만 : 500원(유가증권시장)
- 500,000원 이상 : 1,000원(유가증권시장)

호가가격단위

가격변동 단위로, 현재 주가가 50,000원이라면 50,000원보다 높은 호가는 100원 단위로 움직이므로 50,100원에 거래가 됨

유가증권시장은 액면가가 주로 5,000원이며 코스닥시장은 500원인 경우가 많습니다. 상대적으로 코스닥시장은 종목들의 주가 자체가 높지 않아 5단계로 호가가 운영됩니다.

5) 가격제한폭 및 기준가격

가격제한폭을 두는 것은 가격 급등락을 완화하기 위한 것으로, 기준가격 대비 ±30%로 움직입니다. 참고로 과거 ±15%에서 확대되었는데 증권시장이 발달할수록 상하한 폭은 더 넓어질 수 있을 것입니다. 사실 가격이 오르거나 내릴 이유가 있다면 가치에 맞게 오르고 내리는 것이기 때문입니다.

변동가능범위는 기준가격(전일 종가) 대비 ±30% 이내에서 가장 가까운 호가가격입니다. 30% 변동폭 적용대상에는 주식뿐만 아니라 주식에 연동되는 DR, ETF, ETN, 수익증권을 포함합니다. 이때 수익증권이란 펀드를 말합니다.

다만 다음과 같은 가격제한폭 30% 예외도 있습니다.

- 정리매매종목, ELW, 신주인수권증서, 신주인수권증권(워런트)
- 레버리지 ETF는 배율만큼 가격제한폭 확대

예를 들어 2배로 변동하는 레버리지를 가진 ETF라면 60%로 상하 움직일 수 있는 것이 합리적입니다.

DR

주식예탁증서라고 하며, 국제간에 걸친 주식의 유통수단으로 이용되는 대체증권

ETF

특정 지수를 추종하는 인덱스펀드를 상장시켜 주식처럼 거래하기 쉽게 만든 상품

ETN

상장지수펀드(ETF)와 유사하게 거래소에 상장시켜 손쉽게 사고팔 수 있도록 채권화한 상품

ELW

특정 대상물을 사전에 정한 미래의 시기에 미리 약정한 가격(행사가격)으로 살 수 있거나(콜) 팔 수 있는(풋) 권리를 갖는 유가증권으로 주식워런트증권이라 함

레버리지

차입금 등 타인의 자본을 지렛대처럼 이용해 자기자본의 이익률을 높이는 것으로, 목표수익률과 위험이 함께 높아짐

호가

호가의 종류는 많지만 초보투자자가 주로 사용하는 것은 지정가 주문입니다. 즉 종목과 가격과 수량을 정확히 정해서 주문을 하는 것입니다.

간혹 급히 매매를 해야 한다면 시장가 주문을 활용해 신속한 매수나 매도가 가능합니다. 최유리와 최우선 지정가주문은 매매가격 변동이 매우 심해서 정확히 가격을 지정하기가 어려울 때 사용하면 좋습니다. 호가의 종류는 다음과 같습니다.

호가의 종류

지정가 주문	• 가장 일반적인 주문으로 최소한의 가격수준을 지정한 주문 • 지정가주문에 부합하는 상대주문이 없는 경우 매매체결이 안 됨
시장가 주문	• 종목과 수량을 지정하되 가격은 지정하지 않는 주문 • 체결가격과 무관하게 현재 시세로 즉시 매매거래
조건부 지정가주문	• 매매거래시간 중에는 지정가주문이고, 체결이 안 되면 장종료단일가 매매에 시장가주문으로 전환 • 선물·옵션 최종거래일에는 프로그램매매를 위한 조건부지정가호가 금지
최유리 지정가주문	• 상대방 최우선호가의 가격으로 지정되는 주문 • 매도의 경우 가장 높은 매수주문가격으로 주문 • 매수의 경우 가장 낮은 매도주문가격으로 주문
최우선 지정가주문	• 자기 주문 방향의 최우선호가의 가격으로 주문 • 매도의 경우 가장 낮은 매도주문가격으로 주문 • 매수의 경우 가장 높은 매수주문가격으로 주문

매수·매도가 다음과 같이 제시된 경우 최유리와 최우선 지정가주문을 매수하는 사례로 비교해보겠습니다. 다음은 호가의 사례 예시입니다.

프로그램매매

미리 정해진 알고리즘(프로그램)에 따라 자동으로 매매가 되는 것을 말함

즉 최유리는 매도호가 중에서 가장 유리한 가격으로 매수주문이 들어가고, 최우선은 매수주문 중에서 가장 우선 주문이 가능한 가격으로 매수주문이 들어갑니다.

매매체결방법과 원칙

1) 매매체결방법

매매체결방법은 크게 3가지로 나눌 수 있습니다.

• 경쟁매매 : 복수의 매도자와 매수자 간의 가격경쟁에 의한 매매
• 상대매매 : 매도자와 매수자 간의 가격협상에 의한 매매
• 경매매 : 단일 매도자와 복수 매수자 혹은 그 반대의 경쟁입찰에 의한 매매

거래소에서 거래되는 것은 경쟁매매입니다. 장외, 즉 거래소 밖에서 거래하는 경우는 상대매매가 됩니다. 경매매는 경매라고 이해하면 쉬운데 코넥스시장에서 가능합니다.

경쟁매매

증권 매매거래방법의 하나로, 다수의 매도측과 매수 측이 상호경쟁에 의해 매매를 성립시키는 방법으로 접속매매라고도 함

2) 단일가매매 적용

단일가매매와 관련된 내용들은 다음과 같습니다.

- 장 개시 최초가격(오전 8시~오전 9시)
- 임시정지, 매매거래중단(CB) 후 재개시 최초가격 : 10분
- 장 종료시 : 10분
- 시간외단일가 매매 : 10분 단위
- 정리매매종목, 단기과열종목 : 30분 단위

정리매매

상장폐지가 결정된 종목에 대해 투자자에게 최종으로 준 매매기회로, 7일간 매매

단일가매매는 하나의 가격으로 거래한다는 것으로, 적은 거래량으로 시장가격을 왜곡하는 것을 방지하기 위한 제도입니다. 예를 들어 장마감 직전 매수나 매도를 통해 가격을 인위적으로 급등이나 급락시키는 것을 방지하기 위해 장 시작이나 마감 전 매수, 매도자의 주문을 일정시간 동안 받아 가장 거래가 많이 발생할 수 있는 하나의 가격으로 매매시키는 방법입니다.

이를 '동시호가'와 혼동해 사용하는 경우가 많습니다. 정확히 말하면 동시호가는 단일가매매 중에서 상한가나 하한가로 매매가격이 결정되는 경우입니다. 실전에서는 단일가매매와 동시호가를 구분하지 않고 섞어서 쓴다는 점을 참고하기 바랍니다.

3) 매매체결원칙

매매체결원칙은 다음과 같습니다.

첫째, 가격우선의 원칙입니다.

- 매수는 높은 호가가 우선, 매도는 낮은 호가가 우선
- 시장가호가가 지정가호가에 우선

둘째, 시간우선의 원칙입니다.

- 먼저 접수된 호가가 우선
- 예외 : 동시호가(거래중단 후 재개시 최초가격이 상·하한가로 결정되는 경우)

동시호가는 시가결정, CB, VI발동, 전산장애 등 거래중단 후 재개시 등에 적용합니다. 종가나 시간외단일가매매시에는 동시호가를 적용하지 않습니다.

그 외의 기타 체결원칙은 다음과 같습니다.

- 위탁자 우선
- 수량우선

매매체결은 가격우선이 첫 번째 원칙입니다. 매수의 경우라면 조금이라도 더 비싸게 사려는 투자자부터 거래시키고, 매도의 경우라면 조금이라도 더 싸게 매도하려는 사람부터 거래시키는 것입니다. 만약 가격이 같다면 먼저 주문한 사람부터 거래를 시킵니다. 만약 시간마저도 같다면 위탁자 우선, 즉 증권회사 자체의 주문보다 고객의 주문을 우선한다는 것입니다. 이마저도 같다면 수량이 많은 것을 먼저 거래시킵니다.

위탁자

매매를 위탁한 고객. 시간의 차이가 없다면 매매의 우선순위는 증권사 자체 주문보다는 고객의 주문이 먼저임

4) 매매체결방법의 특례

매매체결방법의 특례와 관련된 내용도 잘 알아두어야 합니다.

첫째, 신규상장 최초가격은 공모가를 평가가격으로 하는데 신규상장 호가범위는 이 평가가격의 90~200% 범위입니다.

둘째, 정리매매제도입니다.

공모가

주식을 상장할 때 다수의 일반으로부터 모집하는 주식의 가격으로, 이 가격이 상장거래의 기준이 됨

- 상장폐지 전 환금 기회(7일)
- 30분 단위로 단일가매매하며 가격제한폭 적용 배제

상장을 통해 새로 시작하는 경우 전거래일 종가가 없으므로 다른 방식으로 가격을 정해 시작하게 됩니다. 정리매매의 경우에는 상장폐지를 위한 정리 거래이므로 상하한가 적용을 받지 않고 매매가 됩니다. 일반적으로 폭락하는 경우가 많습니다.

5) 특수한 형태의 매매체결방법

시간외종가매매와 정규시장 대량매매제도가 있습니다.

첫째, 시간외종가매매는 정규매매시간 종료 후 및 장 개시 전 일정 시간 동안 종가로 거래됩니다. 시간우선원칙만 적용되고, 거래시간은 오전 7시 30분~오전 8시 30분, 오후 3시 40분~오후 4시입니다.

시간외단일가매매는 장 종료 후 10분 단위로 단일가 매매가 됩니다. 당일종가 ±10%(상하한가 이내)에 거래되며, 거래시간은 오후 4시~오후 6시입니다.

둘째, 정규시장 대량매매제도(장중대량·바스켓매매)입니다. 대량매매의 시장영향을 줄이고 쌍방 당사자간 합의한 가격으로 처리됩니다. 가

격범위는 당일 형성된 '최고가격~최저가격'입니다.

시간외거래는 장중 거래를 하지 못한 경우 여분의 시간을 장 시작 전과 장 마감 후에 더 주는 것입니다. 일반적으로 초보투자자가 주로 사용하는 매매체결방법은 아닙니다. 참고로 시간외단일가매매에서 급등하는 종목은 익영업일 거래시 상승하면서 시작하는 경우가 종종 있기 때문에 장이 끝난 후 시간외 단일가매매 상황을 체크해볼 필요가 있습니다.

단일가매매

투자자 주문을 일정시간 동안 모아 일시에 하나의 가격으로 체결하는 방식

 주린이가 진짜 궁금해하는 것들

◎ 시간외 단일가는 다음날 주가에 어떤 영향을 끼치나요?

ⓐ 장 종료 후 시간외 단일가가 급등하는 경우들이 있습니다. 장이 끝나고 호재가 발표되거나 시장상황이 해당 기업에 매우 유리한 상황이 발생하는 경우입니다. 이런 경우 다음날 시초가에도 영향을 미쳐 주가가 오르는 경우가 많습니다. 다만 시간외거래는 거래량이 적어 적은 매수량으로 시간외에 의도적으로 주가를 올려서 거래하는 경우도 있으므로 시초가 거래상황을 잘 살펴봐야 합니다.

06
차트 실행

차트를 통한 분석은 주식투자자라면 기본적으로 사용할 줄 알아야 합니다. 심지어 기술적 분석을 신뢰하지 않더라도 차트는 중요합니다. 차트를 보고 투자하는 경우도 많기 때문에 차트가 보여주는 기본적인 매매신호는 분석할 줄 알아야 합니다. 초보자도 쉽게 접근할 수 있는 기본적인 차트를 HTS에서 실행하는 것을 차근차근 연습해봅시다.

기본적인 차트 실행

증권사마다 HTS에 따라 다소간의 차이가 있을 수는 있지만 대부분의 기본 차트는 해당 종목을 선택하면 최근의 일봉 캔들차트를 보여줍니다. 좀더 자세한 기술적 분석에 대한 내용은 뒤에 나올 이 책의 5장에서 자세히 살펴보도록 하고, 여기서는 일단 기본적인 화면실행 위주로 살펴보겠습니다.

이동평균선도 가장 기본적인 5일선, 20일선, 60일선 등이 표시됩니다. 이동평균선은 기술적 분석의 기본 중 기본이므로 자꾸 보면서 익숙해져야 합니다. 보통 차트의 윗부분에는 일봉차트를, 아랫부분에는 거래량을 보여줍니다. 거래량은 매수·매도의 흔적으로, 미래 가격의

캔들차트

봉차트라고도 하며, 일정 기간 동안의 주가 움직임이 표현된 막대 모양의 봉들로 이루어진 차트

112

중요한 시그널입니다.

일봉을 주봉으로 혹은 좀더 장기로 차트를 보고 싶다면 차트 상단에서 선택할 수 있습니다. 또한 여러 지표를 선택할 수도 있고 삭제할 수도 있는데, 각 차트 오른쪽 위쪽의 X를 클릭하면 해당 차트가 사라집니다.

차트 기본화면의 왼쪽 바에서 여러 가지 기술적 분석 지표를 선택할 수 있습니다. 그 중에서 MACD를 선택해보죠.

HTS 상위 메뉴에 주식차트를 찾아서 클릭하면 기본적인 화면은 아래와 같습니다.

지표

사전적 의미로는 지수나 기호를 의미하며, 주식에서는 주식차트 분석방법을 말함

HTS 차트 기본화면

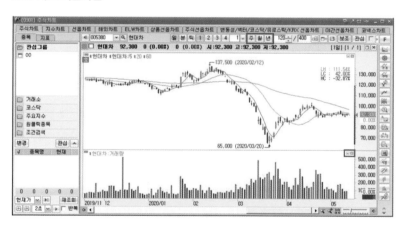

자료 : 삼성증권 HTS화면

일반적으로 일봉차트를 기본으로 보여줍니다. 장기적으로 투자한다면 주봉을 선택하고, 단기매매를 위한 매매타이밍을 잡는다면 분봉을 선택합니다.

차트 메뉴바에서 여러 기술적 분석 방법을 검색할 수도 있고, 추세지표를 선택해 클릭해도 됩니다. MACD를 선택하면 다음 페이지의 화면에서처럼 기본차트 아래에 표시가 됩니다.

MACD 차트

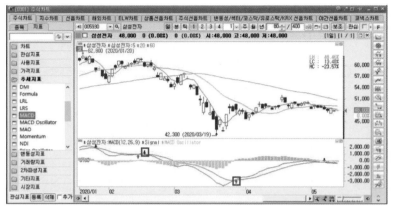

메뉴바를 통해 다양한 분석지표를 찾아볼 수 있습니다. 틈틈이 여러 분석지표를 실제 클릭해보면서 자기에게 맞는 지표를 찾아보기 바랍니다.

조건식

차트를 분석할 공식을 말하며, 조건을 달리 하는 경우 분석의 결과도 변할 수 있음. 주식차트 전문가는 자신만의 공식을 사용하는 경우도 많음

MACD의 장점은 초보자도 이해하기 쉽게 매수시점과 매도시점을 시각적으로 잘 나타내준다는 점입니다. 매매타이밍이 다소 늦다는 비판도 있어 정교한 타이밍을 잡기 위해 조건식을 변경하는 것 등은 좀 더 전문가가 된 후 고민하기로 하고, 일단은 이렇게 기본으로 제공되는 MACD를 실행하는 것으로도 훌륭한 기술적 분석을 시작할 수 있습니다.

위의 차트 하단에서 보이듯이 화살표가 아래로 표시된 시점은 매도 포인트이고, 화살표가 위로 표시된 시점은 매수 포인트로 쉽게 찾아낼 수 있습니다. 그러나 명심할 것이 있습니다. 당연한 이야기이지만 완벽한 기술적 분석은 존재하지 않으므로 과신은 금물입니다. 초기에는 관심 종목을 올려놓고 실제 매매상황을 가정해 흐름을 지켜보는 것도 좋은 공부가 됩니다.

볼린저밴드

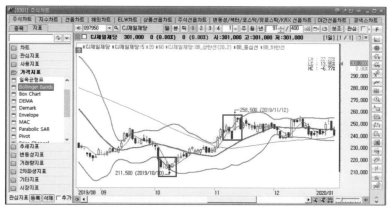

자료 : 삼성증권 HTS화면

볼린저밴드는 상하한선을 시각적으로 보여주므로 초보자가 대략적인 주가의 위치를 파악하기 쉽게 도 와줍니다.

볼린저밴드는 보시다시피 상하로 밴드를 보여주기 때문에 이 또한 초보자가 시각적으로 사용하기에 좋습니다. 쉽게 이해하면, 밴드의 상단부분은 과매수, 즉 과열구간이고 밴드의 하단부분은 과매도, 즉 침체구간입니다.

볼린저밴드도 초보자는 일단 차트에서 기본으로 설정된 조건식을 그대로 사용해도 무방합니다. 밴드의 상단에서 팔고 밴드의 하단에서 매수하는 것이 기본 원칙입니다.

볼린저밴드에 대해 조금 더 응용 설명을 하면, 밴드의 상단을 힘있게 치고 올라가면 기다렸다가 밴드상단을 이탈할 때 매도하고, 밴드의 하단을 뚫고 내려갈 때는 좀더 기다렸다가 밴드 안으로 다시 들어올 때 매수하면 됩니다.

과매수

적정수준 가격 이상의 매수주문이 발생하는 현상

과매도

적정수준 가격 이하의 매도주문이 발생하는 현상

공매도

공매도 비율이 높은 종목은 급락의 위험이 있고, 공매도가 높아지는 추세에서는 매수에 주의가 필요합니다. 다만 지나치게 공매도 비율이 높아지면 언젠가는 빌린 주식을 되갚아야 하므로 상황이 호전되면 급반등이 나오기도 합니다.

시장지표의 하나인 공매도도 참고할 만한 지표입니다. 공매도는 주가가 앞으로 하락한다고 보고 주식을 가지고 있지 않은 상태에서 주식을 빌려와 매도하는 전략입니다. 하지만 개인투자자는 실행하기 어려운 전략입니다.

공매도가 이론적으로야 시장가격을 합리적으로 결정하는 데 도움을 준다지만 개미투자자 입장에서는 공매도가 어려워 불공정한 게임이라고 할 수 있습니다. 결론적으로 공매도가 활발하면 주가는 강한 매도압박을 받게 됩니다. 공매도가 많은 바이오·제약업종 종목들은 매매 중에서 공매도가 차지하는 비율을 고려하면서 매매에 임하는 것이 합리적입니다.

위의 차트는 공매도가 금지된 기간의 주가 흐름을 보여줍니다. 공매도는 주가상승에 부담이 된다는 것과 함께, 반대로 지나치게 공매도 비

시장가격

시장에서 형성되는 가격으로 주가가 하락할 이유가 있다면 공매도는 가격을 낮추는 기능을 하므로 합리적인 가격형성을 유도할 수 있다고 주장함

율이 높아지면 공매도 상환으로 주가는 오히려 오를 수도 있습니다.

기술적 분석을 다루는 5장에서도 같은 말을 하겠지만 완벽한 기본적 분석과 기술적 분석은 없습니다. 중요한 것은 포인트를 응용하되 기본은 잃지 말아야 한다는 점입니다. 그래서 항상 공부하는 자세로 매매에 임해야 합니다. 부담 없는 수준에서 조금씩 매매를 실천해보길 권합니다.

 주린이가 진짜 궁금해하는 것들

◉ **외국인과 기관의 공매도는 무조건 나쁜 건가요?**

Ⓐ 공매도 그 자체가 무조건 나쁘다기보다는 매매기법의 하나일 뿐입니다. 일반적인 투자는 매수 후 주가가 상승하면 매매차익을 보는 것인데 공매도는 미리 매도해 주가가 하락하면 이익을 보는 구조입니다. 다만 공매도가 지나치면 주가의 하락이 하락을 다시 부르는 상황이 발생할 수 있기 때문에 투자자는 주의가 필요합니다. 공매도 자체가 나쁘다기보다는 개인투자자는 공매도를 활용하기가 힘든 '기울어진 운동장'이라는 측면 때문에 더욱 비판을 받고 있습니다.

외국인

자본시장법상 외국인은 국내에 6개월 이상 주소 또는 거소를 두지 아니한 자로, 외국인 투자는 별도 집계되어 외국인 지분율 및 취득한도를 공시함

07
주식매매 관련 과세

거래가 있는 곳에 비용은 발생하고, 소득이 있는 곳에 세금이 발생합니다. 세금은 누구에게나 중요하고, 자산이 커질수록 특히 중요합니다. 국내주식의 매매차익이 비과세라고 하지만 알고 보면 여러 가지 조건이 있습니다. 비과세 혜택이 갈수록 줄어들고 있는 것이 현실입니다. 그래도 세금이 과한 부동산보다 주식은 세금 측면에서는 더 매력적입니다.

금융소득과 금융소득종합과세

금융소득은 크게 이자소득과 배당소득으로 구분할 수 있습니다. 원래 개인의 소득은 종합과세로, 6가지 소득을 모두 합산해 과세합니다. 그런데 금융소득은 거주자별로 연간 금융소득의 합계액이 2천만원 이하인 경우 원천징수로 납세의무를 종결합니다. 이를 분리과세라 하고, 그래서 일반인은 금융소득에 대한 신고를 신경 쓰지 않는 경우가 대부분입니다.

그런데 연간 금융소득이 2천만원을 초과하는 경우 그 초과분은 다른 소득과 합산해 누진세율로 과세하는데 이를 금융소득종합과세라고 합니다. 이자율을 2%로 어림잡아 은행에 정기예금이 10억원 정도 있어야 2천만원의 이자소득이 1년 내 발생하므로 부자인 경우에 해당됩니다.

주식도 배당을 받는데, 대주주의 경우 금융소득종합과세에 해당하는 경우가 종종 발생합니다. 이것이 우리의 목표입니다. 금융소득종합과세를 받을 정도로 주식부자가 되는 것입니다.

이자소득

이자소득의 종류는 다음과 같습니다.

- 채권·증권의 이자와 할인액
- 국내·외에서 받는 예금, 적금(부금, 예탁금)의 이자
- 채권 또는 증권의 환매조건부 매매차익
- 저축성보험의 보험차익 : 만기일 또는 중도해지일까지의 기간이
  10년 미만 등
- 비영업대금의 이익
- 유사 이자소득 : 파생이 결합된 금융상품의 이자 등

배당소득

배당소득은 지분투자에 대한 이익의 분배금입니다. 그 종류는 다음과 같습니다.

저축성보험의 보험차익

보험계약에 따라 만기 또는 보험의 계약기간 중에 받는 보험금 혹은 계약기간 중도에 해당 보험계약이 해지됨에 따라 받는 환급금에서 납입보험료를 뺀 금액
일정 조건을 충족하는 경우 외 소득세법상 이자소득으로 과세

- 이익배당

- 법인으로 보는 단체로부터 받는 배당 또는 분배금 : 사단, 재단 등 의 배당 및 분배금

- 의제배당 또는 법인세법상 인정배당

- 국내 또는 국외에서 받은 집합투자기구로부터의 이익

- 외국법인으로부터의 배당

- 수익분배의 성격이 있는 것(유사 배당소득) : 주가연계증권(ELS), 파생상품결합증권(DLS), 상장지수증권(ETN)에서 발생하는 소득

펀드를 법에서는 집합투자기구라고 하는데, 펀드의 이익도 배당소득으로 포함됩니다.

양도소득

주식매매차익이 비과세라고 알고 있는 사람이 많은데 대주주는 과세가 됩니다. 이를 정확히 알고 있는 사람이라면 주식투자 자산이 어느 정도 되는 사람입니다. 단순히 국내 주식의 매매차익이 비과세된다고 알고 있다면 주의가 필요합니다. 최근에 과세가 강화되는 추세이기 때문입니다.

다음은 양도소득세가 부과되는 양도소득의 종류입니다.

- 토지, 건물 등 부동산과 그 권리 및 주식 등 일정한 지분증권의 양도 및 파생상품에서 발생하는 소득

- 주식 및 채권 등의 양도차익은 소득세법상 비열거소득이므로 비과세 : 소액주주에 해당(참고 : 펀드 내 채권의 양도차익은 배당소득으로 과세)
- 파생상품(코스피200 선물, 옵션 등)에 대한 양도소득세 탄력세율은 2020년 10% 과세

비열거소득

우리나라 소득세는 열거주의(이자, 배당, 사업, 근로, 연금, 기타소득)이므로, 6가지로 열거되지 않은 소득은 비과세임. 대표적으로 위 자료가 있음

여기에서는 주식에 대한 양도세만 살펴봅시다. 중요한 점은 소액주주는 국내주식의 매매차익이 비과세이나 대주주는 과세가 된다는 것입니다. 그래서 소액주주의 요건이 중요합니다. 즉 주식 양도소득세 강화는 대주주 요건 강화와 같은 말입니다.

참고로 여기서 말하는 대주주란 소득세법(94조)상 대주주입니다. 유가증권시장, 코스닥시장에서의 대주주 요건은 다음과 같습니다.

- 주식(지분) 1% 이상(코스닥은 2%)
- 주식시가 15억원 이상(2018년 4월부터)

그런데 금액기준이 2020년 10억원, 2021년 3억원으로 지속적으로 강화됩니다. 즉 2021년에 한 종목을 3억원 이상 가지고 있다가 매매해 차익이 발생하면 양도세를 납부해야 합니다. 세율은 10%에서 30%까지 발생합니다. 주식으로 벌기도 힘든데 어렵게 벌어서 세금을 내야 한다면 억울할 수도 있으니 종목별 금액도 체크할 필요가 있습니다. 우리의 목표이기도 합니다. 양도세 낼 것을 걱정할 정도로 주식부자가 됩시다.

증권거래세

주식투자자가 피할 수 없는 세금이 바로 증권거래세입니다. 양도세가 강화되고 있어 거래세는 줄어드는 추세입니다.

증권거래세는 양도(매도)시에 발생하고 원천징수합니다. 세율은 다음과 같습니다.

- 유가증권시장 0.25%(증권거래세 0.1%+농어촌특별세 0.15%)
- 코스닥시장 0.25%
- 코넥스시장 0.1%
- 비상장주식 0.5%

매매수수료

마지막 거래비용은 수수료입니다. 수수료는 증권사별로 매우 다르고, 거래방법에 따라 역시 다릅니다. 기본적으로 사람을 통하면 수수료가 비싸고, PC나 모바일로 거래하는 경우는 저렴합니다.

해당 증권사와 거래하는 규모에 따라 수수료도 달라집니다. 사실 수수료가 문제가 아니라 VIP는 제공받는 서비스가 다릅니다. 현실이 그렇습니다. 따라서 여기에서는 증권사별 수수료를 비교하는 것은 의미가 없어 보입니다.

수수료가 중요하지 않은 것은 아니지만 더 중요한 것은 서비스의 질입니다. 한국 투자자의 특징이 비용에 지나치게 집착하는 경향이 있

수수료

증권거래에 따른 증권사의 수수료를 말하며 유관기관비용을 포함함. 증권거래세는 별도임. 오프라인 거래의 경우 대략 0.5% 수준이며 HTS의 경우 약 0.1% 수준이나 증권사별로 매우 다양함

는데, 비용이 중요한 것이 아니라 제대로 벌 수 있느냐가 중요합니다.

　사실 제대로 수수료를 내고 제대로 대우받을 수 있다면 수수료에 너무 얽매이지 않길 바랍니다. 물론 초보투자자는 HTS로 공부하면서 매매하고, 이동 중에는 MTS로 매매를 하면 됩니다. 한 푼의 수수료라도 아껴야 하는 것은 당연합니다.

 주린이가 진짜 궁금해하는 것들

◎ **보통가로 주문을 걸어놨는데 장중에 체결이 안 되면 어떻게 되나요?**

Ⓐ 해당 일에만 주문의 효력이 발생하며, 장이 끝나면 해당 주문의 효력은 종료합니다. 다음 영업일에 매매를 하려면 다음날 주문을 다시 해야 합니다. 만약 예약주문이라면 예약조건에 따라 결정됩니다.

예약주문

미리 예약주문을 한 경우 거래요청일 장 시작 단일가매매에 예약조건에 따라 주문이 들어감. 당일 주문이 어려운 상황이라면 유용함

08
투자자보호와 분쟁조정제도

살면서 분쟁이 없다면 좋겠지만 그렇지 못한 것이 현실입니다. 주식을 포함한 금융상품을 매매할 때 금융기관은 투자자보호에 최선을 다해야 합니다. 금융소비자보호를 위한 법적인 제도들이 있지만 불확실성을 전제로 하는 투자상품의 본질적 특성 때문에 마찰이 생기기도 합니다. 불가피할 경우 소송이 아닌 방법이 없는지 알아보도록 합시다.

고객을 보호하기 위한 원칙

금융기관은 투자자인 고객을 보호하기 위한 기본원칙을 가지고 있습니다. 2대 기본원칙은 다음과 같습니다.

첫째, 고객 우선의 원칙입니다. 금융투자상품은 위험성을 내포하므로 자본시장법은 투자자보호를 법에 명기하고 있습니다.

둘째, 신의성실의 원칙입니다. 민법의 기본원칙이기도 하지만 신의성실은 금융기관 직무수행에 있어서 가장 중요한 원칙입니다. 신의성실은 단순히 윤리적 의무에 그치지 않고 법적 의무로 승화되어 있습니다. 금융소비자 보호는 금융상품 개발·판매 및 그 이후의 모든 단계에 적용됩니다. 예를 들어 투자위험이 있는 주식형 펀드를 판매하는 경우

자본시장법

'자본시장과 금융투자업에 관한 법률'이며, 종전의 증권거래법과 선물거래법, 간접투자자산운용업법, 신탁업법, 종합금융회사에 관한 법률, 한국증권선물거래소법 등 자본시장과 관련된 6개 법률을 통합해 제정한 법률

에 법이나 계약과는 무관하게 금융기관은 고객에게 주식형 상품의 위험성을 설명해주어야 할 의무가 있습니다.

이해상충의 방지 의무

구체적으로 금융당국은 고객보호를 위해 이해상충, 즉 금융기관에는 이익이 되고 고객에게는 손해가 될 수 있는 행위를 하지 못하도록 의무화하고 있습니다. 증권사에서 이해상충의 가장 대표적인 사례는 과당매매입니다. 과거와는 다르게 고객의 동의 없이 임의매매를 하는 경우는 거의 없어졌지만 과당매매는 지금도 간혹 발생하고 있습니다.

과당매매란 영업실적을 올리기 위한 과도하고 빈번한 거래를 말합니다. 과도 거래 여부는 수수료의 총액, 투자자의 투자목적, 투자자의 이해 여부, 권유내용의 타당성을 종합적으로 고려하며 단순히 수수료가 많이 발생한 것으로만 판단하지 않습니다. 본인이 스스로 매매하는 경우에는 상관없지만 증권사 직원을 통해 매매를 하는 경우 지나치게 많은 매매거래가 발생하는 것은 아닌지 검토해볼 필요가 있습니다.

임의매매

증권사 직원이 고객 동의 없이 유가증권을 매매하는 행위로, 엄격히 금지됨

자기거래의 금지

금융투자업(증권사) 임직원은 고객이 동의한 경우를 제외하고는 고객과의 거래당사자가 되거나 자기 이해관계인의 대리인이 되어서는 안 됩니다. 즉 임직원이 고객과 직접 거래하는 것은 예외적인 상황이 아

자기거래

증권사 임직원이 자기 또는 제3자를 위해 고객 혹은 회사와 하는 거래

니라면 불가하다는 의미입니다. 상장주식의 경우에는 거래소에서 거래하므로 자기거래가 발생할 일이 거의 없으나, 비상장주식 같은 경우에 증권사 임직원과 고객이 주식을 주고 받는 거래는 원칙적으로 불가합니다.

상품 판매 단계에서 금융소비자 보호를 위한 3가지 주요 원칙이 있습니다.

첫째, 적합성의 원칙입니다. 금융투자업자는 일반투자자에게 투자권유를 하는 경우 일반투자자의 투자목적, 재산상황 및 투자경험 등에 비추어 적합한 투자대상을 선정하고 권유해야 합니다.

둘째, 적정성의 원칙입니다. 파생상품 등과 같이 위험성이 큰 투자상품을 판매하는 경우 적합성 원칙에 추가해 적정성 원칙을 도입해서 투자자에게 적정한지를 다시 한 번 확인해야 합니다. 최근에는 70세 이상의 고령이거나, 파생상품 이해도가 낮은 경우 숙려기간을 도입하고 별도의 확인절차(예시 : 고령자에 대한 ELS 판매시 판매과정 녹취 등)를 진행하는 등 매우 강화되는 추세입니다.

셋째, 설명의무입니다. 금융투자업(증권사) 임직원은 투자와 관련한 내용을 고지하고 중요사항(투자여부의 결정에 영향을 미칠 수 있는 사항)에 대해서는 고객이 이해할 수 있도록 설명해야 합니다. 만약 고객이 약관에 대한 명시 및 설명이 없었다는 것을 주장하면 사업자 측(금융기관)에서 명시 및 설명했음을 입증해야 합니다. 즉 입증책임이 금융기관에 있습니다. 그래서 금융상품을 구매할 때 설명 후 확인서명을 하게 됩니다.

숙려기간

ELS나 ELF와 같은 고위험성의 파생결합증권 청약 후 투자자가 상품구조 및 위험 등을 충분히 숙지하고 투자결정을 할 수 있도록 2영업일 이상의 검토기간을 부여하는 제도

이익, 손실 등 보장금지

투자성과보장 등에 관한 표현이 엄격히 금지됩니다. 이는 강행규정으로 '손실을 사후에 보전, 이익을 사전에 약속, 일정한 이익을 사후에 제공' 모두가 자본시장법으로 금지됩니다. 혹시나 보장에 대한 각서를 금융기관 직원에게 받았더라도 투자의 자기책임원칙에 따라 법적 효력은 없으나 보장각서를 써준 금융기관 직원은 자본시장법을 어겨 처벌을 받을 수 있습니다.

분쟁조정제도

금융소비자보호를 위한 다양한 절차와 규정에도 불구하고 불가피하게 분쟁이 발생할 수 있습니다. 금융기관이 아닌 일반적인 분쟁의 경우에도 소송을 해보면 알게 되지만 돈과 시간의 낭비가 만만치 않습니다. 그래서 금융기관과의 분쟁은 금융 감독기관의 분쟁조정절차가 비용도 발생하지 않을 뿐만 아니라 고객을 보호하는 관점으로 접근하기 때문에 투자자 입장에서는 효과적입니다.

금융감독원의 금융분쟁조정위원회가 중재를 하며, 금융기관과 고객 양 당사자가 수락하는 경우 효력이 발생합니다. 추후 금융소비자보호법에 따라 금융소비자보호원이 생기게 되면 금융소비자보호원에서 중재가 이루어지게 될 것입니다.

일단 금융감독원 금융분쟁조정에 대해 살펴봅시다. 중재효력은 재판상 화해 효력으로 양 당사자가 중재안을 수락하면 마치 재판을 한

분쟁조정제도

금융소비자가 금융회사를 상대로 제기하는 금융분쟁에 대해 금융감독원이 조정신청을 받아 조정 의견을 제시해 당사자 간의 합의를 유도함으로써 소송을 통하지 않고 분쟁을 원만하게 해결하는 제도

것과 같은 효력이 생깁니다. 한국거래소나 금융투자협회의 분쟁조정위원회도 있지만, 그 효력이 민법상 화해계약 효력이므로 아무래도 금융감독원의 금융분쟁조정의 효과가 강력하다고 할 수 있습니다.

분쟁조정제도 절차는 다음과 같습니다. 1단계, 금융감독원장은 분쟁조정의 신청을 받은 날부터 30일 내 합의가 이루어지지 않는 경우 지체 없이 조정위원회에 회부(분쟁조정위원회에 분쟁의 양 당사자 제외)합니다. 2단계, 조정위원회는 60일 이내에 심의 조정안을 작성해 조정을 권합니다.

그런데 조정 중에 법원에 제소하는 경우 조정절차는 멈추고 법의 판단에 따르게 됩니다. 금융기관이 간혹 중재 중 소송해 교섭력이 약한 개인 투자자에게 부담을 증가시키는 경우가 있었습니다. 그래서 금융소비자보호법에 일정 금액 이하의 분쟁조정은 소송을 하지 못하도록 하는 규정이 들어 있습니다.

금융 분쟁이 없는 것이 최선이겠지만 어쩔 수 없는 경우에는 공적 기관을 통해 조정을 신청하는 것이 합리적입니다. 아울러 주식매매를 금융기관 직원에게 맡겨놓는 식의 일임매매는 정식 계약이 없다면 투자자로서도 해서는 안 될 일입니다.

일임매매

고객이 유가증권의 매매에 관해 종목, 수량, 가격의 결정을 증권회사에 맡기는 것으로, 원칙적으로 금지하나 정식계약이 있는 경우 가능

Stock Market
Studies

03

거시경제 분석으로
투자환경 이해하기

주가는 경제의 대표적인 선행지표라고 할 수 있습니다.
경제 전반적인 투자자의 전망이 주가지수를 형성합니다.
거시경제 상황을 이해하고 주식투자전략을 세워야 합니다.

01
거시경제 분석

주가는 해당 기업의 수익에 가장 큰 영향을 받게 되며, 주식시장 전반적으로는 경기에 가장 큰 영향을 받습니다. 전반적인 경기의 흐름을 무시한 주식투자가 성공하는 것은 매우 어려운 일입니다. 정확한 경기분석은 주식시장에서 대박이라는 집을 지을 수 있는 튼튼한 구조물을 세우는 과정이라고 생각합시다. 초보일수록 공부가 필요한 부분입니다.

경기분석

초보 주식투자자의 흔한 실수 중 하나는 '내가 투자한 종목이 시장을 이겨내고 상승할 것'이라는 믿음입니다. 하지만 그런 믿음은 얼마 못 가 십중팔구 깨지고 맙니다.

인간이 지구에 살면서 예외없이 중력의 영향을 받는 것처럼 주식은 해당 주식시장의 영향을 받으며, 해당 주식시장은 경기순환의 영향을 받습니다. 따라서 경기를 분석하고 주식을 투자하는 것은 기본 중의 기본입니다. 다만 문제는 경기분석이 결코 쉽지만은 않다는 데 있습니다.

그럼에도 불구하고 지속적인 경기분석에 대한 공부는 주식투자의

경기순환

경제가 추세를 중심으로 확장과 수축을 반복하며 변동하는 것을 말하며, 전반적으로 변동의 폭은 줄어들고 있는 추세임

성공확률을 높이므로 비교적 쉽게 접근할 수 있는 방법을 찾아보도록 합시다. 그래서 조금은 다양하게 경기분석에 대한 이야기를 다뤄보도록 하겠습니다.

경기예측의 필요성

경기예측에 대한 흥미로운 이야기가 있습니다. 피셔방정식을 만든 미국의 유명한 경제학자인 어빙 피셔는 1929년 당시 미국경기는 전반적인 호황기에 있기 때문에 주가가 지속적으로 상승하리라고 예상했습니다. 실제 본인도 주식에 투자했다고 합니다.

그러나 피셔의 예상과 달리 1929년 10월 주가는 급락했습니다. 이에 피셔는 주식을 더 매입했지만, 결국 개인적으로 매우 어려운 경제상황에 시달렸다는 후문이 있습니다.

어빙 피셔가 이룬 학문적 성과야 논란의 여지가 없지만 이런 대단한 경제학자도 경기를 전망하는 것이 얼마나 어려운 것인가를 보여주는 사례입니다. 주식투자자가 쉽게 경제를 예단하고 투자하는 것을 경계해야 합니다. 그럼에도 불구하고 우리가 경기동향을 파악하고 분석하는 목적은 이를 바탕으로 경기를 예측해 합리적인 주식투자를 함으로써 위험은 줄이고 성과는 높여가기 위함입니다.

경기를 예측하는 여러 가지 방법이 있는데 '경기지표법' 'GDP구성항목법' '계량모형법' 등으로 나누어볼 수 있습니다. 이 중에서 주식투자자가 쉽게 접근하고 활용할 수 있는 경기지표법이 가장 많이 사용되며 무난합니다.

> **피셔방정식**
> '명목이자율=실질이자율+인플레이션' 명목이자율은 인플레이션과 정의 관계

경기지표법

경기지표법은 경기지표의 동향을 통해 경기를 예측하는 방법입니다. 한두 개의 개별지표 동향에 의존하는 '개별지표법', 경기종합지수·경기확산지수 등의 움직임을 통해 경기를 예측하고자 하는 '종합경기지표법', BSI·CSI 등 설문조사를 이용한 '설문조사지표법' 등으로 나누어볼 수 있습니다.

개별지표법은 선행지표로 분류된 지표 중 몇 개 지표의 움직임을 보고 앞으로의 경기를 예측하고자 하는 방법으로, 예를 들어 소비자기대지수나 건설 또는 기계수주상황을 보고 앞으로의 투자활동을 전망하는 방법 등이 이에 속합니다. 이밖에도 기업의 제품 재고 또는 원재료 재고나 출하의 변동 상황을 토대로 한 재고순환선이나 재고순환도 생산활동의 예측수단으로 이용할 수 있으며, L/C내도 또는 IL발급 상황을 보고 앞으로의 수출입동향을 예상할 수도 있습니다.

그러나 이러한 개별지표법에 의한 경기예측은 특정분야의 경기를 예측하는 데는 손쉽게 이용할 수 있으나 그 포괄범위가 제한적이어서 국민경제 전체의 경기를 예측하는 데는 한계가 있습니다. 따라서 전반적인 경기를 파악하려면 종합경기지표에 따른 경기예측을 많이 사용합니다.

다음의 사례는 경기지표와 주가와의 상관성을 보여주는 좋은 예입니다. 미국은 경제에서 소비가 차지하는 비중이 매우 큽니다. 소비가 대략 18% 정도를 차지하는데, 이 소비자기대지수와 미국의 S&P 500지수의 긴밀한 상관관계를 보여주는 그래프입니다.

L/C
신용장이라 하며, 수입업자의 요청에 따라 수입업자가 거래하는 은행에서 수출업자가 발행하는 환어음의 결제를 보증하는 문서

S&P500지수와 미국 소비자기대지수

S&P500지수

스탠더드앤드푸어스(S&P)가 작성하는 주가지수로, 뉴욕증권거래소에 상장된 기업 500개의 주가 지수

자료 : 케이프투자증권

주가와 소비자기대지수와의 연관성에 관한 차트입니다. 특히 2000년대에 들어와서 상관성이 매우 높아졌습니다.

경기종합지수

경기종합지수란 경기변동의 국면 전환점과 속도·진폭을 측정할 수 있도록 고안된 경기지표의 일종으로, 국민경제의 각 부문을 대표하고 경기 대응성이 양호한 경제지표들을 선정한 후 이를 가공·종합해 작성합니다.

1) 선행종합지수

투자 관련 건설수주지표나 재고순환, 금융 등의 지표처럼 실제 경기 순환에 앞서 변동하는 개별지표를 종합해 만든 지수로 향후 경기변동의 단기 예측에 이용됩니다.

선행종합지수

경기종합지수의 하나로 비교적 가까운 3개월에서 6개월 정도의 장래에 닥칠 경기변화를 예고하는 지표

2) 동행종합지수

공급 측면의 광공업생산지수, 취업자수 등과 수요 측면의 소매판매액지수 등과 같이 실제 경기순환과 함께 변동하는 개별지표를 종합해 만든 지수로 현재 경기상황의 판단에 이용됩니다.

3) 후행종합지수

재고, 소비 등 실제 경기순환에 후행해 변동하는 개별지표를 종합해 만든 지표로 현재 경기의 사후 확인에 이용됩니다.

경기지수의 선행지수, 동행지수, 후행지수의 관계는 아래 그림과 같습니다. 물론 주식투자자 입장에서는 그 중에서도 선행종합지수가 매우 중요합니다.

경기지수의 선행·동행·후행 관계

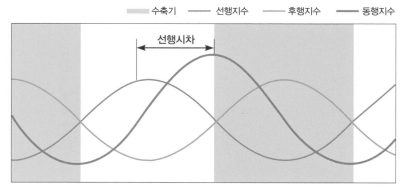

자료 : 통계청

경기지수 중 경기를 앞서 움직이는 선행지수가 실제 경기를 어느 정도 앞서서 움직이는지를 보여줍니다. 그 차이를 선행시차라고 합니다.

광공업생산지수

일정기간 중 이루어지는 산업생산활동의 수준을 나타내는 경제지표로, 현재 경기동향을 파악하는 중요한 지표임

경기종합지수 구성지표

선행종합지수, 동행종합지수, 후행종합지수의 각 구성지표는 다음과 같습니다.

- 선행종합지수 : 구인구직비율, 재고순환지표, 소비자기대지수, 기계류내수출하지수, 건설수주액, 코스피지수(종합주가지수), 장단기금리차, 수출입물가비율
- 동행종합지수 : 비농림어업취업자수, 광공업생산지수, 서비스업생산지수, 건설기성액, 내수출하지수, 수입액
- 후행종합지수 : 취업자수, 생산자제품재고지수, 소비자물가지수변화율, 회사채유통수익률(금리), 소비재수입액

장단기 금리차
장기금리와 단기금리의 차를 말하는 것으로, 경기가 좋은 경우 장단기금리가 확대되는 경향이 있음

위 항목 중에서 코스피지수가 선행종합지수의 대표격이라면, 후행종합지수의 대표격은 회사채유통수익률입니다. 그리고 이런 지수는 각종 뉴스나 통계청에서 조금만 관심을 기울이면 쉽게 찾을 수 있습니다.

후행지표인 금리가 낮다는 것은 그만큼 경기가 좋지 않다는 반증이기도 합니다. 금리에도 여러 가지가 있겠지만 예를 들어 정기예금금리는 대표적인 후행지표입니다. 일반적으로 경기가 좋을 때 금리도 높은 법입니다. 이런 지표를 해석하는 방법을 꾸준히 공부하면서 주식에 투자하면 내공이 쌓이게 됩니다.

소비자심리지수

소비심리

사전적 의미는 소비
하고자 하는 마음으
로. 소비는 심리적 영
향을 크게 받음. 소비
심리가 개선되면 실
제 소비가 증가하는
경향을 보임

소비자심리지수도 뉴스를 통해 쉽게 접할 수 있는 지표입니다. 이를
활용한 경기전망 사례를 들어봅시다. 소비는 곧 기업 입장에서는 매출
이 됩니다. 매출의 추이는 주가에 큰 영향을 미치게 됩니다. 즉 소비심
리의 추이는 주식투자자를 위한 선행적인 지표가 됩니다.

소비자심리지수와 소매판매 추이

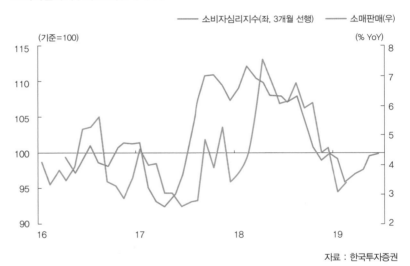

소비자의 심리는 현재의 경기보다는 선행하는 특성을 가집니다. 경기에 대한 낙관적인 태도는 실제 경
기흐름에도 플러스적인 영향을 미치기 때문입니다.

소비자심리지수는 소비자동향지수, 소비자태도지수 등으로도 다양
하게 불리는데 소비자가 보는 경제 전반의 상황과 소비자의 재정상태,
구매조건에 대한 설문조사를 하고 이를 지수화한 것입니다. 심리적인
부분이 있기 때문에 실제 소비의 선행적인 지표로 의미를 갖습니다.

소비자심리지수는 0에서 200까지의 값을 가집니다. 지수가 100을 초과하는 수준을 지속하면 소비자들이 경기가 확장국면에 있다고 인식하고, 100미만인 수준을 지속하면 경기가 수축국면에 있다고 인식하는 것으로 해석됩니다.

투자를 결정할 때 소비증가가 예상된다면 좀더 적극적인 주식투자가 가능할 것이고, 소비감소가 예상된다면 보수적인 주식투자가 당연합니다. 이처럼 다양한 지표를 효과적으로 사용하면 주식투자의 위험을 줄일 수 있습니다.

소비자심리지수

소비자들의 경제에 대한 전반적 인식을 종합적으로 파악할 수 있는 지표

주린이가 진짜 궁금해하는 것들

◉ **간밤에 미국 주식시장이 폭등하면 한국도 따라 오르나요?**

ⓐ 세계경제는 유기적으로 연결되어 있습니다. 당연히 미국 주식시장의 움직임이 중요합니다. 특히 한국은 수출의 영향이 크기 때문에 미국, 중국, 유럽증시에 모두 영향을 받습니다. 해외 주식시장의 움직임과 더불어 어떤 기업과 업종이 상승했는지 함께 파악하면 더욱 매매에 참고가 됩니다.

02
경기순환 분석

주식의 가치를 결정짓는 가장 중요한 요소는 해당 기업의 이익 흐름입니다. 돈을 잘 버는 기업의 주가는 오르게 됩니다. 그런데 경기상황이 좋지 않은데 기업이 돈을 벌기는 쉽지 않습니다. 마찬가지로 업종이 어렵다고 항상 어려운 것만은 아닙니다. 경기는 순환하니까요. 이렇게 해당 기업의 이익에 거시적인 경기상황이 기본적인 영향을 미칩니다.

거시적인 경기상황

한 나라의 전체적인 경제상황을 말하며, 경기상황이나 경기전망은 주식시장에 큰 영향을 미침

경제분석

주가 변화의 상당부분은 시장의 전체적인 요인들에 의해 영향을 받게 됩니다. 매일 아침 뉴스를 통해 알게 되는 혹은, 알 수도 없는 무수한 일들이 주가에 영향을 미칩니다.

  주가에 영향을 미치는 사회경제적 현상은 너무나 다양합니다. 당연히 이를 모두 살펴보는 것은 어렵지만 중요한 요인들에 대해서는 반드시 분석하는 작업이 필요합니다.

국민소득

한국 경제의 위기를 이야기할 때마다 빠지지 않는 것이 성장률의 하락입니다. 어느 나라나 선진국으로 진입을 하면서 성장률이 하락하는 것은 일반적이지만 한국의 경제성장률이 세계 경제성장률에 비해 낮은 경우는 드물었기 때문에 그 심각성이 더해지고 있습니다.

그런데 이때 그 '성장'이라는 것이 바로 국민소득의 성장을 말합니다. 국민소득의 문제점에 대해서는 여러 의견이 있지만, 가장 일반적으로 경제를 판단할 때 사용하는 가장 중요한 지표이므로 충분한 이해가 필요합니다.

국민소득은 한 나라의 경제수준과 국민들의 생활수준을 종합적으로 파악할 수 있는 대표적인 지표입니다. 국민소득은 한 나라의 가계, 기업, 정부 등 모든 경제주체가 일정 기간에 새로 생산한 재화와 서비스의 가치를 시장가격으로 평가해 합한 것입니다. 흔히 '국내총생산(Gross Domestic Product, GDP)'이라고 합니다.

국내총생산은 대표적인 생산지표이지만 생산 측면뿐만 아니라 분배·지출 측면에서도 측정할 수 있습니다. 이렇게 각 측면에서 측정된 값은 똑같은데 이는 가계, 기업, 정부, 국외 등 경제주체에 의해 재화와 서비스가 생산되고 구입되며 분배되기 때문입니다. 그래서 이를 '국민소득 3면 등가의 법칙'이라고 합니다.

국민소득의 정의에서 살펴볼 점은 국민소득에는 재화뿐만 아니라 용역과 같은 서비스도 포함된다는 것입니다. 그리고 시장가격으로 평가한다는 것은 시장에서 거래되어야 한다는 것으로, 예를 들어 주부가 집에서 가사노동을 하는 경우에는 국내총생산에 포함되지 않지만 가

국민소득 3면 등가의 법칙

생산, 분배, 지출의 3가지 측면에서 측정한 국민소득은 서로 다른 면에서 동일한 활동을 포착한 것이므로 결국은 서로 똑같다는 법칙

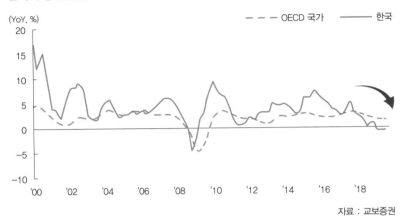

한국의 경제성장률 추이

(YoY, %)

- - - OECD 국가 ——— 한국

자료 : 교보증권

한국의 경제성장률은 과거 OECD 국가의 평균보다 높았으나 2010년대 후반에 들어서는 OECD 국가의 평균보다 낮아지고 있습니다.

국내총생산

한 나라의 영역 내에서 가계, 기업, 정부 등 모든 경제주체가 일정기간 동안 생산한 재화 및 서비스의 부가가치를 시장가격으로 평가해 합산한 것으로, 경기를 파악하는 가장 중요한 지표임

사도우미로 외부에서 활동한다면 국내총생산에 포함됩니다. 아울러 일정 기간이란 일반적으로 1년을 기준으로 분기 등으로 측정합니다.

국내총생산이라는 말에서도 알 수 있듯이 '새로운 생산이 많을수록 경제는 성장한다'는 개념이므로 삶의 질을 평가하지 못한다는 결정적인 비판도 있습니다. 생산의 경우 국내총생산이 기준이므로 외국인이라도 한국에서 생산한 재화와 서비스는 포함됩니다. 반대로 한국 사람이 외국에서 생산한 것은 제외됩니다.

한국의 경제성장률은 석유 위기와 같은 큰 대외변수 시기를 제외하고는 1980년대 말까지 10%를 상회하는 경우가 많았으나 2000년대에 들어 하락 후 2008년 글로벌 금융위기 이후 세계경제 둔화와 성장잠재력 약화 등으로 위기를 겪었고, 2010년대 후반으로 들어와서는 성장률이 3%를 넘지 못하고 있습니다. 특히 세계 경제성장률을 크게 웃

돌던 한국의 경제성장률은 2000년대 중반 이후 OECD 평균 수준과 유사해지거나 못 미치고 있습니다. 성장을 위한 우리나라 기업의 경영환경이 쉽지 않다는 의미입니다.

OECD

Organization for Economic Cooperation and Development의 약자, 즉 '경제협력개발 기구'로 세계경제의 협력을 위해 만들어진 국제기구

경기순환

우리는 흔히 '경기가 좋다' 혹은 '경기가 나쁘다'라고 자주 이야기를 하게 됩니다. 물론 '경기가 좋다'라고 이야기하는 경우는 드물지만 말입니다. 경기가 어떻게 움직이는가에 따라 정부나 기업 그리고 가계, 주식투자자에게 모두 영향이 다르게 나타나므로 각 주체들은 경기 동향에 관심이 많습니다.

정부 입장에서는 적절한 경기대응정책을 실시해 장기적인 국민소득 증대를 꾀할 것이고, 기업은 국내 전체 경기뿐만 아니라 해당 산업의 경기를 파악해 생산계획이나 시설투자계획도 수립하게 될 것입니다. 가계에서는 소비를 얼마나 늘릴지 혹은 저축을 얼마나 가져갈지 등 다양한 의사결정을 하게 됩니다. 주식투자자 입장에서는 경기상승 사이클에서 투자를 가져가는 것이 성공할 확률이 높은 것은 당연하므로 현재의 경기가 어느 수준인지 파악하는 것이 중요합니다.

경기란 국민경제의 총체적인 활동 수준을 의미합니다. 여기서 국민경제라는 것은 특정 산업이나 소비, 투자 등 특정 분야만을 대상으로 하는 것이 아니라 한 나라 전체 경제를 모두 포괄적으로 이야기하는 것임을 주의해야 합니다. 개인 투자자가 하는 흔한 실수 중 하나가 본인의 주위에 있는 지인들의 이야기로 경기를 판단하는 것입니다.

경기 양극화

양극단으로 쏠림 현상이 심화되는 것으로, 직장인을 예로 들면 고연봉자와 저연봉자의 임금차이가 더욱 확대되는 것과 같은 이치임. 명품이 불티나게 팔리는 반면 소규모 자영업 매출은 줄어드는 것도 양극화의 단면임

비록 한국의 성장 폭이 줄었지만 성장을 멈춘 것은 아닙니다. 즉 성장의 과실이 어느 곳엔가 흘러 들어가고 있으며, 그것이 내 주머니에 혹은 내 주위에 있는 사람들에게 유입이 되는가는 별개의 문제입니다. 경기가 양극화되는 것은 자본주의의 속성이라고 할 수 있습니다. 내 주위의 사람들이 힘들다고 해서 경기가 꼭 나쁜 것은 아닐 수 있다는 점을 명심하고 경기를 파악해야 합니다.

총체적 경제활동은 생산·소비·투자·고용 등 실물부문과 금융부문, 수출·수입의 대외부문의 활동을 종합적으로 파악한 것입니다. 기업이 활발하게 생산을 해서 국내공급이 증가하더라도 국내수요가 부진하거나 수출이 따르지 못하는 경우도 있고, 전반적으로 경기가 좋지만 생산이 위축된 산업이 있을 수도 있습니다.

이처럼 국민경제를 구성하고 있는 각 부분들의 활동들이 다양하게 나타납니다. 그러므로 특정 시점에서 경기를 파악하는 것이 쉬운 일은 아닙니다.

경기국면

경제나 경기는 일반적으로 장기적인 추세를 가지고 있습니다. 경제활동이 활발해져 장기적인 추세를 넘어서면 언젠가 경기가 정점에 이르게 되고, 이후 경제활동이 둔화되면서 장기적인 추세를 하회하게 되면 언젠가 경기는 저점에 이르게 됩니다.

이렇게 경기는 장기추세를 중심으로 상승 및 확장과 하강 및 수축을 반복하면서 생물처럼 변합니다. 이를 '경기순환'이라고 합니다.

경기국면

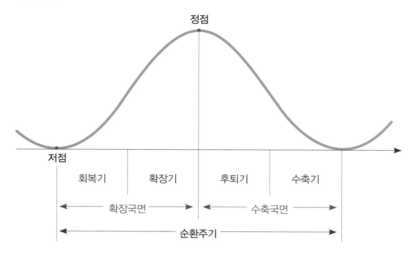

경기는 순환합니다. 이를 확장국면과 수축국면으로 크게 나눕니다. 이를 4가지 시기로 다시 세분하면 회복기, 확장기, 후퇴기, 수축기로 나눌 수 있습니다.

경기순환과정에서 저점에서 다음 저점까지를 '순환주기'라 하고, 경기국면은 상승하는 '확장국면'과 하락하는 '수축국면'으로 나눕니다. 4단계로 구분하면 '회복기, 확장기, 후퇴기, 수축기'로 나누어집니다.

기업활동 측면에서 4단계 특징

합리적인 주식투자자라면 회복기 전에 매수하고, 후퇴기 전에 매도하는 것이 환상적입니다. 하지만 경기를 정확히 예측하는 것은 어려운 일입니다. 그러므로 기업활동 측면에서 4단계 특징을 잘 파악하고 이에 대응해야 합니다.

확장국면

경기가 회복하면서 확장되는 국면으로, 저점에서 정점으로 경기가 좋아지는 기간임

수축국면

경기가 정점을 지나 수축되는 국면으로, 정점에서 저점으로 경기가 내려가는 기간임

1) 회복기

경제활동이 최저 수준을 벗어나 점차적으로 회복되고 있으나 추세 수준에까지는 미치지 못하는 단계입니다. 이 시기에는 제품에 대한 수요 증가가 기업의 예상보다 늘어나면서 재고가 예상외로 줄어듭니다. 물가는 안정적이나 점차 상승하는 경향을 나타냅니다. 정부나 중앙은행은 저금리를 유지하면서 경기 부양정책을 지속하는 시기이나 미래 전망이 아직은 확실하지 않아 설비투자는 제한적으로 증가합니다.

2) 확장기

경제활동이 회복기를 지나고 추세 수준을 넘어 계속 확대되면서 정점에 다가가는 단계입니다. 이 단계에서 기업은 수요가 지속적으로 늘어날 것이라는 확신으로 수요증가에 대응하기 위해 생산을 늘리고, 일정 수준의 예비적 재고를 가지고 가려 합니다. 즉 재고가 꼭 나쁜 것이 아니라 이런 경우는 호경기를 대비하는 선제적인 재고인 셈입니다. 확장기에는 기업의 가동률이 높아져 설비투자를 행하고, 고용이 후행적으로 증가하게 됩니다. 물가는 확대되는 수요로 인해 상승하는 경향을 띠고, 수입도 늘어나는 것이 일반적입니다. 정부와 중앙은행은 물가와 국제수지 안정을 위해 재정지출을 줄이고, 금리인상을 추진할 수 있습니다.

3) 후퇴기

경제활동이 정점을 지나 둔화되나 아직은 추세 수준을 상회하는 단계입니다. 확장기의 영향으로 임금과 원자재 가격 등 기업의 생산비용이 상승해 기업의 이윤이 축소되고, 설비투자 과잉의 문제가 발생되

재정지출

정부부문의 지출을 말하는 것으로, 그 역할의 중요성이 높아지고 있으며 민간 경제활동에 대비되는 개념임

며, 예상하지 않은 재고가 늘기 시작하면서 생산 및 고용은 줄어들게 됩니다. 설비투자는 좀더 빠르게 감소합니다.

4) 수축기

후퇴기를 지나 경제활동이 추세 수준을 하회하기 시작하면서 계속 위축되어 저점으로 떨어지는 단계입니다. 이 기간에는 누적되는 재고를 해소하기 위해 생산이 크게 감소하고, 고용을 줄여 실업자 수가 최고 수준에 이르게 됩니다. 물가는 재고의 누증으로 하락하거나 매우 안정적인 형태를 띱니다. 기업의 설비투자는 위축되어 정부나 중앙은행의 제반 경기부양정책에도 불구하고 큰 움직임이 없는 경우가 많습니다. 이런 상태는 누적된 재고가 점차 소멸되고 미래경제 회복에 대한 기대가 살아날 때까지 지속됩니다.

> **설비투자**
> 건물·기계·설비와 같은 고정자본설비에 투자되는 것으로, 미래 생산능력의 원천이 되기 때문에 중요함

경기순환의 특징

경기는 일반적으로 여러 부문이 같은 방향으로 움직이는 경향이 있습니다. 예를 들어 생산과 고용의 증가는 정도의 차이는 있지만 같은 방향인 경우가 많습니다. 여러 지표를 함께 살피면서 어떤 방향성을 보이는지 확인할 필요가 있습니다.

경기변동의 확장국면과 수축국면을 비교해보면 경기확장기는 길고 완만한 기울기를 가지는 것에 비해 수축기는 짧고 급격한 기울기를 가집니다. 이는 주가의 그래프와도 유사합니다. 상승은 완만하고 길게 오고, 하락은 짧고 강하게 오는 경우가 많습니다. 따라서 주식투자자

는 상승을 길게 누리고 하락은 짧게 손절하는 것이 투자수익률을 높이는 결과를 가져올 확률이 높습니다.

물론 이렇게 하는 것이 쉬운 일은 아닙니다. 오히려 대부분의 일반적인 개미투자자는 손실종목의 원금 회복에 미련을 두며 어쩔 수 없이 장기로 들고 가고, 이익이 난 주식을 조기에 처분하지 못하다 보면 원하지 않는 손실 상황에서 장기투자자가 되는 경우가 많습니다.

한국 경기순환의 특징

마지막으로 한국의 경기순환과정의 특징을 간단하게 살펴봅시다.

1) 확장국면 > 수축국면

경기의 확장국면과 수축국면의 구분이 뚜렷하지 못한 편이나 일반적으로 확장국면이 수축국면보다 오래 지속됩니다. 아울러 성장세는 지속적으로 보여주는 성장순환의 성격이 강합니다.

2) 수출의 중요성

수출이 경기변동을 가져오는 주된 요인으로 작용하는 경우가 많습니다. 소비지출은 경기변동에 비해 상대적으로 안정적인데, 한국경제의 특성상 수출 및 해외시장을 반영하는 설비투자에 경기변동의 영향이 매우 큽니다. 한국경제의 대외의존도가 너무 높은 부분이 약점입니다.

성장순환

확장과 수축의 파동을 가지나 기본적으로 성장 추세를 유지하는 경기순환

대외의존도

총공급(총수요=총생산) 중 수입과 수출 등 대외부문이 차지하는 비중으로, 대외의존도가 높으면 국제경제에 의해 국내경제가 크게 좌우되는 경향이 있음

3) 정책순환

한국의 경제개발 과정에서 정부와 중앙은행의 경제시책이나 경기부양책의 영향력이 큽니다. 그동안의 한국 경제개발이 정부의 주도 하에 이루어진 점이 있기 때문에 그만큼 정부의 영향력이 크게 작용했다고 할 수 있겠습니다.

경기부양책

경기를 활성화시키기 위한 대책으로 금리를 낮추고, 투자를 촉진하며, 성장산업을 육성하는 정책 등을 펼침

 주린이가 진짜 궁금해하는 것들

◉ **현금을 꼭 보유하라고 하는데 그 이유가 뭔가요?**

──

Ⓐ 전체 투자금 중에서 현금을 최소 10%에서 20% 정도는 가지고 투자에 임하는 것이 좋습니다. 심지어 주식시장이 매우 비관적일 때는 전액 현금으로 들고 가기도 합니다. 이렇게 직접투자는 시장에 탄력적으로 대응할 수 있어서 시장대응성이 펀드투자보다 유리하다고 합니다. 일부 현금을 들고 가면 정말 사고 싶은 종목이 나왔을 때 매수할 자금이 되기도 합니다. 만약 어떤 종목을 투자했는데 시장상황이 좋지 않아 하락했다면 추가로 매수해서 매수단가를 낮출 수 있는 방안이 되기도 합니다.

03
물가와 주가

물가 상승은 나쁜가? 주식에 투자하게 되면 이런 질문에 여러 답이 있음을 알게 됩니다. 물가 혹은 물가수준은 소비자 입장에서는 지출과 비용이지만 기업 입장에서는 매출에 직접적인 영양이 있으므로, 물가가 주식투자에 미치는 영향이 다양합니다. 이를 다각적으로 분석해보면 흥미롭습니다. 기업의 가격마케팅 전략을 투자하면서 배우게 됩니다.

물가는 낮아야 좋은가?

물가

여러 종류의 상품가격을 종합해 평균한 가격으로 소비자물가, 생산자물가, 수출물가 등 다양한 종류가 있음

물가와 주식에 관한 분석을 할 때 초보자들이 가장 먼저 하는 질문이 있습니다. "물가가 낮으면 주식투자를 하기에 무조건 좋은가요?"

일반적인 소비자 입장에서 보면 물가가 낮은 것을 선호합니다. 물가가 낮으면 같은 돈으로도 더 많은 재화나 서비스를 구매할 수 있기 때문입니다. 이렇게 물가하락은 가계의 실질소득 증대, 기업의 생산비용 절감 등의 긍정적인 효과도 있지만 다음과 같은 문제점들도 발생시킵니다.

1) 구매이연 효과

물가가 하락하는 경우 소비자는 물가가 더 떨어진 다음에 구매하려고 하게 됩니다. 즉 구매를 미루게 되어 기업 입장에서는 매출의 위축이 더욱 심해집니다.

2) 기업 수익성 악화

물가하락이라는 것 자체가 기업의 제품가격 하락을 의미하므로 기업의 수익성은 나빠집니다.

3) 통화정책 무력화

뒤에서 더 설명하겠지만, 물가가 하락하면 물가를 감안한 실질금리는 오히려 상승하므로 금리를 인하하는 경제부양정책의 효과가 무력화되기 쉽습니다.

결론적으로 물가는 경제성장에 따라 완만하게 오르는 것이 최적입니다. 물가가 급하게 오르면 소비가 위축되어 경기가 하강하며 물가가 하락하는 것 역시 경제에는 좋지 않습니다.

물가와 경기의 관계에 대한 좋은 사례는 일본입니다. 1980년대 말까지 높은 성장, 물가 안정, 대규모의 경상수지 흑자를 기록하면서 세계경제를 주도하던 일본 경제는 1990년대 초를 고비로 성장세가 둔화되어 침체의 늪에 빠지게 됩니다. 2000년대에 들어서는 GDP성장률이 1% 언저리의 저성장과 소비자물가가 함께 하락하는 디플레이션 현상이 나타났습니다.

'엔고'라는 외부적 충격과 일본 특유의 노동시장의 경직성, 고령화

통화정책
한국은행(중앙은행)이 통화량을 늘리거나 줄임으로써 경제활동의 수준을 조절하는 정책

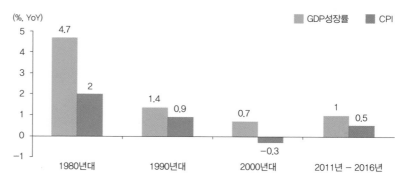

일본성장률과 물가추이

(%, YoY) GDP성장률 ■ CPI

자료 : 이베스트투자증권

물가하락과 경제성장률이 함께 낮아지는 대표적인 사례가 일본입니다. 물가하락이 소비의 이연을 부르고 경기는 더욱 악화됩니다.

거품

버블이라고도 하며 주가나 부동산 가격이 폭등해 많은 사람들의 투기가 유발된 경제 상태를 말함

진전, 지가 거품 붕괴 등의 복합적인 요인으로 경기가 악화되어 저축 성향은 계속 증가하나 수익성 있는 투자 기회는 약화되면서 일본 내에서는 저축이 투자를 지속적으로 초과해 장기적으로 침체가 고착화되고 있습니다. 게다가 지진으로 인한 원전 사고와 같은 자연적인 문제까지 일본의 경제회복을 더디게 하고 있습니다. 개인적으로 일본에 대한 투자는 보수적인 시각을 견지하는 것이 합리적이라 판단됩니다.

 주린이가 진짜 궁금해하는 것들

◎ 디플레이션은 무엇이고 주식투자에는 어떤 영향이 있을까요?

Ⓐ 저성장과 함께 소비자물가가 하락하는 것을 디플레이션이라 합니다. 물가가 낮아지면 가계의 실질소득이 즉 구매력이 높아지는 효과가 있지만 물가가 더 떨어지면 구매하려는 효과로 소비가 더욱 감소하게 됩니다. 경기가 더욱 침체될 수 있어 주식투자도 조심스럽습니다. 주식투자라면 현금 창출력이 좋아 배당이 높은 기업이거나 필수 소비재 예를 들어 음식료 산업에 속하면서 경쟁력이 높은 기업이 투자에 유리합니다.

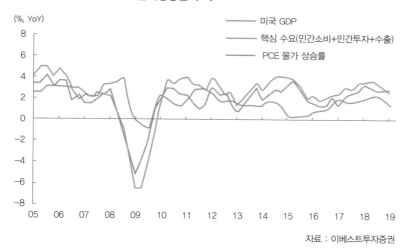

미국GDP vs. 핵심수요 vs. 물가상승률 추이

(%, YoY)

— 미국 GDP
— 핵심 수요(민간소비+민간투자+수출)
— PCE 물가 상승률

자료 : 이베스트투자증권

경제성장률과 물가, 그리고 소비와 매우 관련성이 높다는 것을 보여주는 차트입니다.

물가와 경기에 대한 이해를 넓히기 위해 이제는 미국의 자료를 활용해봅시다.

물가와 경기의 연관성이 상당하다는 것을 위의 그림으로 잘 알 수 있습니다. 즉 물가가 오른다는 것은 그만큼 경기가 좋다는 반증일 수 있기 때문입니다. 물론 물가가 오르면서 경기가 침체되는 스태그플레이션은 경기에 악영향을 미치지만, 그렇지 않다면 물가가 완만하게 오르는 것은 자연스럽게 경제에도 좋은 영향을 미칩니다.

이렇게 경기를 파악할 때 가계와 기업의 입장을 함께 파악해야 합니다. 또한 경기상황에 따른 정부와 한국은행의 정책이 어떠할지도 함께 고려하는 것이 필요합니다.

스태그플레이션

경제 불황 속에서 물가 상승이 동시에 발생하고 있는 상태. 경기 침체(stagnation)와 인플레이션(inflation)의 합성어임

셰일가스 혁명

물가가 중요한 의미를 가진다는 것은 살펴보았고, 수출이 중요한 한국 경제에서 세계적인 물가수준은 생산원가의 의미 또한 가지고 있습니다. 과거 한국경제를 힘들게 했던 오일쇼크 사태는 물가가 오르면서 경제는 침체에 빠지는 최악의 상황을 극단적으로 보여주었습니다.

한국경제 입장에서는 유가의 적정한 안정화 혹은 완만한 상승이 매우 유리합니다. 유가는 2010년 중반 이후부터 매우 안정적입니다.

그런데 이 국제적인 물가안정에 상당히 기여한 것이 바로 '셰일가스'입니다. 셰일가스란 진흙이 쌓여 만들어진 퇴적암층(shale)이 높은 압력을 받으며 굳는 과정에서 발생되는 가스로 외부로 배출되지 못하고 셰일층에 잔류하는 천연가스를 말합니다.

셰일층은 지표의 넓은 범위에 존재하지만 높은 채굴 기술이 요구되

유가(WTI) 장기 추이

자료 : 삼성증권 HTS화면

2008년 글로벌 금융위기로 유가상승에 투자하던 투기세력이 빠져나가면서 유가가 급락한 바 있습니다. 이후 배럴당 100달러 수준을 유지하다가 하락안정세를 보이고 있습니다.

셰일가스

오랜 세월 동안 모래와 진흙이 쌓여 단단하게 굳은 탄화수소가 퇴적 암(셰일)층에 매장되어 있는 가스

미국과 사우디의 원유 생산량과 국제유가 추이

자료 : 이베스트증권

유가와 미국 원유 생산량과의 관계를 보여주는 차트입니다. 2010년대 후반에 들어 미국 원유 생산량이 늘면서 유가가 하향하는 모습을 확연하게 알 수 있습니다.

었기 때문에 개발이 지연되었으나 차츰 기술의 발전으로 개발되고 있습니다. 북미, 남미, 중국에 매장량이 풍부하지만 주로 미국에서 개발되는 것은 기술적 문제와 수자원과 같은 자연적 조건, 파이프라인과 같은 인프라 등에서도 차이가 많이 나기 때문입니다.

원유의 주요 수입국이던 미국이 생산국으로 돌아서자 유가는 안정을 보이고 있습니다. 유가가 상승하면 셰일가스의 개발이 촉진되어 공급을 늘리는 효과를 발휘하면서 장기적인 유가안정을 보이고 있습니다. 한국의 입장에서는 생산원가 관리차원에서 우호적인 환경이라고 할 수 있습니다.

유가는 물가에 가장 중요한 영향을 끼치면서 주식투자자에게도 다층적인 중요성을 가집니다. 예를 들어 유가가 상승한다고 할 때 공급적인 측면과 수요적인 측면이 있을 텐데, 오일쇼크와 같은 공급적인 측면이라면 한국경제에 악영향이 클 것입니다. 반대로 수요적인 측면, 즉 수요가 견인하는 유가상승이라면 경기가 호경기라는 반증이기도

오일쇼크

1970년대 아랍 산유국의 석유 무기화 정책과 이란 혁명 이후, 이 두 차례에 걸친 석유 공급 축소와 석유 가격 폭등을 불러온 것을 말하며, 당시 한국경제에 큰 위협이 되었음

하기 때문에 유가상승이 주가에 긍정적인 영향을 미칠 수 있습니다.

산업적인 측면에서 보면 유가의 완만한 상승은 수요 위축으로 인한 매출 하락보다는 석유화학업종의 영업이익률을 높여 주가를 높이는 경우가 많으며, 항공이나 해운과 같은 업종에서는 원가상승의 요인이 됩니다. 물론 운송업 자체의 호황이 오면 유가의 완만한 상승은 영향력이 떨어집니다.

지역적으로 보면 유가의 상승은 중동지역의 경제에 훈풍이 불고, 이는 한국 건설업에는 좋은 영향을 미칠 것입니다. 산업의 연관성에서 보면 유가의 상승은 원유 관련 플랜트, 원유나 철광석을 실어나를 해운업 등에는 호재로 작용합니다.

이렇게 경제를 분석하는 시각을 다양하게 가져가는 것이 합리적이라는 것을 항상 기억해야 합니다. 물가라는 것도 소비자 입장에서는 비용이며, 기업 입장에서는 매출이 되고, 물가의 하락이 경제에는 오히려 독이 되기도 합니다. 단편적으로 바라보면 큰 틀에서 투자의 판단을 흐리게 하게 됩니다.

플랜트

일반적으로 생산 설비 혹은 제조 설비 일체를 말함

물가와 주가의 관계

- 완만한 물가상승 → 경기상승 → 기업수익 개선 → 주가상승
- 급격한 물가상승 → 금융자산 회피 → 실물자산 선호 → 주가하락
- 스태그플레이션 → 비용 상승 → 기업수익 악화 → 주가하락

04
금리와 주가

금리란 쉽게 말해 돈의 값입니다. 금리가 높다는 것은 돈이 귀해서 비싸다는 것이고, 금리가 낮다는 것은 돈이 흔해서 돈의 값이 싸다는 의미입니다. 금리가 높을 때는 일반적으로 성장이 높을 때이니 금리는 경제상황과도 밀접합니다. 주식은 당연히 금리의 지대한 영향을 받습니다. 금리를 이해하면 주식을 포함한 경제를 폭넓게 이해하게 됩니다.

통화란 무엇인가?

고전학파에 따르면 금리는 자금에 대한 수요와 공급에 의해서 결정됩니다. 그런데 정확히 자금의 수요와 공급을 이해하려면 통화에 대해서 개념을 잡고 있어야 합니다.

통화는 우리가 일상생활에서 결제활동에 사용하는 돈(화폐)를 말합니다. 다만 결제를 할 때 꼭 현찰을 주고받는 것은 아닙니다. 오히려 계좌이체, 수표, 어음, 인터넷뱅킹 등 다양한 형태로 주고받습니다.

또한 조금 더 통화의 개념을 확대하면 은행의 정기예금도 급한 경우 언제든지 해지해 결제에 사용할 수 있습니다. 이렇게 현금뿐만 아니라 돈의 기능을 가진 금융상품을 포함한 개념이 바로 통화입니다.

고전학파

애덤 스미스에 의해 시작되어 리카도, 밀 등에 의해 발전한 초기의 경제학파로, 정부의 역할보다는 시장의 자율을 중시함

유동성에 따른 통화의 종류

유동성에 따라 통화는 다음과 같이 나누어집니다.

1) 협의통화(M1)

화폐의 지급결제수단으로서의 기능을 중시한 지표입니다. 민간이 보유한 현금과, 은행과 같은 금융기관의 입출금예금의 합계로 정의합니다. 현금이 아니더라도 자기앞수표와 같이 즉시 현금으로 교환될 수 있다면 M1에 포함됩니다.

2) 광의통화(M2)

협의통화보다 넓은 의미의 통화지표로서 협의통화에 예금취급기관의 정기예금, 적금, 외화예금, 실세금리를 받는 시장형 금융상품 등을 포함합니다. 다만 만기 2년 이상의 장기 금융상품은 제외합니다. 뉴스에서 통화량의 증감을 이야기할 때의 기준이 바로 M2입니다.

실세금리

금융시장에서 형성되는 금리

3) 금융기관유동성(Lf)

광의통화에 예금취급기관의 만기 2년 이상의 정기예적금 등이 포함됩니다.

4) 광의유동성(L)

광의유동성은 한 나라가 보유하고 있는 전체 유동성의 크기를 나타내는 지표로 금융기관유동성에 기업어음, 회사채, 국공채 등의 유가증권이 포함됩니다.

통화량과 경제

경제규모에 비해 통화량이 너무 많은 경우 돈의 가치가 떨어져 물가가 지속적으로 오르는 인플레이션이 발생합니다. 반대로 경제규모에 비해 통화량이 지나치게 적은 경우 금리가 상승하고 경제활동이 위축됩니다.

따라서 한국은행의 가장 중요한 통화정책 운용방법은 인플레이션 타게팅입니다. 한국은행은 목표로 하는 물가수준을 설정합니다. 과거에 비해 통화량의 중요성은 줄었지만 중앙은행은 통화량에 대해 항상 관심을 가지고 운용합니다. 통화량이 인플레이션의 기대심리에 미치는 영향이 크기도 하거니와, 과도한 통화팽창의 부작용을 막기 위함입니다.

인플레이션

화폐가치가 하락해 물가가 전반적·지속적으로 상승하는 경제현상으로, 투자자는 실물을 선호함

금리

우리는 쉽게 금리(이자율)를 이야기하고 있지만 지금도 경제학자들은 금리가 실물현상인지, 화폐적 현상인지를 두고 논쟁을 하고 있습니다. 투자자 입장에서 금리는 금융상품의 일차적인 가격결정 요인으로서 주요 관심대상입니다.

예를 들어 주택을 구매하려는 사람에게는 은행의 주택담보대출금리가 중요하겠고, 은행에 예금을 하려는 사람은 정기예금금리가 중요할 것입니다. 금리를 다양하게 정의를 내릴 수 있겠지만 일반적인 정의로는 '자금대차에 대한 대가'라고 할 수 있습니다.

현실에서 수많은 자금대차 종류가 있듯이 금융시장에서는 다양한 금리가 존재합니다. 대출금리, 콜금리, 회사채수익률, 국채수익률, 예금금리, 사채금리 등 정말 다양합니다.

금리의 변동 요인

다양한 금리가 존재하듯 금리마다 결정되는 과정과 결정요인이 조금씩 다릅니다. 은행의 예금금리는 시장에서의 금리동향, 해당 은행의 수신전략, 경쟁은행의 예금금리에 따라 영향을 받을 것이고, 각 은행이 자율적으로 결정합니다. 채권수익률은 기본적으로 채권시장에서 결정됩니다.

금융시장의 대표금리 중 하나인 채권금리에도 경기수준, 통화정책, 채권물량, 해외금리까지 수많은 요인들이 영향을 끼칩니다. 이런 금리를 결정하는 3가지 중요한 요인이 있습니다. 그것은 바로 만기, 신용위험, 제도입니다.

1) 만기

장기금리는 유동성이 낮고 위험에 노출되는 기간이 장기이므로 일반적으로 단기금리에 비해 장기금리가 높은 것이 일반적입니다. 예를 들어 친구에게 돈을 빌려줄 때 한 달을 빌려주는 것과 1년을 빌려주는 것을 비교해보면 장기인 경우 당연히 그만큼의 위험 증가에 대한 대가를 보상받아야 하는데 이 부분을 금리로 보상받게 됩니다.

2) 신용위험

거래 상대방의 원리금의 상환불이행 가능성이 높을수록 금리가 상승합니다. 그래서 국채보다 회사채의 금리가 높고, 대기업이 발행한 회사채보다 중소기업이 발행안 회사채의 투자수익률이 높은 것이 일반적입니다.

상환불이행

채무불이행이라고도 하며, 차입자가 어떠한 사태의 발생으로 상환 의무를 이행하지 않는 것

3) 제도

대표적인 제도 차이는 조세입니다. 예를 들어 같은 정기예금이라도 비과세가 가능한 상품이 있다면 세후수익률이 올라가는 셈입니다. 다른 예로 은행은 담보가 없더라도 기술력이 좋은 중소기업의 대출에 우대금리를 적용하는 경우가 있는데 이는 정책적인 우대제도 때문인 경우가 많습니다.

거시경제의 주요 변수인 금리

현실에서는 이렇게 다양한 금리가 존재하나 대부분의 금리는 같은 방향으로 상승하거나 하락하는 경향이 있으므로 경기나 금융시장 분석에는 금융시장 전체를 염두에 둔 평균적인 개념의 금리를 사용합니다. 이때 꼭 기억해야 할 방정식이 바로 '피셔방정식(Fisher Equation)'입니다.

피셔방정식은 금리결정 요인을 모형화시키는 단순한 방법으로 명목금리, 실질금리 및 물가상승률의 관계를 나타냅니다. 피셔방정식의 공식은 '명목금리＝실질금리+물가상승률'입니다.

예를 들어 은행의 정기예금(명목금리)이 3%가 제시되고 물가상승률

명목금리

외부로 표현되는 금리인 명목금리(Nominal Interest Rate)는 인플레이션을 조정하지 않은 금리임

이 2%라면 실질적인 금리는 1%라는 것입니다. 직관적으로 이해가 어렵지는 않지만 매우 중요한 의미들을 갖습니다. 즉 금리는 물가가 오르면 함께 오르는 경향이 있다는 것입니다.

이를 다른 측면에서 설명해봅시다. 물가가 오르면 자금을 공급하는 자의 실질적인 구매력이 낮아지므로 금리를 높게 제시하지 않으면 자금 공급을 꺼리게 됩니다. 즉 금리가 오르게 되는 것입니다.

다만 피셔방정식은 사후적으로 계산은 간단하지만 사전적으로 쉽게 가늠하기가 어렵다는 단점이 있습니다. 그럼에도 불구하고 또 한 가지 측면에서 피셔방정식은 주식투자자에게 중요한 의미가 있습니다. 바로 실질금리가 '자본의 한계효율'의 다른 이름이라는 점입니다. 공식은 '금리≒자본의 한계효율≒실질경제성장률'입니다.

금리가 자본의 한계효율이라는 점을 이해하는 것은 주식투자자에게 중요합니다. 즉 자본의 값으로서의 금리라는 것이 결국은 자본이 자본을 재생산할 수 있는 능력치라는 것이기 때문입니다. 그렇기 때문에 금리가 실질경제성장률에 맞닿게 되는 것입니다. 그래서 경제성장률이 높을수록 자본의 한계효율, 즉 기업의 수익성도 높습니다.

일반적으로 선진국의 금리가 낮고 개발도상국의 금리가 높은 이유가 바로 여기에 있습니다. 그래서 금리가 낮다는 것을 다른 측면에서 보면 그만큼 돈을 벌기 어렵다는 것과 같은 의미입니다.

금리를 '자본의 신호등'이라고 표현하는 이유 또한 여기에 있습니다. 예를 들어 대출이자율이 3%라면 2%의 확실한 투자대안을 가진 투자자는 투자를 하기가 어렵겠지만, 4%의 투자수익률을 기대하는 투자자는 투자가 가능해질 것입니다. 즉 시장금리 이상의 수익률을 기대할 수 없는 투자안은 실행하기 힘들어지는 것입니다.

자본의 한계효율

자본을 1단위 증가하려고 할 때, 그 자본이 산출하게 되리라고 예상되는 수익률로, 자본의 한계효율이 이자율을 상회할 때 투자하므로 금리를 '자본의 신호등'이라고도 표현함

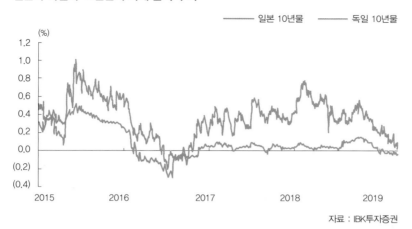

일본과 독일의 10년만기 국채 금리 추이

일본 10년물　　독일 10년물

일본과 독일의 10년만기 국채의 수익률을 보여주고 있습니다. 2010년 후반에 들어와서는 금리가 제로 수준 근처에서 움직이고 있습니다.

이처럼 금리는 자금의 흐름을 결정하는 결정적인 요인입니다. 자본은 금리가 낮은 곳에서 높은 곳으로 흐릅니다. 이는 마치 자연에서 물이 높은 곳에서 낮은 곳으로 흐르는 것처럼 자본의 기본적인 이치에 해당합니다. 주식투자자라면 금리가 높은 경제상황에서 일반적으로 투자가 수월하다고 할 수 있습니다. 그만큼 '기업들의 수익성이 좋다'라는 의미를 가지기 때문입니다.

선진국의 금리 추이를 보면 금리가 낮아지다 못해 마이너스 금리로 떨어지는 경우도 있습니다. 금리가 낮은 만큼 경기가 좋은 상황이 아니라는 의미가 됩니다.

한국에 앞서 저성장 및 물가하락을 경험하고 있는 일본의 금리 추이는 우리에게 시사하는 바가 큽니다. 장기적인 성장동력을 지속적으로 개발하지 못하면 일본의 '잃어버린 몇 년'과 같은 저성장, 저금리, 저물가의 악순환에 빠져들게 될 확률이 높습니다.

마이너스 금리

은행들이 초과 준비금을 보유하는 데 비용을 들여서 민간 부문에 더 쉽게 대출할 수 있도록 하기 위해 중앙은행이 실시하는 통화정책으로, 개인에게 적용되는 것은 아님

미국의 고령화와 저물가 추이

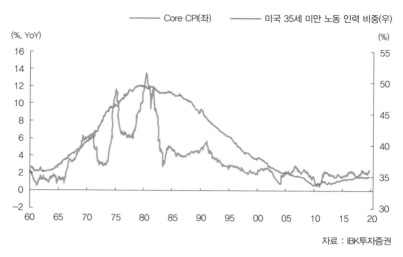

미국의 물가와 인구구조의 관계에 대해 보여주고 있습니다. 35세 미만의 노동인력 비중이 줄어 고령화가 심화되면서 저물가 상황이 고착되는 모습을 확인할 수 있습니다.

한 가지 더 걱정스러운 점은 저물가, 저금리의 또 하나의 연결고리가 고령화라는 것입니다. 그러므로 미국의 고령화와 저물가 추이는 참고할 필요가 있습니다. 고령화가 가속화될수록 투자대안이 줄고, 물가와 금리는 낮아질 가능성이 높습니다. 그만큼 주식투자자의 결정도 보수적이고 조심스러워집니다.

저물가

낮은 수준의 물가를 말하는 것으로, 성장이 낮아지면 저물가를 보이는 경우가 많음

05
환율과 주가

환율이란 외국통화와 자국통화의 교환비율을 말합니다. 환율이 양국 통화의 교환비율이니 한 나라만의 문제가 아니라 상대국과의 복잡한 관계의 결과물입니다. 그래서 세계의 무역전쟁을 '환율전쟁'이라고 부르기도 합니다. 그만큼 환율은 경제와 투자에 있어 중요한 요소인 것입니다. 특히 수출이 중요한 우리나라에서 환율은 더욱 중요합니다.

환율의 정의와 환율제도

환율은 쉽게 말해 '외국 돈과 우리 돈을 바꿀 때 적용되는 교환비율'이라고 정의할 수 있습니다. 대부분의 나라가 환율을 외국통화표시방법으로 표시하는데, 직관적으로 쉽게 이해할 수 있는 방법은 환율을 1달러의 가격이라고 이해하는 것입니다. 즉 환율을 하나의 상품 가격처럼 인식하는 것입니다.

그래서 환율이 오른다는 것은 1달러의 가격이 오르는 것입니다(그만큼 달러가 귀해진 것입니다). 반대로 환율이 낮아진다는 것은 1달러의 가격이 떨어져서 상대적으로 원화의 가격이 올랐다는(원화의 평가절상) 의미입니다.

교환비율

예를 들어 달러환율이 1,200원이라면 외국통화 1달러에 대해 원화 1,200원이 교환된다는 것임

한국 경제성장률과 환율 추이

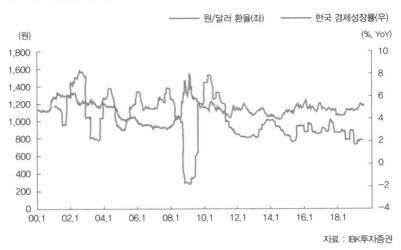

━━ 원/달러 환율(좌)　　　━━ 한국 경제성장률(우)

자료 : IBK투자증권

환율과 경제성장률의 관계를 보여주는 차트입니다. 2008년 글로벌 금융위기 상황에서 한국의 경제성장률이 급격히 떨어지자 반대로 환율은 급등하는 모습을 볼 수 있습니다.

우리나라는 1997년 12월 원화의 대미달러환율의 일중 변동폭 제한을 폐지해 환율이 외환시장에서 자유롭게 결정되는 자유변동환율제도를 채택하고 있습니다. 아울러 달러 이외의 통화에 대한 원화환율은 원화의 대미달러환율을 국제금융시장에서 형성되는 기타 통화의 대미달러환율로 재정해 산출합니다.

자유변동환율제도

외환의 수요와 공급에 따라서 환율이 자유로이 변동하는 제도

환율의 결정요인

자유변동환율제도 하에서 일차적으로 환율은 외환의 수요와 공급에 의해 결정됩니다. 외환시장에서 외환의 수요가 공급을 초과하면 외환의 가격은 올라 원화는 약세(절하)되며, 반대로 외환의 공급이 수요를

초과하면 외환의 가격은 떨어지고 원화는 강세(절상)가 됩니다.

이런 외환의 수급요인 이외에도 성장·물가 등 경제의 기초변수, 금리·주식시장과 같은 금융변수, 중앙은행의 외환시장 개입 등 다양한 요인이 환율에 영향을 끼칩니다. 장기적으로 경제성장률이 높고 물가가 안정되어 있다면 해당 국가의 통화 가치는 상승합니다.

금리와 환율의 관계를 1차적으로만 파악해보면, 예를 들어 한국의 금리가 상대적으로 올라간다면 외국인 투자자의 자금이 유입되고 원화가치가 상승하게 됩니다. 중앙은행이 개입하기도 하는데 중앙은행이 금융시장에서 달러를 매입하게 되면 달러가격, 즉 환율이 오르게 됩니다.

환율과 수출입

환율 예측이 가장 어렵다고 하는 이유는 앞에서 말한 경제적 요인 외에도 전쟁이나 천재지변, 정치적 불안정 등 비경제적인 요인에 의해서도 환율이 변동한다는 점 때문입니다. 한국의 환율 역시 북한과의 정치적 이슈에 따라 요동을 치는 경우를 흔히 볼 수 있습니다.

수많은 요인들이 환율에 영향을 주듯이 환율 역시 경제에 영향을 미칩니다. 대표적으로 환율변동은 수출과 수입에 영향을 주게 됩니다. 환율이 떨어져 원화가치가 상승하면, 달러 표시 수출가격이 올라 경쟁국 제품에 비해 가격이 비싸지므로 수출이 줄어들게 됩니다. 수출이 감소하면 경제성장이 둔화되고 그에 따라 실업이 증가하게 됩니다. 반대로 수입가격은 환율 하락분만큼 낮아져 수입이 증가하게 됩니다.

따라서 정부는 환율이 상승해 수출이 증대되는 방향으로 환율이 결정되기를 선호합니다. 환율이 높으면 특히 한국처럼 수출이 중요한 국가에서는 수출기업의 주가에 긍정적인 영향을 미치게 됩니다.

다만 모든 경제정책에 플러스 혹은 마이너스 영향만을 미칠 수 없는 것처럼 고환율정책은 수입물가가 오르는 효과가 있으므로 국내물가가 상승하는 부작용이 생깁니다. 수출 진흥을 위해 일반 국민들은 수입할 수밖에 없는 커피를 좀더 비싸게 마시는 셈인 것입니다.

고환율정책

한국은 전통적으로 수출우대정책을 펼쳐왔기 때문에 환율이 높은 수준이 되는 것을 선호함

> **환율변동의 효과**
>
> • 환율하락 → 수출감소 / 수입증가 → 주가하락 경향
> • 환율상승 → 수출증가 / 수입감소 → 주가상승 경향

무역전쟁은 왜 환율전쟁인가?

무역전쟁이 왜 환율전쟁인지를 보여주는 상징적이고도 극적인 사례가 바로 일본입니다. 1985년 플라자합의로 인해 엔화가 급등하자, 그 급등한 만큼 일본 주가지수는 급락했습니다. 그만큼 환율 변화가 경제에 미치는 영향이 컸다는 의미입니다.

앞서도 이야기했지만 한 나라의 경제가 지속적으로 성장하고 물가가 안정적이라면 해당 통화는 강세를 보이는 것은 당연하지만, 플라자합의는 당시 충격적이고도 급박하게 엔화를 급등시켰습니다. 주가에는 치명적인 위험인 셈입니다.

따라서 원화가 지나치게 강세로 움직이는데 그 변동이 빠를 때에는

엔/달러 환율과 일본주가 추이

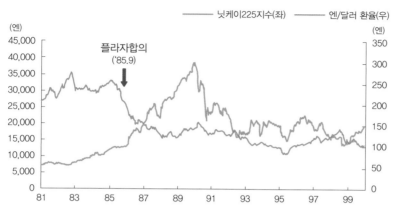

닛케이225지수(좌) ── 엔/달러 환율(우)

자료 : IBK투자증권

일본은 플라자합의로 환율하락(엔화절상)이 급격히 이루어졌습니다. 엔화의 갑작스런 가치급등으로 수출이 위축되면서 일본정부는 저금리 등 경기부양에 나섰습니다. 자산가격의 버블이 형성되어 수년간 급등하던 일본주가가 장기적으로 하락하는 모습을 확인할 수 있습니다.

글로벌금융위기와 원/달러 환율 추이

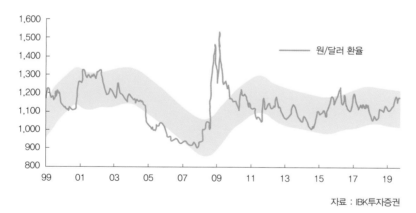

── 원/달러 환율

자료 : IBK투자증권

글로벌 금융위기의 상황에서 환율이 급등하는 모습을 확인할 수 있습니다. 달러는 기축통화이자 대표적인 안전자산입니다. 위기의 상황이 되면 안전자산 선호 심리가 강해집니다. 따라서 한국에서 달러가치(환율)는 상승하게 됩니다.

플라자합의

1985년 미국, 프랑스, 독일, 일본, 영국의 재무장관이 뉴욕 플라자 호텔에서 외환시장 개입에 의한 달러화 강세 시정에 합의한 것을 말함. 이 합의로 엔화와 마르크화를 대폭 절상함

주식투자자에 있어 보수적으로 판단해야 합니다. 특히 해당기업의 매출이 수출에서 주로 발생한다면 더욱 각별한 주의를 요합니다.

한 가지 주의할 점이 있습니다. 정상적인 경제상황이라면 환율이 시장상황에 상승과 하락을 반복하면서 일정 범위 내에서 움직이지만 극한 경제상황, 예를 들어 IMF 외환위기나 글로벌 금융위기와 같은 상황이라면 안전자산의 선호도가 급등하면서 달러가격이 급등하는 경우가 발생한다는 것입니다.

즉 앞 페이지 아래의 그림과 같이 극심한 경제위기에는 평소의 환율 변동범위를 훌쩍 넘어서는 상승 움직임을 보여줍니다. 물론 그 위기가 극복되면서 환율은 다시 제자리로 돌아가지만, 투자자는 정말 주의할 필요가 있습니다. 꼭 기억해야 할 점은 극심한 경제위기 상황에서는 원/달러 환율이 폭등한다는 것입니다.

글로벌 금융위기

2007년 서브프라임 모기지 사태에 이은 2008년 은행의 파산으로 발생한 대경제위기

06
원자재와 주가

투자자산 카테고리 중에서 전통적인 투자자산은 주식과 채권입니다. 여기에 부동산 등 실물자산까지 포함해 3대 투자자산군을 형성합니다. 3대 자산군을 분산해 투자하는 것이 합리적이라는 것은 포트폴리오 이론으로 검증되었습니다. 실물자산도 이제는 금융상품으로 투자하기가 쉬워지고 있는데 그 중에서 부동산이 아닌 원자재를 살펴보겠습니다.

원유

원자재는 원유와 금, 구리 같은 산업재부터 밀과 같은 식량 등에 이르기까지 다양합니다. 원자재가 제품 원가에 중요한 영향을 미치기 때문에 소비자 입장에서는 원자재 가격의 상승은 곧 물가의 상승으로 연결되기 마련입니다.

원유를 정제 가공하는 정유회사는 어떨까요? 일반적으로 유가와 정유회사의 주가는 상당히 연관성이 높습니다.

원자재 가격의 상승은 해당 기업의 매출감소로 이어질 수도 있지만 매출단가 상승을 통한 마진 증가 등 다양한 측면에서 분석할 필요가 있습니다. 또한 수요증가로 인한 원자재 가격의 상승은 해당 기업에서

원자재

주식시장에서 원자재란 Commodity, 즉 상품을 말함. 일반적으로 원유, 금, 구리 등이 중요한 원자재이며 넓게는 희소금속, 설탕, 쌀, 밀, 돼지고기, 오렌지주스, 옥수수 등도 포함함

유가와 한국정유회사의 주가 추이

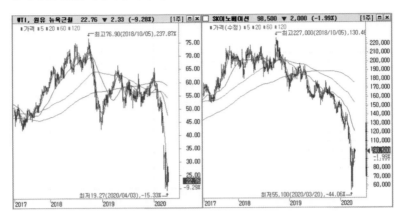

자료 : 삼성증권 HTS 화면 재구성

유가와 한국정유회사의 주가의 상관관계를 보여주고 있습니다. 유가와 한국정유회사의 주가는 유사한 흐름을 보여줍니다.

는 호재라고 할 수 있습니다.

　수출 위주로 성장하면서 원유 사용은 많으나 원유를 수입에 의존해야 하므로 한국 경제는 유가에 민감합니다. 특히 1970년대와 1980년대를 거치면서 두 차례의 오일쇼크가 한국 경제에 얼마나 치명적인 위협이 되었는지 경험했습니다.

　그러나 이제 원유시장은 새로운 기준(New Normal)을 모색하고 있습니다. 일단 유가가 예전 같지 않게 낮습니다. 필자가 학교를 다니던 시대에는 석유 매장량이 얼마 남지 않아 유가 폭등이 올 수 있다는 이야기를 수시로 들었던 기억이 있는데, 어찌된 일인지 석유공급 과잉시대가 상당 기간 유지되고 있습니다.

　유가가 장기적으로 안정적인 가장 큰 이유는 미국의 원유생산 증가에 있습니다. 미국의 생산량 증가는 기존의 석유생산국의 단결을 약화

**새로운 기준
(New Normal)**

뉴노멀은 시대변화에 따라 새롭게 부상하는 표준으로, 글로벌 금융위기 이후의 저성장 등을 주요 특징으로 함

주요국 원유생산량 추이

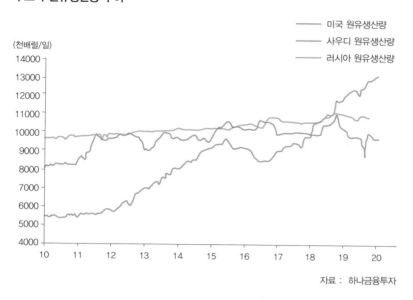

```
(천배럴/일)        ─── 미국 원유생산량
14000              ─── 사우디 원유생산량
13000              ─── 러시아 원유생산량
12000
11000
10000
 9000
 8000
 7000
 6000
 5000
 4000
     10  11  12  13  14  15  16  17  18  19  20
```

자료 : 하나금융투자

사우디나 러시아의 원유 생산량에 비해 미국의 원유 생산량이 대폭 증가하고 있음을 매우 잘 보여주는 차트입니다.

시키는 측면도 있어 공급측의 교섭력이 과거에 비해 약해진 것도 영향이 큽니다. 다만 러시아나 미국 셰일기업들의 생산원가가 대략 40달러 중반대라고 보면, 장기적으로는 유가가 40달러 중반대로 돌아갈 가능성이 높다고 볼 수 있습니다.

결론적으로 저유가가 축복이라고만 할 수는 없으며 고유가가 무조건 재앙이 되는 것은 아닙니다. 가격이 안정적이며 변동성이 적은 것, 바로 그것이 수출을 위주로 성장하는 한국 기업에는 가장 좋은 상황입니다.

셰일기업

오랜 세월동안 모래와 진흙이 쌓여 단단하게 굳은 퇴적암(셰일)층에 매장되어 있는 가스 등을 추출하는 기업으로, 개발자금 상당부분을 대출로 조달해 유가가 폭락하면 위기의 가능성에 노출되는 측면이 있음

금

안전자산

위험이 없는 자산으로서 무위험자산을 말하는데 실물자산에서는 금이 대표적인 자산이고, 화폐는 달러가 대표적인 안전자산임

금은 참 재미있는 원자재입니다. 금은 귀금속이면서 매우 중요한 산업재이기도 합니다. 금은 오랫동안 화폐를 대신해서 사용되었고, 지금도 달러와 함께 역사적으로 증명된 안전자산이기도 합니다. 금은 스스로 이자를 불려내지는 못하지만 대신 안전자산으로 꾸준한 가격 상승을 보여주고 있습니다.

위의 차트에서 첫 번째 원은 글로벌 금융위기에 금값의 움직임을 보여줍니다. 잠깐 하락하다가 오히려 더 상승하는 것을 볼 수 있습니다. 워낙 장기적으로 상승했기에 수년간 횡보하다가 코로나19 같은 글로벌 경제위기가 닥치자 다시 상승하는 모습을 보여줍니다.

사실 금값을 예측해 투자하기는 매우 어렵습니다. 투자의 키포인트는 포트폴리오 대안으로서 금은 위력적이라는 것입니다. 전통적인 투자 대

금 가격 장기 추이

자료 : 삼성증권 HTS화면

금값의 장기 움직임을 보여주는 차트입니다. 글로벌 금융위기에도 금값은 오히려 오르고 있습니다. 안전자산 선호현상의 하나입니다.

안인 주식이나 채권과는 가격흐름이 다르기 때문에 금은 투자대상으로서 매력적입니다.

물론 금을 실물자산으로 투자하는 것은 어렵지만 이제는 ETF와 같은 금융상품이 많이 있기 때문에 굳이 예전처럼 어렵게 실물에 투자할 필요가 없습니다. 주식처럼 금값에 연동하는 ETF에 투자하면 간편합니다.

특히 자산이 많은 사람은 투자 주머니에 금이라는 자산도 꼭 편입할 필요가 있습니다. 필자도 자산이 많은 고객을 만날 때는 달러 자산과 금을 포함한 투자안을 제안합니다. 미래의 자산가인 초보 주식투자자도 미리 미리 금에 투자하는 습관을 가져보길 권합니다.

ETF(Exchange Traded Fund)

인덱스펀드를 거래소에 상장시켜 투자자들이 주식처럼 편리하게 거래할 수 있도록 만든 금융상품

커피

카페가 커피만을 파는 곳이라고 생각하면 안 됩니다. 이제 카페는 커피를 마시는 공간이자 공부하는 공간, 만남을 제공하는 대표적인 공간이 되었습니다.

다음 페이지의 차트를 보면 커피 원두의 국제시세는 몇 번의 상승 시점이 있었지만 지속적으로 하락했습니다. 필자가 재테크 강좌를 할 기회가 있을 때마다 꼭 보여주는 차트입니다.

이처럼 원두 가격은 하락했는데 카페의 커피 가격은 지속적으로 오르는 것을 생각해보면 청중들의 입장에서 실질적으로 느껴지기에 반응이 큽니다. 이렇게 해야 경제에 대한 시각을 키울 수 있습니다.

커피 가격 장기 추이

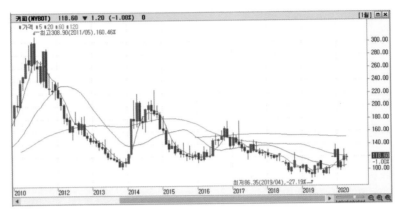

커피원두의 가격이 장기적으로 하향 안정화 추세임을 보여주는 차트입니다.

원가

제품의 원가 3요소는 재료비, 노무비, 경비로 구성됨. 커피 가격에서 순수 재료인 원두가 차지하는 비중이 크지 않은 편임

　필자가 아는 지인들도 은퇴 후 카페를 창업할 계획을 가진 이들이 있는데, 왜 카페를 개업하고 수년 내에 절반 이상이 포기하는지 알아야 합니다. 원두 가격은 커피 원가의 10%가 안 될 것으로 봅니다. 임대료와 인건비가 중요합니다. 그리고 더 중요한 사실은 경쟁자가 너무 많다는 것입니다.

　카페 창업보다는 커피 회사의 주식을 사는 것이 더 간편하고, 돈을 버는 길일 수 있습니다. 이 점이 바로 주식에 투자하는 매우 중요한 아이디어입니다. 1등 주식을 사면 힘들게 고생할 필요 없이 1등 회사의 주인이 되는 셈입니다.

성장산업에 투자

경기를 분석할 때 빠지기 쉬운 실수는 현재 시점의 경기상황에 집착하는 것입니다. 저성장경제라 어차피 경기는 안 좋기 마련입니다. 이처럼 경기가 어렵지만 그 안에서도 성장하는 업종은 있고, 돈을 벌어가는 기업도 있습니다. 즉 성장하는 산업을 잘 발굴하고 그 안에서도 경쟁력이 높은 기업을 선별하면 투자수익은 당연히 따라옵니다.

4차산업혁명 시대

최근의 성장산업은 역시 4차산업혁명과 관련된 업종들에서 쉽게 찾을 수 있습니다. 4차산업혁명은 인공지능(AI), 사물인터넷(IoT), 로봇기술, 드론, 자율주행차, 가상현실(VR) 등이 주도하는 차세대 산업혁명을 일컫는 용어입니다.

2016년 스위스에서 개최된 다보스포럼에서 클라우스 슈밥이 이 용어를 처음으로 사용하면서 세상에 널리 알려지게 되었습니다. 당시 다보스포럼에서 슈밥은 "4차산업혁명이 전 세계 질서를 새롭게 만드는 동인이 될 것"이라고 밝혔었습니다. 이러한 슈밥의 예측은 곧 현실이 되었습니다.

4차산업혁명

정보통신기술(ICT)의 융합으로 이루어지는 차세대 산업혁명으로 '초연결' '초지능' '초융합'을 주요 특징으로 함

인공지능(Artificial Intelligence)

인간의 학습능력과 추론능력, 지각능력, 이해능력 등을 컴퓨터 프로그램으로 실현한 기술

성장산업에 투자하게 되면 실패 확률이 매우 줄어들게 됩니다. 4차 산업혁명이 맞는지 반론도 있지만, 중요한 것은 새로운 산업혁명이라 칭할 수 있을 만큼 변화가 크다는 것입니다. 산업이 바뀌면 투자환경도, 투자대상 기업도 바뀌게 됩니다.

플랫폼 시대

4차산업혁명 시대에는 플랫폼 비즈니스에 대한 관심이 더욱 높아지고 있습니다. 인터넷을 통한 제한 없는 연결로 하나의 국가가 아닌 세계 경제를 주도하고 있는 '아마존'과 '구글' 등은 이제 단지 하나의 플랫폼이 아닌 멀티 플랫폼 기업으로 발전하고 있습니다. 또한 이미 익숙한 '우버'와 '에어비앤비'의 성공이 더해지며 공유경제 플랫폼이 더 이상 낯설지 않습니다.

플랫폼의 개념은 기본적으로 수요와 공급의 연결입니다. 차량 한 대 없이, 호텔을 전혀 가지고 있지 않아도 우버나 에어비앤비는 수요와 공급을 훌륭하게 연결하고 있습니다. 물론 전통시장도 플랫폼의 속성을 지니고 있지만, 디지털 기술이 발달한 지금의 플랫폼은 좀더 가치를 창출할 수 있어야 합니다.

지금의 플랫폼 정의는 플랫폼이 수요(소비자)와 공급(생산자)을 단순히 연결해주는 데 그치지 않고, 디지털 기술을 이용해 사람과 조직, 자원을 유기적으로 연결해 가치를 창출하고 그 가치를 교환할 수 있어야 합니다.

플랫폼

기차역의 승강장 또는 무대를 의미했으나, 특정 장치나 시스템 등에서 이를 구성하는 기초가 되는 틀 또는 골격을 지칭하는 용어로 의미가 확대됨

유튜브와 웹툰

일반인들이 가장 쉽게 이해할 수 있는 사례가 바로 '유튜브'입니다. 유튜브의 '먹방'을 보면서 저는 깜짝 놀랄 수밖에 없었습니다. 출연자의 어마어마한 식사량도 놀라웠지만 그것보다 더 놀라운 것은 어마어마한 숫자의 시청자였습니다. 이제는 뉴스나 정보를 동영상으로 소비하는 시대인 것입니다.

시각적이고 빠르게 마치 과자를 먹듯 가볍게 동영상 이미지를 소비하는 시대가 되었습니다. 신문을 보던 시대의 사람이 이러한 현상을 잘 이해할 수 있는가 없는가는 중요하지 않습니다. 광고시장을 싹쓸이하는 유튜브의 성장이 중요한 것입니다.

이런 사회적 변화를 단순한 호기심의 차원이 아니라 투자의 관점에서 바라보는 훈련을 해야 합니다. 바로 이것이 주식투자자의 올바른 자세입니다.

먹방
'음식을 먹는 방송'이라는 뜻으로, 해외에서도 영어 표기로 'Mukbang'이라고 쓰는 경우도 많음

웹툰의 성장

자료 : 미래에셋대우증권

웹툰시장의 성장세가 뚜렷한 것을 너무나도 잘 보여주는 그래프입니다.

동영상이 대세인 시대가 지나면 다음 타자는 무엇일까요? 드라마로도 제작되는 등 최근 큰 인기를 끌고 있는 '웹툰'이 그 다음이지 않을까 합니다. 만화를 디지털 공간으로 불러내어 쉽고 빠르게 접근할 수 있는 플랫폼이 바로 네이버의 웹툰입니다. 웹툰은 세계에서도 한국의 네이버가 주도하고 있습니다.

주식투자자는 네이버의 웹툰을 보면서도 이 웹툰이 유튜브의 길을 따라 강력하고 새로운 콘텐츠 소비 플랫폼으로 갈 수 있을지 진지하게 고민할 것입니다. 해당 회사의 주식을 살 가치가 있을지도 역시 고민할 것입니다.

성장하는 헬스케어산업

헬스케어

전반적인 건강관리 시스템을 뜻하는데, 넓은 의미로는 질병의 치료 및 예방, 건강관리 과정을 모두 포함함

고령화가 진행되면서 헬스케어산업이 성장하리라는 데 의문을 가지는 사람은 거의 없을 것입니다. 굳이 어렵지 않게 한국 유가증권시장의 제약회사들의 주가를 묶어서 보면 기본적으로 우상향하는 추세를 확인할 수 있습니다.

물론 헬스케어 업종도 너무나 넓습니다. 제약업도 단순 제조와 신약개발이 있으며, 신약도 전통적 개발 신약과 바이오 신약이 다릅니다. 진단, 의료장비, 헬스케어 서비스 등 그 영역이 무한히 넓으나 여기서는 간단하고 쉽게 업의 현황만 파악해보겠습니다.

한국 유가증권 시장 중 의약업 업종지수 추이와, 한국 유가증권 시장에서 전통적인 업종 중 하나인 건설업 업종지수 추이를 살펴봅시다.

한국 의약업 업종지수 장기 추이

제약업은 성장산업이 분명하나 개별기업 간의 차이는 매우 크기 때문에 철저한 분석이 필요합니다. 특히 신약을 개발하는 기업은 그 성공여부에 따라 변동성이 매우 크다는 점을 염두에 두셔야 합니다.

한국 건설업 업종지수 장기추이

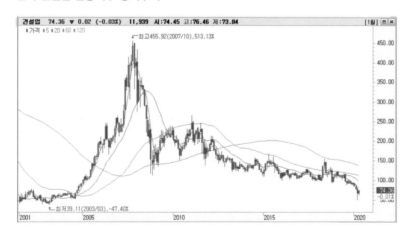

건설업은 성장성은 낮지만 건설업이 없어질 수는 없습니다. 때문에 단순 아파트 건설에 치중하는 기업이 아닌 특화된 기술을 가진 기업이나 해외건설에 강점을 가진 기업인지 분석이 필요합니다.

제약업종

제약산업 의약품을 개발·생산·판매하는 업으로, 신약개발은 전통적인 고위험 고수익 산업에 속함 어렵지 않게 이 두 차트의 차이를 볼 수 있습니다. 건설회사에 투자해서 돈을 벌 수도 있겠지만 확률적으로 성장하는 업에서 종목을 골랐을 때 성공확률이 높을 것입니다. 초보투자자일수록 어렵고 복잡한 투자보다는 성장하는 업에서 함께 성장해가는 것이 마음도 편하고 계좌에 돈도 불어날 수 있을 것입니다.

업 내부에서 종목을 발굴하는 것은 기본적·기술적 분석을 열심히 공부해서 남들의 이야기만 듣지 말고 조금씩이라도 스스로 해결해야 합니다. 이 책을 열심히 보고 있다면 이미 여러분은 제대로 된 투자의 길을 시작한 셈입니다.

업

유망한 산업이라고 해서 해당 산업 내 모든 기업이 성공하는 것은 아니니, 해당 산업에서도 높은 기술력 혹은 탄탄한 재무구조를 가지고 있는지 철저한 분석이 필요함

04

기본적 분석으로
좋은 주식 고르기

기업의 경영성과를 객관적인 숫자로 보여주는 것이 재무제표입니다.

기업에 대한 기본적인 분석이 바로 재무제표 분석입니다.

공부한 만큼 기업이 보이게 되고 좋은 기업을 찾을 수 있습니다.

01
재무제표 개요

전반적인 경기를 분석하면 주가에 영향을 줄 대세적인 흐름을 파악할 수 있습니다. 그리고 산업분석을 통해 유망산업을 찾을 수 있는데, 투자가 유망한 산업 중에서도 어떤 기업이 적절할지 판단해야 합니다. 기업분석의 기본은 바로 재무제표 분석입니다. 자세한 회계이론을 알기에 앞서, 일단은 재무제표에 표시되는 숫자들의 의미가 무엇인지 알아야 합니다.

재무제표의 개념

기업의 현황을 분석하고 비교하며 경영계획을 수립하고 실행하려면 일정한 형식의 보고서가 필요합니다. 이를 위해 기업회계기준이 정한 일정한 틀을 갖춘 보고서가 재무제표입니다. 재무제표를 일정 기간마다 작성해 기업의 관련인이 경영 및 투자에 참고하도록 공시합니다.

재무제표 중 가장 중요한 것은 '재무상태표' '손익계산서' '이익잉여금처분계산서' '현금흐름표'입니다. 이 중에서 재무상태표와 손익계산서는 주식을 투자하는 사람이라면 반드시 기본적인 분석을 할 수 있도록 공부해야 합니다. 재무상태표의 대략적인 구성에 대해 살펴보도록 합시다.

기업회계기준

기업이 회계처리 및 재무제표 작성시 준수해야 할 통일된 기준

재무상태표(B/S)의 의의

재무상태표(statement of financial position, B/S)는 기업의 일정시점에서의 재무상태(자산, 부채, 자본의 상태)를 나타내는 정태적 보고서로, 재무제표 중에서도 핵심입니다. 아울러 기업의 경제적 자원, 재무구조, 유동성과 재무건정성 및 기업환경에 적용할 수 있는 능력 등 재무상태를 파악하는 데 유용한 정보를 제공하는 기능을 하고 있습니다.

재무제표는 회계기간을 1년 단위로 보고 그 기간 말에 작성하기 때문에, 재무상태표는 당해 회계연도말 시점에서의 기업 재무상태를 나타냅니다. 재무상태표는 자산, 부채, 자본의 3가지 항목으로 구성되어 있으며, 자산은 왼쪽(차변)에 기록하고 부채와 자본은 오른쪽(대변)에 기록합니다. 즉 기업은 타인자본과 자기자본을 합해 자본을 조달하고, 그 조달한 자본으로 기업을 운영한 결과가 여러 자산으로 나타납니다.

재무상태표의 오른쪽에서는 어떻게 자본을 조달했는지, 그리하여 왼쪽에는 어떤 경영의 결과물이 도출되었는지를 보여줍니다. 예를 들어 채권을 발행하거나 증자를 해서 자본을 조달하고 그 경영성과가 좋았다면 현금과 같은 자산이 증가하게 됩니다. 따라서 자산의 합은 부채와 자본의 합과 일치해야 합니다. 부채를 다른 말로 타인자본이라고 하고, 자본을 다른 말로 자기자본이라고 하는데, 이 둘을 합해 총자본이라고 합니다.

이러한 재무상태표를 통해서 기업의 재무상태가 건전한지, 유동성이 좋은지, 그리하여 투자의 효율성이 있을지 파악할 수 있습니다. 여기서 '유동성'이란 단기적인 채무이행능력을 평가하며, '재무적 탄력성'이란 기업 실체의 장기적인 채무이행능력을 평가하는 의미입니다.

자본

자본이란 뜻은 다양하나 여기서는 재화와 용역의 생산에 사용되는 밑천이라는 의미임

재무상태표 등식: 자산 = 부채 + 자본
• 적극적 재산(자산) − 소극적 재산(부채) = 순재산(자본)
• 자산 = 채권자지분(부채) + 소유주지분, 주주지분(자본)
• 총재산(자산) = 타인자본(부채) + 자기자본(자본)

재무상태표의 오른쪽은 사업을 위한 자금조달을 보여줍니다. 주인의 몫은 자본으로, 타인의 몫은 부채로 구분합니다. 재무상태표 왼쪽편은 그 조달한 재원을 가지고 펼친 비즈니스의 결과를 보여줍니다. 그 결과가 다양한 자산으로 나타나게 됩니다. 현금을 많이 벌어들였다면 현금자산이 많이 늘어나게 되고, 공장을 확충했다면 부동산 자산이 늘게 될 것입니다.

자산

경제적 가치가 있는 유형·무형의 재산

재무상태표의 계정

재무상태표의 계정은 자산, 부채, 자본으로 구분됩니다. 자산은 재화와 채권으로, 부채는 채무로, 자본은 순자산으로 이해하면 됩니다.

1) 자산 : 재화와 채권

미래의 경제적 효익이 가능한 것으로 수익을 창출할 능력(용역잠재력)을 가진 것을 자산이라 합니다. 유동성 순서에 따른 표시방법이 신뢰성 있고 더욱 목적에 적합한 정보를 제공하는 경우를 제외하고는 유동자산과 비유동자산, 유동부채와 비유동부채로 재무상태표를 구분해 표시합니다.

자산의 분류

항목	구분	계정과목 분류
유동자산	당좌자산	현금 및 현금성자산, 단기금융상품, 단기매매금융자산, 매출채권, 선급금, 단기대여금, 미수금, 미수수익, 선급비용 등
	재고자산	상품, 제품, 반제품, 재공품, 원재료, 저장품
비유동자산	투자자산	장기금융상품, 매도가능금융자산, 만기보유금융자산, 투자부동산
	유형자산	토지, 설비자산(건물, 구축물, 기계장치 등), 선박, 차량운반구, 건설중인 자산, 비품
	무형자산	산업재산권, 라이선스와 프랜차이즈, 저작권, 영업권, 컴퓨터소프트웨어, 개발비, 임차권리금, 광업권, 어업권
	기타 비유동자산	이연법인세자산, 보증금, 임차보증금, 장기성매출채권

2) 부채 : 채무

부채는 과거의 거래나 사건의 결과로서 특정의 실체가 다른 실체에게 미래에 자산의 이전이나 용역을 제공해야 하는 현재의 의무입니다. 부채는 상환일이 보고기간종료일로부터 1년을 기준으로 유동부채와 비유동부채로 나뉩니다. 유동부채는 1년 이내 현금으로 전환되거나 소비될 것으로 예상하는 부채이고, 비유동부채는 1년 이후에 회수될 것으로 예상되는 부채입니다.

부채의 분류

유동부채	매입채무(외상매입금, 지급어음), 단기차입금, 미지급금, 선수금, 예수금, 가수금, 선수수익, 미지급비용, 미지급법인세, 미지급배당금, 유동성장기부채 등
비유동부채	사채(순액), 전환사채(순액), 장기차입금, 경품충당부채, 판매보증충당부채, 이연법인세부채, 임대보증금 등

무형자산

물적 실체가 없는 고정자산으로, 이 자산을 소유함으로써 미래의 경제적 효용을 얻을 수 있는 것으로 영업권이나 특허가 대표적인 무형자산

3) 자본 : 순자산

기업의 자산총액에서 부채총액을 차감한 잔액을 자본(순자산=자산-부채)이라 합니다. 또는 잔여지분이라고도 하며 소유주지분 또는 주주지분이라고도 합니다.

자본의 등식

• 자본(순자산) = 자산(총자산) − 부채(채권자지분)

자산의 분류

주식발행초과금

주식의 발행가액이 액면가액을 초과할 경우의 초과액으로 자본잉여금에 속함

자본조정

자본금 및 잉여금으로 구분되지 않은 자기주식 및 투자유가증권평가손익 등의 항목들을 임시로 모아놓은 계정

분류				계정과목 분류	
납입자본	자본금			보통주자본금, 우선주자본금	
	자본잉여금			주식발행초과금, 감자차익, 자기주식처분이익	
이익잉여금	이익잉여금	법정적립금		이익준비금	
				기타법정적립금(재무구조개선적립금)	
		임의적립금	적극적 적립금	신축적립금, 감채적립금, 사업확정적립금	
			소극적 적립금	배당평균적립금, 결손보전적립금, 별도적립금 등	
		미처분 이익잉여금		전기이월미처분이익잉여금+당기순이익	
기타자본 요소	자본조정	차감항목		주식할인발행차금, 감자차손, 자기주식, 자기주식처분손실, 배당건설이자	
		가산항목		미교부주식배당금, 주식선택권, 신주청약증거금, 출자전환채무	
	기타포괄 손익누계액			매도가능금융자산평가손익, 해외사업환산손익, 재평가잉여금, 현금흐름위험회피 파생상품평가손익	

재무제표의 연관관계를 정리하면 다음과 같습니다.

유동자산	1. 유동부채					
	2. 비유동부채					
비유동자산	납입자본	자본금	자본거래	자본변동표		
		자본잉여금				
	기타자본	자본조정				
		기타포괄손익누계액	손익거래		포괄손익계산서	
	이익잉여금	당기순이익				손익계산서

자본금

기업의 소유자가 사업의 밑천으로 기업에 제공한 금액이 본뜻이나, 회계적인 의미로는 발행주식의 액면총액을 말함

왼쪽인 차변의 자산을 나누는 기준은 여러 가지이지만 일반적으로 유동성을 기준으로 유동성이 좋은 것에서 그렇지 않은 순서로 기록합니다. 오른쪽인 대변에는 부채와 자본을 기록합니다. 부채도 유동성에 따른 순서로 기록을 합니다. 자본에서는 이익잉여금의 증감이 가장 중요한 변수가 됩니다. 당기순이익이 증가하면 예를 들어 현금을 많이 벌어들이면 그만큼 자산이 증가하는 것이니까요. 이렇게 증가한 자산으로 다음에 더 많은 현금을 창출하는 것이 자본의 선순환이 됩니다.

 주린이가 진짜 궁금해하는 것들

◉ 영업활동, 투자활동, 재무활동 현금흐름 중 가장 중요한 것은 무엇인가요?

Ⓐ 영업활동 현금흐름이 가장 중요하고 기본이 됩니다. 영업활동을 통해서 벌어들인 현금이 해당 기업의 생존조건이기 때문입니다. 투자활동으로 돈을 벌 수는 있지만, 오히려 성장하는 기업은 투자활동 현금흐름이 마이너스인 경우도 많습니다. 공장을 증설하는 등 투자활동이 결국 미래의 현금창출의 원천이 되기 때문입니다. 아울러 재무활동 현금유입액이 증가할 때 지나치게 높은 이자율로 단기 차입한 것은 아닌지 확인할 필요가 있습니다. 이는 추후 현금흐름을 악화시킬 우려가 있기 때문입니다.

재무상태표 작성방법

재무상태표 약식 예시는 다음과 같습니다.

재무상태표

○○상사	200×. 12. 31

자 산	**부 채**
유동자산	(유동부채, 비유동부채)
(당좌자산, 재고자산)	**자 본**
비유동자산	납입자본(자본금, 자본잉여금)
(투자자산, 유형자산, 무형자산,	이익잉여금(법정적립금, 임의적립금,
기타비유동자산)	미처분이익잉여금)
	기타자본요소(자본조정, 기타포괄손익)

1) 유동자산과 비유동자산

- 기업의 정상영업주기 내에 실현될 것으로 예상하거나, 정상영업 주기 내에 판매하거나 소비할 의도가 있음
- 주로 단기매매 목적으로 보유하고 있음
- 보고기간(재무상태표일) 후 12개월 이내에 실현될 것으로 예상함
- 현금이나 현금성자산으로 교환이나 부채 상환목적으로 사용에 대한 제한기간이 보고기간 후 12개월 이상이 아님

2) 유동부채와 비유동부채

- 정상영업주기 내에 결제될 것으로 예상하고 있음
- 주로 단기매매목적으로 보유하고 있음
- 보고기간(재무상태표일) 후 12개월 이내에 결제하기로 되어 있음
- 보고기간 후 12개월 이상 부채의 결제를 연기할 수 있는 무조건 적 권리를 가지고 있지 않음

유동자산

일반적으로 1년 이내 현금화할 수 있는 자산

비유동자산

일반적으로 1년 이상 기업 내에 체류하는 자산으로 고정자산이라 고도 함

유동부채

1년 이내에 상환해야 하는 부채

비유동부채

지불기간이 1년 이상 인 부채로 고정부채라 고도 함

3) 자본

- 납입자본은 회사와 소유주(주주)와의 자본거래에서 소유주가 회사에 납입한 자본금액을 말함(자본금과 자본잉여금으로 구분)
- 기타자본은 자본조정과 기타포괄손익누계액으로 구분함
- 이익잉여금은 경영활동에서 발생한 이익 중 주주에 대한 배당 등을 통해 처분된 금액을 차감한 후 사내 유보되는 잉여금임

재무상태표(B/S) 예시는 다음과 같습니다.

자본잉여금

회사의 영업이익 이외의 원천에서 발생하는 잉여금으로, 주식 발행 시 액면초과한 금액이 대표적임

재무상태표

××회사   20**. 12. 31현재   (단위 : 원)

구분	20×2년 12월 31일	20×1년 12월 31일
자 산		
유동자산		
현금및현금성자산	***	***
매출채권및기타채권	***	***
기타금융자산	***	***
재고자산	***	***
기타자산	***	***
유동자산계	***	***
비유동자산		
대여금및수취채권	***	***
기타금융자산	***	***
투자부동산	***	***
유형자산	***	***
무형자산	***	***
영업권	***	***
기타자산	***	***
비유동자산계	***	***
매각예정자산	***	***
자산총계	***	***

부 채		
유동부채		
매입채무	***	***
기타금융부채	***	***
충당부채	***	***
기타부채	***	***
유동부채계	***	***
비유동부채	***	***
금융부채	***	***
퇴직급여부채	***	***
이연법인세부채	***	***
기타부채	***	***
비유동부채계	***	***
매각예정자산과 관련된 부채	***	***
부채총계	***	***
자 본	***	***
납입자본	***	***
이익잉여금	***	***
기타자본요소	***	***
매각예정자산과 관련된 자본항목	***	***
자본총계	***	***
부채와 자본총계	***	***

재무상태표 해석시 주의사항

재무상태표를 보면서 주의해야 할 점이 2가지 있습니다. 이러한 편견과 오해에 빠지지 않아야 재무상태표를 통해 제대로 된 투자결정을 내릴 수 있습니다.

1) '부채가 무조건 나쁘다'라는 오해

일반적으로 가지게 되는 대표적인 오해인데 부채는 나쁜 것이라는 편견입니다. 물론 부채는 채권자에게 상환해야 할 의무이지만 비즈니스를 위해 필요한 자금을 조달하는 하나의 수단입니다. 만약 사업이 잘되면 정해진 이자만 지급하면 되므로 주식투자자 입장에서는 기대수익률이 높아지게 됩니다. 이를 '레버리지 효과'라고 합니다.

과도한 부채는 문제지만 기업이 필요할 때 부채를 조달해서 사업을 영위하는 것은 당연한 것입니다. 아울러 예를 들어 건설업종은 부채비율이 높을 수밖에 없는 업이므로 단순히 부채가 많다고 분석하기보다는 해당 업종의 평균 수준과 비교해보는 것이 합리적입니다.

2) '자본은 많을수록 좋다'라는 오해

자본은 주인의 몫이므로 '자본이 많으면 좋은가'에 대해서는 분석이 필요합니다. 영업이 잘되어 이익이 자본으로 편입되면 좋겠지만, 영업이 어려워 주주에게 증자와 같은 방식으로 자본을 더 조달한 경우 주식투자자로서는 부담이 커지는 것입니다. 아울러 증자 같은 경우 주식 수가 늘어나는 만큼 주주의 숫자가 늘어나거나 나의 지분비율이 줄어들 수도 있습니다.

잘되는 회사일수록 나의 지분비율이 높은 것이 좋습니다. 그러므로 단순히 자본금액이 크다고 해서 좋다고 볼 수 없으며 복합적으로 판단해야 합니다.

레버리지 효과

'지렛대 효과'라고도 하며, 차입금 등 타인자본을 지렛대로 삼아 자기자본이익률을 높이는 것

02

손익계산서

손익계산서는 일정기간(1년) 동안 기업이 경영활동을 얼마나 잘했는지를 파악하기 위해서 작성하는 재무제표입니다. 즉 한 해 동안 기업이 올린 매출과 발생한 원가가 어떻게 되는지, 이익을 얼마만큼 거두었는지를 파악할 수 있게 해줍니다. 기업의 손익계산서도 살피지 않고 투자한다는 것은 프로필사진도 안 보고 소개팅 장소에 나가는 것과 마찬가지입니다.

손익계산서 구조

손익계산서의 기본적인 구조는 오른쪽과 같습니다. 무슨 말인지 알쏭달쏭할 것입니다. 손익계산서 계정을 이해하기 쉽게 말로 풀어서 살펴보도록 합시다.

하나씩 설명하자면 우선 '매출총이익'은 매출액에서 매출원가를 차감한 금액인데, 이는 제품의 판매액에서 제품을 생산하는 데 드는 비용을 차감한 금액입니다. '영업이익'은 매출총이익에서 제품판매활동과 제품을 판매하기까지 관리하는 데 발생한 비용, 즉 판매비와 일반관리비를 차감한 금액으로 기업의 영업활동을 통해서 경영성과를 측정하기 위함입니다.

계정

회계 장부에서 자산·부채·자본금·수익·비용 등의 구성 부분에 대한 가치 증감을 기록·계산하는 일정 형식을 말함

손익계산서의 기본적 구조

매출액
 − 매출원가
매출총이익
 − 판매비와 관리비
영업이익
 + 영업외수익
 − 영업외비용
경상이익
 + 특별이익 − 특별손실
법인세비용차감전순이익
 − 법인세
당기순이익

판매비와 관리비

제품·상품 등의 판매 활동과 기업의 관리활동에서 발생하는 비용

경상이익은 순수한 영업활동 이외 기업의 활동으로 인해 이익과 손실이 발생한 부분들을 영업외이익과 영업외손실이란 항목으로 설정하고, 영업이익에서 이익은 가산하고 손실은 차감해 계산합니다. 경상이익에서 특별이익과 특별손실을 고려해 계산한 금액이 법인세차감전순이익이고, 이 금액에서 일정한 세율로 법인세를 산출한 다음 이를 공제하면 당기순이익을 구할 수 있습니다.

기업의 한 해 동안의 당기순이익을 산출하기까지는 각종 이익항목과 손실항목들을 가감하는데, 이 중에는 직접적으로 영업활동과 연관되는 비용과 이익이 있는 반면, 영업활동과 직접적인 연관 없이 발생하는 비용도 있기 때문에 단순히 영업활동만을 잘했다고 해서 당기순이익이 무조건 높아지는 것은 아닙니다. 마찬가지로 단순히 당기순이익이 높다고 해서 좋은 경영성과라고 무조건 단정하는 것 역시 부정확합니다.

그러므로 이익과 손실의 원인을 종합적으로 판단해야 합니다. 이를 통해 기업의 수익력을 어느 정도 예측할 수 있습니다.

손익계산서 작성기준

손익계산서 작성기준은 크게 다음과 같이 3가지로 정리할 수 있습니다.

첫째, 모든 수익과 비용은 그것이 발생한 기간에 적정하게 배분되도록 처리합니다. 다만 수익은 실현시기를 기준으로 계상하고, 미실현수익은 당기의 이익계산에 산입하지 않는 것이 원칙입니다.

둘째, 손익과 비용은 그 발생원천에 따라 명확하게 분류하고 각각 수익항목과 이에 관련되는 비용항목을 대응해 표시합니다.

셋째, 수익과 비용은 총액에 의해 기재함이 원칙이며 수익과 비용을 직접 상계해 각 금액을 손익계산서에서 제외해서는 안 됩니다.

미실현수익

실현되지 않은 수익으로, 환율에 의한 평가이익이나 매도하지 않고 보유한 주식의 평가이익 등이 있음

손익계산서의 수익과 비용

손익계산서를 제대로 읽어내려면 수익과 비용에 대한 이해가 필수입니다.

1) 수익

수익이란 기업의 경제적 실체가 재화의 생산·판매 또는 용역의 제공으로 얻어지는 대가입니다. 기업의 주요 영업활동과 관련해 발생하는 자산의 유입이나 증가, 또는 부채의 감소로 인한 순자산의 증가를 가져오는 원인을 말합니다. 여기에서 영업수익은 '매출'이며, 기타수익은 '〜이익' '〜환입' '임대료' '법인세환급액' 등입니다.

수익의 분류

영업수익	매출액
기타수익	이자수익, 배당금수익, 임대료, 외환차익, 수수료수익, 법인환급액, 잡이익, 투자부동산처분이익, 단기매매금융자산평가이익, 외화환산이익, 사채상환이익, 지분법이익, 유형자산처분이익, 대손상각비환입, 손상차손환입, 보험차익 등

2) 비용

비용이란 해당 기업이 일정기간 동안 수익을 창출하기 위한 경제적 희생(지출된 비용)으로 순자산의 감소를 가져오는 원인을 말합니다. 여기에서 영업비용은 '매출원가' '〜비' '〜료'이며, 기타비용은 '〜손실' '이자비용' '기타의 대손상각비' '기부금' '외환차손' '법인세추납액'입니다.

영업비용

영업활동으로 인해 지출된 비용을 말하며, '매출원가'와 '판매비와 관리비'를 합산한 금액을 말함

비용의 분류

	매출원가(=기초상품재고액+당기순매입액−기말상품재고액)
영업비용	급여, 퇴직급여, 여비교통비, 통신비, 수도광열비, 세금과공과, 수선비, 임차료, 감가상각비, 보험료, 접대비, 광고선전비, 보관료, 경상개발비, 운반비, (매출채권)대손상각비, 무형자산상각비, 소모품비, 퇴직급여, 복리후생비, 잡비, 연구비, 견본비, 포장비, 수수료비용(판매수수료)
기타비용	이자비용, 투자부동산처분손실, 투자부동산평가손실, 외환차손, 외환환산손실, 기부금, 지분법손실, 유형자산처분손실, 사채상환손실, 법인세추납액 등
법인세비용	법인세비용

다음의 삼성전자 약식 손익계산서 사례를 통해 좀더 손익계산서에 다가가봅시다.

삼성전자 약식 손익계산서

단위: 억원

주요재무정보	연간			⊖
	2017/12 (IFRS연결)	2018/12 (IFRS연결)	2019/12 (IFRS연결)	2020/12(E) (IFRS연결)
매출액	2,395,754	2,437,714	2,304,009	2,364,080
영업이익	536,450	588,867	277,685	344,954
영업이익(발표기준)	536,450	588,867	277,685	
세전계속사업이익	561,960	611,600	304,322	371,249
당기순이익	421,867	443,449	217,389	268,730

자료 : 네이버 증권

E라고 표시된 것은 예측을 의미하는 것입니다.

손익계산서는 해당 기업이 어느 정도 돈을 버는지, 그리고 수익성이 있는 사업을 하고 있는지를 명확하게 보여줍니다. 투자자마다 여러 포인트가 있겠지만 필자가 가장 중요하게 생각하는 것은 '영업이익'입니다.

근본적으로 해당 기업이 성장하려면 돈을 벌어야 하는데 그것이 바로 영업이익입니다. 이 영업이익이 증가하는지가 투자를 하는 데 있어 매우 중요합니다.

영업이익은 기업의 지속성

2019년 일본의 반도체 핵심 품목의 수출규제로 힘든 상황이 왔을 때, 걱정했던 것보다는 큰 문제없이 이겨냈습니다. 여러 요인이 있지만 삼성전자의 축적된 막강한 영업이익이 기업의 체력을 튼튼하게 만들어주어 힘든 상황에서도 충분히 버티고 대안을 마련할 힘이 된 것이라고 봅니다.

경제 환경은 하루가 다르게 변하기 때문에 기업이 지속적으로 생존하는 데 꼭 필요한 '이익'을 창출하는 능력은 매우 중요합니다. 영업이익 및 영업이익률이 좋은 회사는 결국 큰 수익을 안겨주는 좋은 주식이 될 확률이 높습니다.

좀더 욕심을 내자면 영업이익증가율이 상승하면 더욱 좋습니다. 당기순이익도 중요하지만 당기순이익은 비영업이익이나 세금 등, 우발적이고 법과 같은 외부적 요인에 영향을 많이 받으므로 핵심적인 부분은 역시 해당기업 본업에서의 영업이익입니다.

영업이익

기업의 주된 영업활동에 의해 발생된 이익으로, 매출총액에서 매출원가와 판매비 및 일반관리비를 뺀 것을 말함

당기순이익

해당 기간의 순이익으로 매출액에서 매출원가, 판매비, 관리비 등을 빼고 여기에 영업외 수익과 비용, 특별 이익과 손실을 가감한 후 법인세를 뺀 것임

영업이익이 중요한 흥미로운 사례가 있습니다. 국순당의 약식 손익계산서를 살펴봅시다.

국순당 약식 손익계산서

단위: 억원

주요재무정보	연간		
	2017/12 (IFRS연결)	2018/12 (IFRS연결)	2019/12 (IFRS연결)
매출액	650	615	1,021
영업이익	-46	-30	-60
영업이익(발표기준)	-46	-30	-60
세전계속사업이익	123	29	-81
당기순이익	94	-30	-83
당기순이익(지배)	97	-27	-51

자료 : 네이버 증권

영업이익이 마이너스라도 영업외적인 부분에서 수익이 나면 당기순이익은 플러스가 날 수 있습니다. 기업의 영속성은 당기순이익보다 영업이익의 추이에서 정해집니다.

유기증권 투자수익

기업이 자금을 운용하기 위한 목적으로 보유하고 있는 주식이나 채권으로 벌어들인 수익을 의미함

주류 관련 회사인 국순당은 본업인 막걸리 판매가 부진해 매출이 감소하고 영업이익이 지속적인 마이너스를 기록하고 있습니다. 그럼에도 불구하고 2017년에는 당기순이익이 대폭 흑자를 기록했는데, 이는 본업이 아닌 유가증권 투자수익을 이익으로 계상하게 된 결과입니다. 그렇다면 국순당의 주가는 어떠했을까요?

국순당 주가 추이

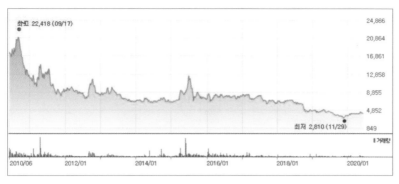

자료 : 네이버 증권

당기순이익의 발생에도 불구하고 영업이익의 적자가 지속되어 국순당 주가는 지속적으로 하향추세에 있었습니다.

해당 주식의 3년간 주가추이를 보면 대폭의 당기순이익을 기록한 때에도 별다른 반등 없이 지속적인 하락추세를 면치 못했습니다. 즉 이익의 양뿐만 아니라 질적인 부분도 함께 고려해야 주식투자에서 성공할 수 있습니다. 그래서 더욱 어려운 것이 주식투자인데, 개인적으로 이 국순당 주식은 매우 흥미롭게 보고 있습니다. 가치투자를 주장하는 투자자에게 국순당은 자산가치에 비해 저평가된 매력적인 종목일 수 있기 때문입니다. 주식을 공부하는 차원에서도 국순당의 실적과 주가에 대해 리뷰해보는 것도 좋겠습니다.

03
현금흐름표 및 주석

재무제표의 기본은 재무상태표와 손익계산서이지만 현금흐름표와 주석사항
도 중요합니다. 현금흐름표는 기업이 현금을 어떻게 조달하고 사용했는지 현
금을 위주로 살펴보는 것입니다. 기업의 회계적인 매출이 늘어나도 현금 확
보가 안 되면 위기가 올 수 있으므로 보수적인 투자자에게 더욱 중요합니다.
주석에는 의외로 돈 되는 정보가 많습니다.

재무제표

재무제표는 말 그대로 '재무정보를 나타내는 여러 표'라는 뜻입니다.
즉 일반적으로 1년을 주기로 해서 작성되는 재무정보에 관한 여러 보
고서입니다.

투자자 입장에서는 전문적인 분석은 경력이 쌓여야 가능하다고 합니
다. 하지만 기본적인 분석은 가능해야 투자 실패를 줄일 수 있습니다.

재무제표는 제공하는 정보의 종류에 따라 '재무상태표' '(포괄)손익
계산서' '현금흐름표' '자본변동표'로 구분합니다. 그리고 재무제표는
숫자로만 표시되므로 별도로 상세내역을 기술할 필요가 있는데 이를
'주석'이라 합니다. 주석 역시 재무제표의 중요한 부분입니다.

재무정보

기업의 재무상황에 대
한 다양한 정보로, 기
업의 지속성을 확인하
기 위한 기본적인 정
보임

앞에서 살펴본 내용들을 다시 한번 간단히 정리해보고, 이어 현금흐름표와 주석에 대해서도 살펴봅시다.

1) 재무상태표

특정 시점의 재무상태를 나타내는 정태적 재무제표입니다. 필자가 학교를 다니던 시절에 이를 대차대조표라고 불렀으나, 국제회계기준(IFRS)을 도입하면서 재무상태표로 명칭을 바꾸었습니다.

2) 손익계산서

월, 분기, 반기, 1년 등 일정기간 동안 기업의 재무성과에 관한 정보를 보여주는 동태적 재무제표입니다. 기업의 재무성과는 수익에서 비용을 차감해 산출된 이익(손실)의 크기로 결정됩니다. 국제회계기준의 도입으로 기존의 손익계산서에서 더 포괄적인 이익 정보를 나타내는 포괄손익계산서로 확대되었습니다.

3) 자본변동표

일정시점에서 기업이 보유한 자본의 크기와 일정기간 동안 자본의 변동에 관한 정보를 제공하는 재무제표입니다. 자본의 기초잔액에서 시작해 당기 변동사항, 기말잔액을 표시합니다.

4) 현금흐름표

일정기간 동안 기업의 현금유입과 현금유출에 대한 정보를 제공하는 재무제표입니다. 해당 기업의 일정기간 동안 영업활동, 투자활동, 재무활동을 통한 현금흐름의 정보를 표시합니다.

국제회계기준

영어로는 International Financial Reporting Standards이며, 기업의 회계 처리와 재무제표에 대한 국제적 통일성을 높이기 위해 제정한 회계기준임

외상매출금

외상거래에서의 매출 상품의 미수 대금으로, 원칙적으로 이자가 붙지 않음

흑자도산

회계적으로는 영업실적이 좋고 재무상으로도 문제가 없어 보이나 자금변통이 안 돼 부도가 나는 것

5) 주석

재무상태표, 손익계산서, 자본변동표 및 현금흐름표에 표시된 정보에 추가해 재무제표 일부 항목에 대해 구체적으로 설명이 필요한 경우 이에 대한 자세한 정보를 제공합니다. 기존에 이익잉여금처분계산서가 이익잉여금과 연결된 주석에 포함됩니다. 따라서 이익에 대한 배당, 적립 등의 정보는 주석에서 찾아야 합니다.

현금흐름표의 원리

회계를 공부하게 되면 쉽게 알 수 있지만 손익계산서의 수익과 비용은 현금이 들어오고 나가는 것과는 차이가 있습니다. 즉 외상으로 매출이 일어난 경우에 수익으로 계상되나 아직 현금은 들어오지 않은 상황이 대표적입니다. 이를 회계적 용어로 '발생주의'라고 부릅니다. 반대로 매출 여부에 관계없이 현금이 들어오거나 나가는 시점을 기준으로 하는 것을 '현금주의'라고 부릅니다.

일상적인 상거래에서 현금을 직접 주고받는 경우는 줄어들고 있습니다. 예를 들어 신용카드로 결제하는 경우가 좋은 예입니다. 수익과 비용의 성과인식의 문제로 손익계산서는 발생주의로 기록하지만 굳이 현금흐름표를 작성하는 이유도 분명히 있을 것입니다.

급변하는 경영환경 속에서 보수적인 투자자라면 특히 현금흐름표를 중시합니다. 세상에 가장 믿을 만한 것은 바로 현금이기 때문입니다. 매출이 아무리 많아도 경기가 나빠져, 예를 들어 외상매출금이 회수가 안 된다면 이는 기업의 재무구조를 악화시키기 때문입니다. 즉

'현금유동성이 악화되면 흑자도산을 할 수 있다'는 말이 이런 경우에 발생합니다.

현금흐름표의 내용

현금흐름표의 출발은 당기순이익으로 시작합니다. 그리고 실제로 현금이 들어오는 항목은 더하고, 나가는 항목은 빼는 방식으로 산출하게 됩니다. 이때 현금흐름의 구분은 다음과 같이 경영활동별로 나누게 됩니다.

1) 영업활동

제품의 생산과 판매활동, 상품과 용역의 구매와 판매활동 및 관리활동을 포함합니다. 기업의 자체적인 영업활동에서 얼마나 현금을 창출했는지 보여줍니다.

2) 투자활동

건물, 기계장비와 같이 기업의 활동을 위해 필요한 자산의 취득 및 처분활동을 말합니다. 투자활동은 미래 영업활동 현금흐름을 창출할 자원의 확보와 처분에 관련된 현금흐름 정보를 보여줍니다.

3) 재무활동

영업활동과 투자활동에 필요한 자본(차입금 포함)의 조달과 환급 및 상환에 관한 활동을 말합니다.

당연히 이 3가지 활동 중에서 영업활동이 가장 중요합니다. 일단 영업활동이 활발해야 소위 말하는 '잘나가는 기업'이 되는 것입니다. 영업활동이 활발한 회사라면 주식투자자 입장에서는 좋은 투자 포인트가 됩니다.

영업활동에서 충분한 현금을 창출하지 못하면 기업은 미래를 위한 투자보다는 연명에 그치게 되어 성장성이 둔화됩니다. 대표적인 경우가 영업활동이 적자를 기록하고 이를 충당하기 위해 기업 소유의 부동산을 매각하는 경우입니다. 그렇게 되면 더욱 미래 성장 동력은 위축됩니다.

네이버 현금흐름표 발췌

단위: 억원

항목	2015/12 (IFRS연결)	2016/12 (IFRS연결)	2017/12 (IFRS연결)	2018/12 (IFRS연결)	2019/12 (IFRS연결)
영업활동으로인한현금흐름	8,513.7	11,640.2	9,399.8	9,735.1	13,568.4
당기순이익	5,169.9	7,590.7	7,701.0	6,279.0	3,968.2
투자활동현금유입액	1,127.2	958.7	4,196.1	9,761.5	2,903.9
투자활동현금유출액	8,985.8	10,375.9	17,299.4	13,644.4	13,685.2
재무활동현금유입액	3,468.9	16,079.7	7,998.1	14,796.0	4,070.8
재무활동현금유출액	3,179.5	8,779.9	1,309.9	6,861.5	3,078.8

자료 : 네이버 증권

현금을 영업활동에서 만들어내는 것이 가장 바람직합니다. 영업활동으로 번 현금을 투자활동으로 유출하는 것이 기업 성장의 선순환이 됩니다.

미국에 구글이 있다면 한국에는 네이버가 있습니다. 네이버는 영업활동으로 지속적이고 안정적인 현금을 창출하고 있습니다. 그리고 투자활동을 통해 회수되는 금액보다 월등하게 많은 금액을 미래의 투자활동에 지출하고 있습니다.

이런 회사는 시장을 선도하고 시장지배력은 강화될 것입니다. 그리하면 장기적으로 주가는 상승할 확률이 높습니다. 네이버의 10년간 장기주가 추이를 보도록 합시다.

네이버 주가 추이

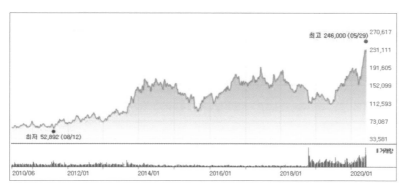

최고 246,000 (05/29)   270,617
231,111
191,605
152,099
112,593
73,087
최저 52,892 (08/12)   33,581

▌거래량

2010/06   2012/01   2014/01   2016/01   2018/01   2020/01

자료 : 네이버 증권

네이버는 한국을 대표하는 검색 포털사이트를 운영하면서 광고, 쇼핑, 플랫폼 등의 사업을 영위하는 4차산업형 기업으로 성장하고 있습니다. 장기적 주가추이는 우상향하는 모습을 보여 주었습니다.

어떤가요? 굴곡이 있지만 결국은 우상향하는 흐름입니다. 좋은 주식은 장기적으로 투자자를 배신하지 않습니다.

주석

주석은 재무제표를 이해하는 데 필요한 추가적이고 세부적인 정보를 기술해놓은 것입니다. 대부분의 투자자들이 단순히 재무제표의 숫자에 관심이 많은데, 사실 그 이면의 내용들도 매우 중요하다는 사실을

놓치는 경우가 많습니다. 일례로, 스타벅스코리아와 국순당의 사례를
살펴봅시다.

주석 사례1) : 스타벅스코리아

한국에서도 커피가 대중화된 지 오래고 커피 전문점의 영업현장은
전쟁터인데, 그 중에 소위 말하는 '별다방' 스타벅스는 상당히 독보적
인 시장지배력을 가지고 있습니다.

스타벅스의 한국 영업 전략은 필자에게도 흥미로웠는데 핵심 상권,
특히 직장인이 많은 곳(오피스빌딩)에 지나칠 정도로 많은 영업장을, 그
것도 직영점으로만 쏟아내는 것을 보고 이런 공격적인 확장 전략에는
뭔가 다른 어떤 것이 있지 않을까 하는 생각을 했습니다. 그런데 해당
회사의 주석을 살펴보고 그 의문이 조금은 풀렸습니다. 스타벅스커피
코리아의 재무제표 공시자료의 주석 첫 부분에 힌트가 있습니다.

> **1. 회사의 개요**
>
> 주식회사 스타벅스커피코리아(이하 '당사'라 함)는 1997년 9월에 설립되어
> 커피 및 관련 용품의 수입, 제조, 판매를 주된 영업으로 영위하고 있습니
> 다. 한편 당기말 현재 당사의 납입자본금은 20,000백만원이며, ㈜이마트와
> 미국법인인 Starbucks Coffee International, Inc.가 당사 주식을 각각 50%
> 씩 소유하고 있습니다.

필자가 보는 포인트는 한국의 핵심 유통회사와의 합작입니다. 상호
투자 및 영업성과를 창출하기 위한 최고의 조합이 만난 것으로 보입니
다. 이렇게 단순히 숫자로 보여지는 성과를 체크하는 것은 당연하며,
투자자는 공시의 주석을 꼭 챙겨봐야 합니다.

주석사례2) : 국순당

국순당은 본업인 막걸리 매출이 하락세이지만 특이하게도 고배당 정책을 펼치면서도 재무구조가 매우 우량한 독특한 회사입니다. 여기에는 제시하지 않았지만 본사의 사옥(부동산)도 재무상태표에는 시장가격에 한참 못 미치는 가격으로 기록되어 있습니다. 적자이지만 고배당을 할 수 있었던 비결은 바로 주석에 있습니다.

당기(2018년)와 전기 중 특수관계자와의 자금거래내역은 다음과 같습니다.

특수관계자

종속회사, 관계회사, 관련 회사, 주주, 임원, 종업원 및 회사와 밀접한 거래 관계에 있는 자를 말함

당기

단위: 천원

구분	유상증자 및 출자금 납입	출자금회수	배당	대여금의회수	합계
지앤텍벤처투자㈜	–	–	484,400	–	484,400
IMM16호 기업구조조정조합	–	1,817,537	17,240,461	–	19,057,998
BEKSEJU VILLAGE FRANCE	–	–	–	182,703	182,703
국순당고창명주㈜	–	–	11,710	–	11,710
농업회사법인 미래원㈜	–	–	112,933	–	112,933
IBKC–지앤텍 세컨더리투자조합	–	570,000	240,000	–	810,000
지앤텍명장세컨더리투자조합	–	500,000	500,000	–	1,000,000
A&F미래성장투자조합	400,000	94,120	282,353	–	776,473
지앤텍3호벤처투자조합	–	500,000	900,000	–	1,400,000
지앤텍빅점프투자조합	560,000	–	–	–	560,000
합계	960,000	3,481,657	19,771,857	182,703	24,396,217

자료 : 공시시스템(다트)

전기

단위: 천원

구분	유상증자	출자금회수	배당	대여금의회수	합계
지앤텍벤처투자	–	–	968,800	–	968,800
IMM16호 기업구조 조정조합	–	8,952,748	16,103,386	–	25,056,134
BEKSEJU VILLAGE FRANCE	–	–	–	74,340	74,340
IBKC–지앤텍 세컨 더리투자조합	–	510,000	200,000	–	710,000
지앤텍명장세컨더 리투자조합	2,000,000	450,000	250,000	–	2,700,000
A&F미래성장투자조합	400,000	–	–	–	400,000
지앤텍3호벤처투자 조합	5,000,000	–	–	–	5,000,000
합계	7,400,000	9,912,748	17,522,186	74,340	34,909,274

자료 : 공시시스템(다트)

투자조합

투자자의 지위가 조합
원인, 즉 조합의 형태
로 만든 투자금을 모아
주로 벤처기업이나 기
술력이 있는 기업 등에
투자함

고배당

일반적인 배당보다 높
은 수준의 배당을 하는
것을 말하는데, 한국의
주식투자자도 최근 배
당에 대한 관심이 높아
지고 있음

　　주류회사이나 국순당은 투자활동에 적극적이며 꽤나 성공적이었습니다. 다양하게 투자하고 있는데, 특히 IMM에서 운용하는 투자조합에서 매년 막강한 투자수익을 배당으로 회수하고 있습니다. 이것이 적자회사가 고배당을 하면서도 부채비율이 거의 제로에 가까운 비결입니다. 주가는 하락을 면치 못하지만 흥미로운 회사임에는 분명합니다.

04
분식회계 및 감사보고서

분식회계는 한자로 분식(粉飾), 즉 '가루 분'에 '꾸밀 식' 자를 씁니다. 예쁘게 보이도록 분칠을 한다는 뜻입니다. 진열대를 예쁘게 꾸민다는 뜻입니다. 이러한 분식회계의 의도가 관계인 및 투자자를 속이기 위한 것이므로, 투자자로서 가장 경계해야 할 부분입니다. 감사보고서와 재무제표를 늘 살피는 훈련을 한다면 피할 수 있는 위험입니다.

분식회계의 개념

'분식회계'는 기업의 실적을 좋게 보이게 하기 위해서 기업의 자산이나 이익을 실제보다 부풀려서 재무제표상의 수치를 고의로 조작하는 것을 말합니다. '역분식회계'라고 해서 자산이나 이익을 실제보다 줄이는 경우도 있으나, 일반적으로 분식회계를 말할 때는 자산과 이익을 과장하는 경우를 말합니다.

기업은 특히 실적이 악화될 때 분식회계의 유혹을 받게 됩니다. 그러나 분식회계는 관련 정보이용자의 판단을 왜곡시키고 경제적 손해를 끼치는 것은 물론 자본시장법, 상법 등에서 엄격히 금지하는 일입니다. 기업은 당연히 분식회계를 방지하기 위한 내부감사와 같은 내부

역분식회계

세금 부담이나 근로자에 대한 임금 인상을 피하기 위해 실제보다 이익을 적게 기록하는 것을 말하며, 이익을 부풀리는 분식회계와는 반대임

통제제도를 갖추어야 하며, 일정한 요건에 해당하면 외부감사인에게 회계감사를 받아야 합니다.

만약 분식회계로 손해를 본 투자자라면 분식회계에 대한 집단소송도 가능합니다. 아울러 분식회계를 제대로 적발하지 못한 회계법인 등 외부감사인에 대해서는 영업정지 또는 설립취소 처분을 내릴 수 있어 분식회계가 과거보다는 매우 어려워진 것 또한 사실입니다. 투자자는 재무제표 분석을 통해 의심스러운 기업의 투자는 지양해야 합니다.

분식회계의 목적과 방법

분식회계를 하는 목적은 다음과 같습니다.

- 기업가치와 경영자에 대한 평가를 높이기 위한 목적
- 차입조건을 개선하기 위한 목적
- 주가를 조작하기 위한 목적
- 세금회피를 위한 목적(역분식회계)

기업들이 분식회계를 위해 가장 많이 사용하는 방법은 다음과 같습니다.

1) 자산 과대 계상
- 재고의 가치를 과대평가(고정자산이 많은 업종에서 유동비율을 높이고자 하는 경우. 특히 의류업의 재고자산 추이를 주의 깊게 살펴야 하는데, 지나치

214

게 재고자산이 확대된다면 주의가 필요한 경우)

- 자산의 가치가 없거나 줄어든 자산을 장부에 그대로 기재
- 기계설비 마모로 성능 소멸했으나 유지
- 거래처 부도 등으로 회수 불능 자산 유지(당기순이익을 부풀리는 수단으로 사용)

2) 수익 과대 계상

- 외상매출금과 같은 허위 매출을 기록
- 판매하지 못한 제품을 가짜 매출전표를 통해 매출로 인식
- 이미 지출된 비용을 과소 계상
- 정당한 사유 없이 감가상각방식이나 감가상각기간을 임의로 변경해 자산을 증가시킴
- 당기순이익이 적거나 손실이 발생했을 때 자산매각이익을 과대 계상

감가상각

고정자산의 가치감소를 시간의 흐름에 따라 산정해 그 액수를 고정자산의 금액에서 공제함과 동시에 비용으로 계상하는 절차

회계감사

회계감사란 독립된 외부감사인이 기업의 재무제표가 기업회계기준과 일치하는지를 확인하기 위해, 증거를 수집하고 평가해 감사의견을 표명하여 기업의 여러 이해관계자들이 알 수 있도록 하는 과정을 말합니다. 이런 검증을 통해서 해당 기업의 재무제표에 대한 신뢰성이 높아집니다.

주식회사의 외부감사에 관한 법률에서는 구체적으로 자산총액이

외부감사인

기업외부의 감사인을 말하며, 외부감사인 지정은 공정한 감사가 필요한 기업의 감사인을 증권선물위원회가 지정해주는 제도

일정 금액(120억원) 이상인 주식회사는 반드시 의무적으로 외부감사를 받도록 규정하고 있습니다. 감사의견의 종류는 구체적으로 다음과 같습니다.

- 적정의견(Unqualified) : 적합하게 작성되었음
- 한정의견(Qualified) : 일부 부적정 또는 일부 감사범위 제한
- 부적정의견(Adverse) : 경영자와 의견 불일치
- 의견거절(Disclaimer) : 감사범위 제한
- 특기사항 : 감사의견에는 영향이 없지만 정보이용자에게 도움이 되는 정보

감사보고서에 표명되는 감사의견은 재무제표가 회계기준(GAAP)에 부합하게 작성되었으면 '적정의견'을 제시합니다. 만약 그렇지 않다면 '부적정의견'을, 회사의 재무제표에 대한 증거가 부족해 감사의견을 제시하기 어렵다면 '의견거절'을, 부적정사유와 의견거절의 사유가 일부 있는 경우에는 '한정의견'을 제시합니다.

상장회사인 경우 의견거절, 부적정의견, 감사범위 제한의 한정의견을 받는 경우 상장폐지나 관리종목에 편입될 가능성이 높습니다. 매해 상당수의 기업이 감사의견과 관련된 상장폐지가 되고 있으니 투자자는 감사의견을 기본적으로 확인할 필요가 있습니다.

감사의견과 관련해 주의해야 할 점은 적정의견이라고 해서 그 기업의 재무건전성이 적정이라는 뜻은 아니라는 것입니다. 회계기준에 맞게 재무제표가 작성되었다고 보는 것입니다. 즉 감사의견과 투자성은 별개의 문제입니다.

또 하나 중요한 점은 재무제표는 과거의 정보라는 것입니다. 감사의 견을 표명하는 시점에서 보면 이미 3개월 이상의 과거자료로 판단하기 때문입니다. 주가라는 것이 결정되는 주류 이론을 보면 미래의 해당기업의 현금흐름에 따라 결정되기 때문에 과거 정보인 재무제표만으로 투자성을 확신하는 것은 조심스럽습니다. 그럼에도 불구하고 가장 객관적인 자료인 만큼 재무제표 분석을 통해 우리는 기본적으로 투자성이 좋은 기업을 선택할 수 있습니다.

또한 감사보고서의 특기사항을 잘 살펴보면 최악의 투자대상을 선정할 확률을 줄여줍니다. 다음 사례는 결국 상장폐지가 된 기업의 감사보고서의 특기사항입니다.

경영진의 내부회계관리제도 운영실태보고서에 대한 우리(회계법인)의 검토 결과, 다음과 같은 중요한 취약점이 발견되었습니다.

(1) 회사는 법인인감 등의 사용 및 사용기록관리 등 자금거래와 관련하여 적절한 통제절차를 운영하지 않았습니다.
(2) 회사는 대여금 평가 등 결산 및 재무제표 작성과 관련하여 적절한 통제절차를 운영하지 않았습니다.
(3) 회사는 특수관계자와의 거래 식별 등과 관련하여 적절한 통제절차를 운영하지 않았습니다.
(4) 회사는 주요 의사결정기구인 이사회 운영과 관련하여 적절한 통제절차를 운영하지 않았습니다.

위와 같은 특기사항이 기재되었다는 것 자체가 그 기업의 회계가 투명하지 않다는 것이며, 이런 문구가 기재된 기업은 존속에 영향을 받을 재무위기가 다가왔다는 의미이기도 합니다. 법인의 인감이 함부로 사용될 수 있었다는 것은 어느 날 갑자기 채권자가 어음을 들고 나

우발적 채무

우연히 발생한 채무라는 뜻으로, 미처 예측하지 못한 채무를 의미

타나는 우발적 채무 발생 가능성이 높다는 것입니다. 소중한 투자금이 단순한 손실 문제가 아니라 통째로 사라질 수도 있다는 점 때문에 조심에 조심을 더해야 합니다.

 주린이가 진짜 궁금해하는 것들

◉ **보통 3월에 감사보고서를 제출하나요?**

Ⓐ 감사보고서 중 가장 중요한 것이 사업보고서입니다. 사업보고서는 사업연도 경과 후 90일 내에 제출해야 합니다. 반기와 분기보고서는 45일 내에 금융위원회와 거래소에 제출해야 합니다. 따라서 일반적인 회기기간이 1월부터 12월인 경우가 많으므로 사업보고서는 3월에 제출하는 경우가 많습니다. 물론 일부 특례가 있을 수는 있습니다.

05
재무비율분석

일정 기간의 경영활동을 집약해 숫자로 나타낸 것이 재무제표입니다. 언제든지 열람할 수 있어 자료수집도 간편하고, 신뢰성도 높기 때문에 정보의 보고가 될 수 있지만 이는 활용할 줄 아는 투자자에게만 해당되는 것입니다. 주어지는 재무제표의 숫자들을 간편하게 활용하는 재무비율분석은 기본적이면서도 유용한 기업분석 툴입니다.

재무비율의 개념

재무비율분석은 재무제표를 구성하고 있는 여러 항목들 간 상대적 비율을 이용해 해당 기업의 재무적 건강상태를 파악하는 자료로 사용하는 것입니다. 주로 기업의 재무건전성을 기본으로 여러 가지 측면을 고려합니다. 경영자 입장에서는 경영실적 평가와 투자결정, 자금조달 결정 등에 사용하고, 채권자라면 원리금 상환능력 파악이 중요할 것입니다. 투자자 입장에서는 기업의 미래수익, 배당금 지급능력, 투자위험파악 등이 주요 목적이 될 것입니다.

　재무비율의 분류는 다음 표의 내용을 참고하면 됩니다.

재무건전성

재무건전성은 금융당국이 금융기관을 감독할 때도 사용함. 예를 들어 은행에는 BIS 자기자본비율 8%, 보험사에는 지급여력비율 100%, 증권사에는 순자본비율 100%를 최소 유지비율로 관리하고 있음

재무비율의 분류

안전성 비율	• 단기부채 지급능력 및 시장여건 변화에 대한 재무적 대응능력 • 유동비율, 부채비율, 자기자본비율, 이자보상배율
수익성 비율	• 기업의 자산이용의 효율성 및 이익창출능력의 평가 • 총자산이익률, 자기자본이익률, 매출액순이익률, 영업이익률
활동성 비율	• 기업의 자산이용의 효율성 • 총자산회전율, 자기자본회전율, 매출채권회전율, 재고자산회전율
성장성 비율	• 기업의 규모 및 수익창출의 증가 비율 • 매출액증가율, 영업이익증가율, 순이익증가율, 총자산증가율

안전성 비율

기업이 안전성을 가진다는 것은 부채를 상환하는 데 있어서 별 무리가 없으며 경기변동이 있더라도 적절하게 대처할 수 있는 능력이 있다는 것입니다.

안정성 비율은 장기 투자자와 보수적인 투자자에게 더욱 중요한 비율입니다. 초보투자자라면 업종 평균에 못 미치는 기업은 될수록 피하는 것이 좋겠습니다.

안정성

재무적으로 건강한 기업은 오래 유지될 수 있으며, 경영환경이 악화되더라도 버틸 수 있음

1) 유동비율

• 공식 : 유동자산/유동부채×100(%)

• 단기(1년) 채무지급능력을 측정하는 데 유용함

• 일반적으로 100% 이상이 권장됨

2) 부채비율

- 공식 : 타인자본/자기자본×100(%)
- 부채비율이 높을수록 재무레버리지 효과가 커지나 그만큼 위험
  성도 높아짐

3) 고정비율

- 공식 : 비유동자산/자기자본×100(%)
- 자기자본이 비유동자산에 어느 정도 투입되었는지를 알아보기
  위한 비율임
- 기업의 비유동자산은 일반적으로 자기자본으로 조달하는 것이
  타당함

비유동자산

유동자산에 대응되는 개념으로, 기업의 자산 중 일반적으로 1년 이상 기업 내에 체류하는 자산을 뜻함. 예를 들어 부동산이 대표적인 비유동자산임

4) 이자보상비율

- 공식 : 영업이익/이자비용×100(%)
- 영업이익으로 이자를 충분히 충당할 수 있는지 측정함
- 높을수록 좋으며, 최소한 1배 이상을 요구함
- 1배가 안 된다는 것은 영업이익으로 대출이자를 충당할 수 없다
  는 것이므로 투자에 주의해야 함

수익성 비율

기업이 보유하고 있는 자산으로 얼마의 수익을 올릴 수 있는지 확인하
는 비율입니다. 투자자에 따라서는 총자본이익률 혹은 자기자본이익

률 중 선호하는 수익성 비율이 차이가 날 수 있습니다.

수익성 비율을 평가할 때 투자경험이 적으면 일단 과거 수익성으로 판단하고, 투자경험이 쌓이게 되면 미래의 수익력에 더 포인트를 두게 됩니다. 주가는 아무래도 미래수익성이 좋을 것인가에 대해 민감하게 반응하기 때문입니다.

1) 총자본이익률(ROI)

- 공식 : 당기순이익/총자본×100(%)
- 기업의 생산활동에 투입된 자본이 효율적으로 운영되고 있는가를 측정함
- 총자본은 총자산과 같은 금액이므로, 총자본 대신에 총자산을 사용해 총자산이익률(ROA)이라고도 하며, 아래와 같이 분석할 수도 있음

$$\text{총자산이익률(ROA)} = \frac{\text{당기순이익}}{\text{총자산}} = \frac{\text{당기순이익}}{\text{매출액}} \times \frac{\text{매출액}}{\text{총자산}}$$

$$= \text{매출액순이익률} \times \text{총자산회전율}$$

- 비교기간 대비 당기에 변화된 원인이 매출액순이익률의 변화에 의한 것인지, 혹은 총자본회전율의 변화 때문인지 세분해서 분석이 가능함

2) 자기자본이익률(ROE)

- 공식 : 당기순이익/자기자본×100(%)

- 총자본에는 자기자본뿐만 아니라 타인자본(부채)도 포함되어 있으므로 자기자본이익률에서는 타인자본을 제외한 자기자본의 효율적 운영 측면을 분석함
- 주주측면에서 중요한 비율임

타인자본

차입금이나 회사채와 같이 주주가 아닌 외부로부터 조달한 자금

3) 매출액순이익률

- 공식 : 당기순이익/매출액×100(%)
- 기업의 전반적인 경영활동이 얼마나 합리적인지 파악함
- 당기순이익은 영업활동과 직접적인 연관이 없는 비용들이나 이익들이 영향을 미치기 때문에 순수한 기업의 영업활동의 효율성을 판단하기 위해서는 매출액 대비 영업이익을 고려하는 매출액영업이익률로 파악하기도 함
- 매출액영업이익률이 10%가 넘는다면 일반적으로 수익성이 좋은 기업이라 할 수 있음
- 투자기업을 선정할 때 필자가 개인적으로 매우 중요하게 생각하는 지표임

활동성 비율

활동성 비율은 기업의 자산이용의 효율성을 확인하는 비율입니다. 총자산회전율, 자기자본회전율, 매출채권회전율, 재고자산회전율 등을 통해 알 수 있습니다.

1) 총자산회전율

- 공식 : 매출액/총자산
- 기업이 매출활동을 벌이는 데 보유하고 있는 자산을 몇 번이나 활용했는지를 파악함
- 비율이 높을수록 좋은 영업활동을 했다고 볼 수 있음

2) 고정자산회전율

- 공식 : 매출액/고정자산
- 고정자산을 얼마나 잘 활용했는지 측정함
- 그러나 이 비율이 지나치게 높다면 공장 증설과 같은 추가 투자를 고려함
- 이 비율이 낮다면 고정자산에 대해 과다한 투자가 이루어졌다는 의미임

3) 재고자산회전율

- 공식 : 매출액/재고자산
- 재고자산의 판매활동 여부를 알 수 있음
- 이 비율이 높으면 생산한 제품을 재고로 남겨두는 기간이 짧다는 것으로 더 많은 제품을 생산할 필요가 있다는 신호임
- 이 비율이 너무 낮으면 재고량이 너무 많다는 의미로 재고관리에 더욱 신경을 써야 함
- 특히 의류업이나 식료품과 같이 재고자산의 가치가 시간이 지날수록 급격히 낮아지는 경우라면 재고자산에 대해 보수적인 판단이 필요함

고정자산

기업이 보유하고 있는 자산 중 토지나 기계, 설비, 건물처럼 상대적으로 장기간 보유하고 있는 자산. 특허와 같은 경우에는 무형고정자산으로 구분됨

성장성 비율

성장성 비율은 기업의 규모 및 수익창출의 증가 비율입니다. 매출액증가율, 영업이익증가율, 순이익증가율, 총자산증가율 등을 통해 알 수 있습니다.

총자산

총자산은 부채와 자본을 더한 것으로 총자본이라고도 함

1) 매출액증가율

- 공식 : (당기 매출액 − 전기 매출액)/전기 매출액×100(%)
- 다른 비율도 마찬가지이지만 매출액증가율을 비교할 때 산업의 평균과 비교해야 함
- 즉 해당 산업의 평균 성장과 비교해서 성장성이 좋은가를 판단해야 함

2) 총자산증가율

- 공식 : (당기말총자산 − 전기말총자산)/전기말총자산×100(%)
- 당기에 기업의 자산규모가 얼마나 성장했는지를 분석함

3) 영업이익증가율

- 공식 : (당기영업이익 − 전기영업이익)/전기영업이익×100(%)
- 영업이익률이 10% 이상이면서 영업이익이 지속적으로 성장하는 기업이 투자에 가장 유망한 기업에 해당함

재무비율 분석 사례

별도의 외국어 자막 없이 한국어 콘텐츠인 이른바 '먹방'이 전세계의 유튜버들에게 그대로 공유되는 것을 보고서 저는 상당한 문화적 충격을 받은 바 있습니다. 가학적일 만큼 무리하게 음식을 먹는 모습을 어마어마하게 많은 사람들이 왜 그토록 집중해서 보고 있는지 본인으로서는 여전히 잘 모르겠지만 투자자로서 어떤 일을 해야 하는지는 명확하게 알고 있습니다.

미국에 유튜브가 있다면 한국에서도 유사한 비즈니스를 제공하는 기업이 바로 아프리카TV입니다. 내가 먹방을 선호하느냐 선호하지 않느냐는 나중 문제이며 그 회사가 돈을 버는 회사인지, 즉 훌륭한 주식인지가 중요합니다.

아프리카TV의 주요 재무항목

자료 : 네이버 증권

매출액과 영업이익이 꾸준히 성장하는 것을 확인할 수 있습니다. 수익구조가 좋은 기업의 전형적인 모습입니다.

매출액

매출액은 상품의 매출 또는 용역의 제공에 대한 수입금액으로서, 기업의 주요 영업활동 또는 경상적 활동으로부터 얻는 수익

아프리카TV는 영업이익이 매년 성장하면서 영업이익률마저도 수익성의 잣대인 10% 이상으로 고공행진하고 있는 참으로 훌륭한 주식입니다.

BJ의 인성이나 콘텐츠의 선정성 등 이런 부분은 정책을 결정하는 이들이 결정할 부분입니다. 투자자의 관심사인 재무상황으로는 참으로 건강한 재무구조를 가진 회사인 것입니다.

자산의 성장도 쉽게 파악할 수 있습니다. 아프리카TV의 성장성은 아래와 같습니다.

부채비율이 높아지긴 했지만 100% 이내이므로 아직까지는 문제가 없는 수준이라고 볼 수 있습니다. 초보자가 주식에 투자할 때는 이렇게 조금만 찾아보는 수고를 하며 성장이 높아지는 주식을 선택하면 실패할 확률이 낮아집니다.

부채비율

부채자본비율로 재무상태표의 부채총액을 자기자본으로 나눈 비율(공식은 '부채총액/자기자본')

콘텐츠

사전적 의미로는 제공되는 정보나 내용물을 말하는 것으로, 문화 콘텐츠의 중요성은 최근 날로 더해지고 있음. '한류'가 좋은 사례인데 한류는 노래, 영화, 음식으로도 확대되고 있음

아프리카TV의 성장성

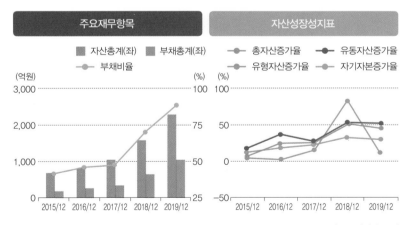

자료 : 네이버 증권

기업의 재산인 자산의 증가가 늘어나고 있습니다. 아프리카TV는 성장성이 좋은 기업의 전형적인 모습을 보이고 있습니다.

아프리카TV 주가 추이

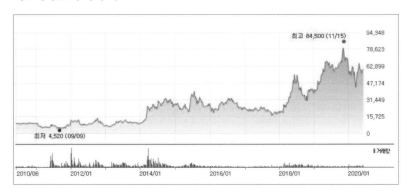

자료 : 네이버 증권

장기적으로 우상향하고 있는 차트를 보여주고 있습니다.

    결론적으로 아프리카TV의 주가 추이를 보도록 합시다.

    이처럼 시대에 필요한 콘텐츠를 공급하는 회사는 결국 좋은 주가를 보여주게 됩니다. 이 어려운 비즈니스를 내가 직접 하지 않아도, 그 회사의 주식을 산다면 그 과실을 즐길 수 있습니다.

06
시장가치비율분석

PER는 주가, 즉 시장가치와 기업의 수익 간의 비율에 관한 분석입니다. 업종 내에서 경쟁기업과 비교하면서 고평가나 저평가를 가리는 데 매우 많이 사용하는 분석입니다. PBR은 주가와 순자산 간의 비율에 관한 분석입니다. 기업이 가진 순자산에 비해 주가가 어느 정도 평가받고 있는지를 분석하는 방법입니다. 주식투자자라면 이 방법을 반드시 알아야 합니다.

시장가치비율분석 기본식

기본적인 나눗셈으로 계산되므로 쉽게 구할 수 있고 자주 사용되므로 기본적인 식은 외워둘 필요가 있습니다. 이 중에서도 가장 많이 사용하는 비율분석은 PER와 PBR입니다. 참고로 팁을 하나 소개하자면 영어약자로 만들어진 비율은 앞부분이 분자로 다음에 나오는 부분이 분모로 갑니다. 즉 PER라고 하면 P(주가)인 주가가 분자로 가고 E(순이익)가 분모로 갑니다. PBR은 P(주가)와 B(주당순자산 : book value)의 비율입니다. 여러 비율분석이 있지만 가장 중요한 PER와 PBR에 대해 조금 더 자세히 살펴보도록 하겠습니다.

주당순자산

부채를 제외한 순자산을 총발행주식수로 나눈 값으로, 자산가치 측면에서 주가와 비교하기 위해 사용함

시장가치비율분석 기본식

주당순이익 (EPS)	• 당기순이익/발행주식수 • 클수록 주가가 높은 것이 일반적
주가수익비율(배) (PER)	• 주가/주당순이익 • 낮다면 저평가라고 판단하는 것이 일반적
주가순자산비율(배) (PBR)	• 주가/주당순자산 • 낮다면 저평가라고 판단하는 것이 일반적
주가현금흐름비율(배) (PCR)	• 주가/주당현금흐름
주가매출액비율 (PSR)	• 주가/주당매출액
배당수익률	• 1주당 배당금/주가×100(%) • 배당수익률은 주가 대비이며 배당률은 액면가 대비

주당순이익(EPS)과 배당수익률

주당순이익은 주식 1주당 어느 정도의 이익이 창출되는지를 나타내는 것으로 당연히 이것이 클수록 주식가격은 상승하는 것이 일반적입니다. 같은 식에서 배당금으로 대체하면 1주당 배당금을 계산할 수 있습니다.

일반적으로 배당을 많이 주는 주식은 현금 창출 능력이 높은 기업이므로 불황기에도 주가 하락이 크지 않는 경우가 많아 상대적으로 보수적인 투자자는 배당수익률이 높은 회사 주식을 선호하는 경향이 있습니다. 또한 연말과 같은 배당 시즌이 되면 배당성향이 높은 회사가 주목을 받기 때문에 이를 활용한 단기 투자를 하는 투자자도 있습니다.

배당성향

당기순이익 중 현금으로 지급된 배당금 총액의 비율로, 기업이 당기순이익 중 얼마를 주주에게 배당금으로 돌려주었는지를 나타내는 지표

주가수익비율(PER)

1) PER의 의미

주가수익비율(PER : Price Earnings Ratio)은 현재주가를 주당순이익(EPS : Earnings Per Share)으로 나누어 구할 수 있습니다.

> PER = 주가 / 주당순이익(EPS)

PER 값은 기업이 벌어들이고 있는 한 단위의 이익에 대해 증권시장의 투자자들이 얼마의 대가를 지불하고 있는가를 말합니다. 즉 기업의 단위당 수익력에 대한 상대적 주가 수준을 나타낸 것입니다.

예를 들어 A라는 기업의 주당이익이 1,000원이고 주가가 10,000원이라 할 때 동사의 PER는 10배이고, 이는 투자자가 동사에 투자할 경우 주당 이익발생 능력에 대해 10배의 대가를 지불하고 있음을 의미합니다. 다른 각도에서 보면 10년의 기간을 기다리면 투자자의 원금만큼 주당 순이익이 커버된다는 의미이기도 합니다.

PER는 기업 수익력의 성장성, 위험, 회계처리방법 등 질적인 측면이 총체적으로 반영된 지표로, 그 증권에 대한 투자자의 신뢰를 나타낸 것으로도 해석할 수 있습니다. 그렇다 보니 각 주식의 PER가 상이하게 나타나는데, 그 주된 요인은 이익의 질적 차이에서 찾아볼 수 있습니다.

예를 들어 특정 산업 내에서 1등 기업인 경우에는 2등 기업이나 3등 기업에 비해 PER가 높은 것이 일반적입니다. 즉 산업이 경기침체에 들어가 위험이 증가하더라도 살아남을 확률이 높다고 판단하기 때문

주당이익

회사가 발행한 보통주 1주당 얼마나 벌었는지를 계산한 값으로, 수익가치 측면에서 주가와 비교하기 위해 사용함

사양산업

성숙기를 지나 성장률
이 낮아지거나 낮을 것
으로 예상되는 산업을
말함. 시대에 따라 사
양산업도 달라지고
있음

에 같은 이익에도 점수를 높게 주는 경향이 있습니다. 같은 논리로 사양산업의 경우에는 PER가 낮게 형성되는 경우가 많습니다. 당장은 현금흐름이 나쁘지 않더라도 장기적으로 수익력이나 성장성이 약화된다고 보기 때문입니다.

2) 저평가 추정

주당수익은 당해 기업의 수익력을 의미하는 바, PER는 주식이 수익력에 비해 주가의 수준을 평가하는 지표로 사용됩니다. 다른 조건이 유사한 주식 중에서 PER가 높으면 고평가되었고, 낮으면 저평가된 것으로 해석할 수 있습니다. 물론 이를 도식적으로 적용하는 것은 어려운 측면이 있습니다.

보통 성장성이 낮은 업종에서 PER가 낮은 경우가 많습니다. 예를 들어 은행은 대표적인 저PER산업입니다. 반대로 성장성이 좋은 바이오기업은 이익이 적더라도 높은 PER를 보이는 경우가 많습니다. 이는 해당 주식의 좋고 나쁨을 말하는 것이 아니라 시장에서 해당 기업의 성장성에 대한 평가가 포함된 것입니다.

PER를 이용한 이론적 주가의 평가를 알아봅시다. 주가수익비율에 의한 주식의 평가절차는 다음과 같습니다. 첫째, 먼저 1년 후 혹은 그 이후에 예상되는 기업의 주당순이익을 추정합니다. 둘째, 기업의 내재적 가치에 따른 주가수익비율을 추정합니다. 셋째, 앞에서 추정된 주당순이익과 정상적인 주가수익비율을 곱해 미래의 주가를 추정합니다.

적정주가나 미래주가를 추정할 때의 기준이 되는 PER를 구하는데, 대략 다음의 4가지 방법이 이용되고 있습니다.

- 동종산업의 평균 PER를 이용하는 방법 : 가장 많이 사용하는 방법으로 현실적으로 위험도와 영업성격이 비슷한 주식군은 주로 동종산업 내의 경쟁업체이므로 산업평균 PER를 사용함
- 과거 수년간의 평균 PER를 이용하는 방법 : 기준 PER는 과거의 평균적인 신뢰도 수준을 유지하는 것으로 보고 과거 평균 PER를 사용함
- 동류위험을 지닌 주식군의 PER를 이용하는 방법 : PER는 수익력의 질적 측면을 나타내는 지표이므로 위험이 비슷한 주식군의 경우는 같은 수준의 PER가 유지될 것으로 볼 수 있음
- 배당평가모형을 이용해 PER를 구하는 방법 : 이론적 균형가치는 배당평가 모형에 의해서 잘 설명된다고 보고서 이를 이용하는 방법임

3) PER의 결정요인

어느 기업의 매년도 배당성향과 이익성장률(g)이 동일하다면 앞에서 정률성장 배당모형을 표현한 것처럼 주가수익비율은 다음과 같이 나타낼 수 있습니다. 아래의 식은 주식의 내재가치를 구하는 식에서 각각 주당순이익을 나누어 구한 식입니다.

$$\frac{주가(P_0)}{주당순이익(EPS_0)} = \frac{배당성향[1 + 이익\ 성장률(g)]}{기대수익률(k) - 이익성장률(g)}$$

이 식에서 다른 조건이 동일하다면 주가수익비율(PER)은 배당성향과 이익성장률이 클수록 커지고, 반대로 기대수익률이 클수록 작아짐

니다. 여기서 식의 도출과정을 정확히 이해하는 것도 중요하지만 직관적으로 먼저 이해를 해보도록 합시다.

PER가 배당성향이 커지면 높아진다는 것은 배당이 많아지면 투자자의 호주머니에 배당이 더 입금된다는 것이므로 더 높은 가치를 부여할 수 있을 것입니다. 같은 논리로 이익성장률이 높아진다는 것은 회사의 가치가 갈수록 높아진다는 것이므로 이 역시 높은 PER 배수를 적용할 수 있을 것입니다.

그런데 기대수익률이 클수록 PER 값은 낮아집니다. 이를 쉽게 이해하려면 '싸게 사야 수익률이 좋다'라는 간단한 논리만 기억하면 됩니다. 기대수익률이 높은 사람은 기대수익률이 낮은 사람에 비해서 가격이 더 떨어져야 사게 될 것입니다. 조금이라도 싸게 매수해야, 즉 PER 배수가 낮을 때 매수해야 투자자는 더 높은 수익률을 거둘 수 있기 때문입니다.

4) PER의 평가

주가수익비율을 이용해 주가를 분석하는 것의 이론적인 바탕은 배당평가모형에 미치지 못하지만 실무에서는 사용하기 쉽기 때문에 매우 빈번히 사용됩니다. 따라서 다음과 같은 3가지 유용성이 있습니다.

첫째, 같은 산업 내 기업의 비교나, 이익의 크기가 비슷한 다른 기업들의 주가수준을 비교하는 데 편리하고 간단합니다. 기업의 PER 배수 정보는 쉽게 구할 수 있기 때문입니다. 둘째, 이익을 기준으로 계산하므로 배당할인모형과는 달리 무배당주식의 평가에도 적용할 수 있습니다. 셋째, PER의 구성요소들에 대한 예측이 배당평가모형 등의 구성요소에 비해 상대적으로 용이합니다.

기대수익률

미래에 발생 가능한 여러 수익률 수준에 대응되는 확률을 가중치로 사용해 평균치로 나타낸 지표로, 쉽게 말하면 미래에 기대되는 수익률임

5) PER를 사용할 때의 단점

PER가 무조건 만능인 것은 아닙니다. PER를 사용할 경우 다음과 같은 단점도 있습니다.

첫째, PER를 구성하는 회계적 요소들의 시점 불일치입니다. 그 이유는 PER의 분자를 구성하는 주당이익이 직전 기간의 주당이익을 사용하는 반면, 분모를 구성하는 주가는 현재 시가를 사용하기 때문입니다. 따라서 일반적으로 증권사의 애널리스트는 차기 예상이익을 근거로 PER 배수를 발표합니다. 또한 주당이익은 발생주의를 기본으로 하는 회계처리 방법, 뜻하지 않은 우발적 손익 혹은 경영자의 의도적인 이익의 조작 등으로 합리적인 수익력이 반영되지 않을 가능성도 큽니다.

둘째, 배당할인모형과는 달리 왜 해당 PER 값이 합당한지 이론적 근거가 명확하지 않고, 그러다 보니 상대적인 비교에 의존하는 한계가 있습니다.

셋째, 이익과 발행주식수를 어떤 기준으로 하느냐에 따라 PER의 크기가 크게 달라질 수 있습니다. 세후 순이익에 환차손과 같은 비경상적인 특별손익의 포함 여부, 증자나 워런트의 발행에 따른 보통주의 증가 등으로 PER 값은 수시로 변할 수 있습니다.

넷째, 적자 기업인 경우 분자 값이 음수이므로 PER의 의미를 해석하기가 어렵습니다.

애널리스트

투자분석가라고도 하며, 국내외 금융시장 정보를 수집·분석·예측해 소속 증권사 또는 일반 투자자에게 투자분석 정보를 제공하는 전문직임

주가자산비율(PBR)

1) PBR의 의미

배당평가모형이나 이익평가모형은 미래의 배당흐름이나 이익흐름을 정확히 예측 가능하다는 것을 전제로 해 이들의 현재가치를 구하는 모형이므로 현실적으로 객관성을 가지는 것에 어려운 측면이 있습니다. 따라서 이번에는 재무상태표의 자산측면을 중시하는 PBR 배수를 사용하는 방법을 살펴보도록 합시다.

PBR을 구하기 위해 먼저 순자산을 발행주식수로 나누어 주당 순자산가치를 구하는데, 이를 주당 장부가치(BPS : Book Value Per Share)라고 합니다. 다음에는 주가를 주당순자산 혹은 주당 장부가치로 나누어 아래와 같이 PBR을 구할 수 있습니다.

발행주식수

기업이 발행하여 일반 투자자가 소유하고 있는 주식수

$$PBR = \frac{주가(price)}{주당순이익(BPS)} = \frac{주당시장가격}{주당장부가치}$$

즉 PBR은 분자에 보통주의 1주당 시장가격(주가)을 두고, 분모에 주당 재무상태표의 장부상의 가치로 대비해본 지표입니다. 따라서 자산가치가 반영된 상대적 주가수준을 측정한 자료라고 할 수 있습니다. 따라서 자산가치라는 것은 장부상의 자산가치라는 점에 주의해야 합니다.

쉽게 생각하면 장부가 대비 시가가 어느 정도 비율인가 하는 것입니다. 예를 들어 1년 전 매입한 공장용 부동산이 10억원이며 장부상 10억원으로 기록되어 있는데, 이 토지가 택지로 수용될 예정으로 20억원으로 가격이 상승했다고 가정해봅시다. 시장이 완전시장이라면 이러한 부분이 정확히 현재 주가에 반영되어야 할 것입니다. 즉 실질적인 주당 자산가격 상승분이 해당 주가 상승으로 반영되어야 한다는 것입니다.

이렇게 재무상태표에 보통주 한 주가 주당순자산 가치(장부가치)의 실질적 가치를 정확히 반영하면 PBR은 1이 됩니다. 그러나 시장가격인 주가와 장부가치인 주당순자산이 일치하지 않는 경우가 대부분입니다. 그 이유는 다음과 같이 해석할 수 있습니다.

첫째, 분자의 주가는 기업의 양적인 측면뿐만 아니라 질적인 측면을 모두 포함해 총체적으로 반영한 데 반해, 분모의 주당 순자산은 수많은 개별 자산과 부채의 단순한 합에 불과하기 때문입니다.

둘째, 앞서 설명했지만 시간상에서 차이가 나기 때문입니다. PBR의 분자인 주가는 현재의 주가, 즉 시가를 사용하고, 분모의 주당순자산은 일반적으로 역사적 취득원가에 준해 기업의 과거에서 현재까지 누적된 자산과 부채를 나타내고 있다는 점입니다.

셋째, 회계적인 인식기준에 대한 차이 때문입니다. 자산이나 부채의 장부가액은 일정한 회계관습에 의해 제약을 받을 수 있어 시가를 반영하기 어려운 측면이 있으며, 평가의 경우에도 기준에 따라 다양하기 때문입니다. 예를 들어 부동산의 경우에도 평가자의 시각에 따라 취득가액, 매수나 매도호가, 금융기관 입장에서의 담보가격, 감정평가사가 보는 감정평가액, 본질가치 측면의 가격, 수익력으로 산정한 가격, 경매가액, 매매사례가격 등 너무나 많은 평가 금액이 존재할 수 있기 때문입니다.

2) PBR을 통한 저평가 산정

PBR을 이용해 주식의 이론적 가치를 추정하는 방법은 PER 이용방법과 동일합니다. 이론적 기준이 되는 정상적 PBR에 주당순자산을 곱해 이론적 가치를 추정합니다.

$$P_0 = \frac{P^*}{B} \times BPS$$

$\dfrac{P^*}{B}$: 정상적 주당순자산비율(PBR)

BPS : 주당순자산

정상적 PBR 추정은 PER와 마찬가지로 유사기업에 대한 PBR, 동종산업에 대한 PBR, 과거평균 PBR 등을 사용해 구할 수 있습니다. 즉 PBR은 기업의 마진, 활동성, 부채 레버리지, 기업 수익력의 질적 측면(기업의 자산은 결국 수익이 누적된 결과)이 반영된 지표로서 자산가치에 대한 평가뿐만 아니라 수익가치에 대한 포괄적인 정보가 반영된다는 점에서도 PBR 이용의 유용성이 높다고 할 수 있습니다.

또한 PBR 계산을 위한 회계정보는 재무상태표에서 쉽게 구할 수 있고, 적자기업에도 적용 가능하다는 장점이 있습니다. 기업의 주가가 미래의 수익을 제외하더라도 현재 기업의 순자산가치만큼은 가지는 것이 옳다고 보면 보수적인 측면에서 기업의 가치를 산정할 때 의미가 있습니다.

부채 레버리지

부채비율로, 부채비율이 높을수록 위험성은 커지고 기대수익도 높아짐

3) PBR을 사용할 때의 단점

이처럼 PBR이 기업의 청산을 전제로 한 청산가치를 추정할 때는 유용한 보통주 가치평가의 기준이 될 수 있습니다. 그러나 현재 시점에서 장부의 가치에 관한 것으로 미래의 수익발생능력을 반영하지는 못한다는 단점이 있습니다. 즉 기업의 지속성을 전제로 한 평가기준이 되지 못하는 결점을 지닙니다.

자산가치가 개별 자산의 단순한 합계에 지나지 않기 때문에 기업의 원천적 수익력을 평가할 수 없다는 문제점도 있습니다. 또한 주당순자산 추정에서 인적 자본과 같은 질적인 항목이 제외되고, 역사적 취득원가 기준의 회계처리 탓에 인플레이션 상황에서는 시장가치와 장부가치의 괴리가 클 수 있다는 문제점도 안고 있습니다.

결론적으로 어떤 비율분석이든 하나만으로 평가하기에는 쉽지 않고 다양한 비율분석을 통해 최대한 합리적인 가격을 찾아서 평가할 필요가 있습니다. 따라서 투자 현장에서는 PER과 PBR을 함께 살펴보는 것이 좋으며, 단순히 이 비율들이 낮다고 해서 무조건 저평가라고 생각하는 것 또한 조심해야 합니다.

주가가 낮은 데는 다 이유가 있기 마련입니다. 이러한 상황이 해소될 수 있는지도 함께 살펴야 투자 실패가 줄어듭니다.

인플레이션

물가가 전반적으로 꾸준히 오르는 현상을 말하며, 상대적으로 화폐 가치는 하락하므로 투자자는 실물자산 보유를 선호하게 됨

05

기술적 분석으로
매매타이밍 잡기

주가의 흐름은 수많은 투자자의 매수 및 매도의 기록입니다.
마치 전쟁터와 같은 주식시장에서 매수세와 매도세의 힘의 쏠림을
차트로 찾아내는 기법을 배우면 매매시점 포착의 전문가가 됩니다.

01
기술적 분석 개요

기술적 분석가들은 주가와 거래량의 움직임을 도표화하고 과거의 패턴이나 추세를 발견해 주가 변동을 예측합니다. 보는 사람에 따라 같은 그림도 다르게 분석하는 경우가 생기지만 일반적으로 견해가 일치하는 기본적인 기술적 분석의 틀은 꼭 알아야 합니다. 차트를 자주 접해보면서 기본적으로 사용되는 것부터 따져보는 것이 최선의 공부방법입니다.

기본적 분석 vs. 기술적 분석

주가를 분석하는 기법은 기본적 분석과 기술적 분석으로 양분할 수 있습니다. 이 양측은 각각 분석기법의 우월성에 대해 오랜 기간 논쟁을 벌여왔습니다.

기본적 분석은 경제상황, 산업과 기업을 다양한 측면에서 분석해 본질가치를 찾습니다. 이렇게 찾은 내재가치를 시장가치와 비교해 저평가된 것을 매수하고 고평가된 것을 매도하는 전략을 폅니다. 그런데 앞서 기본적 분석에서 이야기했듯이 내재가치라는 것이 이론적으로는 문제가 없을 수 있지만 하루에도 급변하는 시장상황을 반영하는 본질가치를 찾는다는 것은 매우 주관적일 수 있습니다.

내재가치

기업의 본질적인 가치를 말하며 자산적인 측면과 수익적인 측면으로 구분할 수 있음. 투자자마다 내재가치를 보는 기준이 조금씩 다르기 때문에 매매가 발생하게 됨 반면에 기술적 분석은 본질가치보다는 매수와 매도 그 자체에 집중합니다. 주가와 거래량의 움직임을 도표화하고 과거의 패턴이나 추세를 발견해 주가 변동을 예측하는 것입니다.

여기서 양쪽의 입장을 보다 이해하기 쉽게 정리해봅시다.

- 기본적 분석의 입장 : '패턴이 반복된다면 누가 돈을 못 벌겠는가? 본질적 가치가 변해야 주가는 변하는 것이다. 기업의 본질가치 자체에 주목해야 한다.'
- 기술적 분석의 입장 : '기업의 본질가치를 정확히 예측한다는 것이 가능한 것인가? 주가는 결국 수요와 공급으로 시장에서 결정되는 것이다. 기업의 주가 자체에 주목해야 한다.'

양측의 논쟁을 애플과 스티브 잡스 부재 사례로 살펴보도록 합시다. 스티브 잡스가 없는 애플에 대해 어떤 사람은 애플 주식의 매도로, 어떤 사람은 매수로 대응할 수 있습니다. 사실 잡스는 운이 좋은 사람이기도 합니다. 정작 기대하지 않았던 픽사의 '토이 스토리'가 대박이 나면서 잡스는 애플에서 다시 입지를 다질 수 있었기 때문입니다. 어쨌든 혁신에 대한 잡스의 무서울 정도의 집착이 애플의 신화를 만들어낸 것은 분명합니다. 사례로 돌아가 잡스가 2011년 병가를 내자 애플의 주가가 6% 하락했습니다. 기본적 분석론자와 기술적 분석론자는 당시 이를 어떻게 해석했을까요?

1) 기술적 분석의 유용성

기본적 분석의 논리는 '잡스의 건강 악화'라는 사건이 애플의 미래

현금흐름에 어떤 영향을 미치는지 분석하고 그 현금흐름을 현재가치로 환산해 더하면 됩니다. 그런데 말이 쉽지 이를 분석하는 것은 사실 너무나 주관적인 것입니다. 기본적 분석에 따른 시장의 당시 결론은 '6% 하락'이었는데, 즉 잡스의 건강악화가 애플 주식의 본질가치를 6% 훼손한 셈입니다.

논리적인 측면에서는 기본적 분석이 타당합니다. 또한 장기적으로 주가는 기업의 본질가치에 수렴해간다고 봅니다. 그렇지만 정보가 부족하고 정보분석 능력이 약한 개인투자자 입장에서는 기본적 분석이 쉬운 일이 아닙니다.

게다가 가치만을 믿고 단순히 장기투자하는 것이 능사는 아닙니다. 철옹성 같던 수많은 은행들, 세계를 무대로 뛰던 재벌그룹도 이제는 사라지고 없는 기업이 많습니다. 기본적 분석의 '영속성'이라는 전제 자체가 현실에서는 수긍하기 어려운 측면이 있습니다.

반면 기술적 분석은 주가와 거래량과 같은 데이터를 도표화해 추세와 패턴을 찾아 매매합니다. 따라서 주가가 변동한 근본 요인을 무시한 차트만의 분석은 기본적 분석론자 입장에서는 무모하게 느껴질 수 있습니다. 그러나 현실에서는 마치 관성의 법칙처럼 일정한 추세의 힘이 현존하는 것이 사실입니다. 즉 시장의 심리적인 요인을 기본적 분석은 계량화하지 못하는 단점을 기술적 분석이 보완할 수 있습니다.

추세를 이용해 단기적으로 매매 타이밍을 잡는 수많은 투자자가 있기 때문에 또한 이러한 기술적 분석이 효용성을 가지기도 합니다. 기술적 분석을 들여다보면 '기울기'라는 것을 통해 시장 힘에 대한 분석을 많이 하게 됩니다. 주가는 매매 세력 간 전쟁의 결과물인데, 그 힘의 균형점들의 움직임이 바로 그래프의 기울기로 나타나기 때문입니

장기투자

투자는 결국 수익을 내야 하는 것이므로, 단기투자나 장기투자는 옳고 그름의 문제는 아님. 종목에 따라 혹은 시황에 따라 투자금의 성격에 따라 적합한 투자방식은 달라짐. 결국 최종 선택은 본인의 투자스타일에 따름

다. 힘이 가는 방향으로 순응하는 것이 현실에서도 좋은 성과를 볼 확률도 높아집니다.

2) 기본적 분석+기술적 분석

해묵은 논쟁은 지금도 계속되고 있지만 결론을 내리는 것은 어렵습니다. 아무래도 본질가치에 집중하는 투자자는 기술적 분석을 무시하지만, 투자 현장에서는 너무나 보편적으로 기술적 분석을 사용하고 있습니다. 따라서 기본적 분석을 통한 기업가치 분석을 통해 우량주를 분석하고, 기술적 분석을 통해 매매 타이밍을 잡아가는 것이 현실적인 측면에서 유용한 대안이라고 봅니다.

현대 투자론에서는 매매시점에 대한 이야기보다는 자산배분에 보다 집중합니다. 그렇지만 매일 주식시세표를 보게 되는 투자자 입장에서는 매매시점이 너무나 중요합니다. 실무적으로도 재무제표를 통한 이해보다는 차트를 통한 이해가 직관적으로 매우 효과적인 측면이 있다는 점도 의미가 있습니다.

주식의 가격은 근본적으로 회사의 수익창출 능력에 달려있기 때문에 기본적 분석이 중요합니다. 또한 주식 매매는 심리적인 요인도 매우 큰 영향을 미칩니다. 주가는 오르기만 하는 것도 아니고 내리기만 하는 것도 아니라서 일정한 추세를 그리며 움직이게 됩니다. 이 추세를 분석하는 기술적 분석은 그래서 유용합니다. 그래서 결론은 종목 선정에 있어서는 기본적 분석을, 매매 타이밍 선정에는 기술적 분석을 함께 사용하는 것이 합리적입니다.

자산배분

수익성, 안정성, 유동성 등을 고려해 운용 자산별 비중, 만기 구조, 신용투자 규모 등에 대해 자산운용 정책을 수립하는 것

기술적 분석의 기초

기술적 분석을 위해서는 다음의 몇 가지 가정을 전제로 합니다.

- 증권의 시장가치는 수요와 공급에 의해서 결정됨
- 시장의 사소한 변동을 무시한다면, 주가는 추세를 따라 움직이는 경향이 있음
- 추세의 변화는 수요와 공급의 변화에 의해 발생함
- 수요와 공급의 변동은 그 발생 이유와 관계없이 시장의 움직임을 나타내는 도표에 의해 추적될 수 있으며, 도표에 나타나는 주가 모형은 반복하는 경향이 있음

주가모형

과거의 주가흐름에서 반복되는 형태를 발견할 수 있음. 예를 들어 급등락 사례가 있었던 종목은 다시 급등락이 나오는 경우가 많음

주가의 움직임이라는 것은 해당 주식의 수요와 공급의 원칙에 의한 결과입니다. 주가가 오른다는 것은 사겠다는 사람이 많아서이고, 주가가 떨어진다는 것은 팔겠다는 사람이 많아서입니다. 즉 주가가 오르고 떨어지는 원인이 경제적·정치적·사회적·심리적인 여러 요인이 있겠지만, 결국은 이것이 매수와 매도에 반영되어 모두 주가에 반영된다는 것입니다.

기술적인 분석에서 추세는 매우 중요합니다. 추세란 주가의 움직임이 관성의 법칙처럼 같은 방향으로 계속 움직이려는 성향이 있다는 것입니다. 주가의 움직임이 추세라고 확인할 수 있다면, 해당 추세에 순응해 매매를 하는 경우 성공확률이 높아집니다.

증권시장에서 매매자들의 행동은 어떤 형태의 패턴이 반복되어 나타납니다. 이러한 것들은 투자자의 심리와도 밀접한 관계가 있습니다.

투자자는 각자의 매매 스타일을 가지고 있고 이런 스타일을 바꾸는 것은 쉽지 않습니다. 마찬가지로 이런 수많은 투자자의 매매형태는 차트의 패턴으로 나타나게 됩니다. 역사는 유사한 패턴을 가지고 반복하며, 이런 패턴을 분석하면 나름의 예측이 가능해집니다.

기술적 분석에 한계가 있지만 실무적으로 중요한 점은 기술적 분석을 신뢰하는가를 떠나서 수많은 투자자들이 기술적 분석을 활용하고 있다는 것입니다. 즉 기술적 분석을 신뢰하지 않더라도 차트의 움직임을 분석할 필요가 있습니다. 예를 들어 패턴을 분석해 기술적 분석을 기본으로 하는 투자자들의 매매물량을 역으로 활용할 수도 있습니다.

패턴

주가변동모형을 정형화해 실제 주가움직임과 비교해보는 것이 패턴분석임

 주린이가 진짜 궁금해하는 것들

◉ **눌림목을 노리는 게 좋다고 하던데, 눌림목이 뭔가요?**

Ⓐ 눌림목이라는 것은 주가가 상승한 후 하락하는 현상입니다. 말 그대로 눌림목이란 주가가 지속적으로 오르지 못하고 눌리는 상황을 말합니다. 일반적으로 눌림목 구간에서 거래량이 줄어듭니다. 중요한 점은 주가가 쉬었다 갈지, 그냥 하락으로 굳어질지 예측하기가 쉽지는 않다는 것입니다. 따라서 기본적으로 우상향하는 추세에 있어야 하고, 시장상황이 좋아야 하며, 기업의 기초 체력이 좋은 경우 눌림목에서 재상승 확률이 높다고 할 수 있습니다. 눌림목을 판단할 때 일반적으로 일봉을 많이 사용하며, 초단타 매매를 하는 사람은 분봉으로 눌림목을 판단합니다.

02
캔들의 이해

캔들에 대한 이해는 기술적 분석의 시작입니다. 하루 동안 매수자와 매도자 간의 사고판 전쟁의 결과, 즉 이 모든 것들이 치열한 매매싸움의 흔적이기 때문에 캔들이 주는 정보를 어떻게 해석할 것인지가 중요합니다. 다만 어떤 분석도 완벽한 것은 없기에 매매전쟁의 현장에서는 다양한 모습으로 매매가 펼쳐질 수 있음을 꼭 유념해야 합니다.

캔들차트란 무엇인가?

시가

장이 열리면서 시작하는 가격을 시가라 함. 일반적으로 당일 주가의 흐름은 장이 시작하고 1~2시간 정도에 대략 판가름이 나게 됨

주가의 가장 중요한 정보인 장시작 가격(시가), 장마감 가격(종가), 당일 최고가(고가), 당일 최저가(저가)를 한눈에 볼 수 있어야 하는데, 이 모양이 양초와 비슷하다 해서 캔들차트(봉차트)라 합니다. 캔들차트는 일본에서 쌀의 가격을 표시하고 가격변동을 예측하기 위한 분석도구로 활용했던 것이 그 유래입니다.

한국은 일본식 캔들차트를 주로 사용하고 있습니다. 증권시장의 종주국인 미국의 바차트에는 시가(시초가)가 없으나 일본식 캔들차트에서 나오는 시가(시초가)를 적용하는 경우도 많습니다.

기술적 분석을 차트분석이라고 할 만큼 차트 의존도가 높습니다. 차

트는 캔들로 작성하므로 캔들이 주는 정보를 잘 이해하는 것이 기술적 분석의 시작입니다.

캔들의 기초

하나의 캔들은 시가, 고가, 저가, 종가를 나타내며 이를 통해 그날의 매도세와 매수세의 움직임을 파악할 수 있습니다. 시가와 종가를 비교해 양봉(종가>시가)과 음봉(시가>종가)의 몸통을 만듭니다. 양봉은 적색 또는 흰색으로, 음봉은 청색 또는 검은색으로 나타냅니다. 참고로 서양은 상승을 청색으로 하락을 적색으로 표시하며, 이런 부분은 해당 시장의 관행이라고 보면 됩니다.

몸통 위의 고가에서부터 몸통까지 이은 선을 윗꼬리라고 합니다. 이와 달리 몸통 아래의 저가에서부터 몸통까지 이은 선을 밑꼬리(아래꼬리)라고 합니다.

캔들봉은 나타내는 기간에 따라서도 구분됩니다. 한 캔들의 기간에 따라 분봉, 일봉, 주봉, 월봉, 연봉 등으로 부릅니다.

윗꼬리

최고가를 찍고 하락한 상태를 표시한 것

밑꼬리

최저가를 기록 후 다시 상승한 상태를 표시한 것

양봉과 음봉

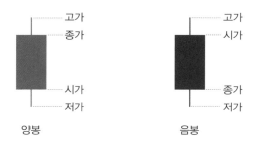

양봉   음봉

시가의 위치에 따른 의미

보합

시세가 변동하지 않거나 시세변동의 폭이 미미한 상태

시가의 위치에 따라서는 크게 3가지로 나눌 수 있습니다. 그것은 바로 '갭 상승'과 '갭 하락', 그리고 '보합세'입니다.

첫째, '갭 상승'은 전일 종가보다(일반적으로 3~5% 정도) 높게 가격이 형성되는 것을 의미하며, 당일 동시호가부터 강한 매수세를 의미합니다. 특히 전고점에서 뚫고 갭 상승이 나온다면 단기적으로 관심대상입니다.

둘째, '갭 하락'은 전일 종가보다(일반적으로 3~5% 정도) 낮게 가격이 형성되는 것을 의미하며, 당일 동시호가부터 강한 매도세가 존재한다는 것을 알 수 있습니다. 갭 하락이라는 뜻은 전일 매도를 하지 못한 투자자들이 시초가부터 강한 매도세를 보이는 것으로, 이 매도물량을 잠재울 만한 별다른 호재가 없다는 뜻입니다. 그래서 갭 하락으로 장이 시작되면 어느 정도 투자 손실을 각오해야 할 상황이라고 볼 수 있습니다. 하지만 갭 하락 후 양봉으로 전환될 때 일시적인 반등이 나올 수 있습니다. 예를 들어 손절매나 반대매매에 의한 갭 하락을 이겨내고 장중에 양봉을 만드는 경우입니다. 아무튼 갭 하락 자체는 매수한 투자자 입장에서는 매우 당혹스럽습니다.

셋째, '보합세'는 전일 종가보다 1~2% 내외로 가격이 형성되는 것을 의미하며, 당일 동시호가에서는 별다른 이슈가 없어 눈치보기 주가가 형성된다는 것을 의미합니다. 큰 매도나 매수의 주체가 없어서 거래량이 적을 때도 나타나는 것이 일반적인 현상입니다.

모양별 캔들차트의 의미

하나의 캔들은 모양에 따라서도 제각기 다른 의미를 가집니다. 다음에 소개하는 한 캔들 모양의 의미를 잘 기억해두면 차트를 읽는 데 도움이 될 것입니다.

1) 장대양봉형, 장대음봉형

장대양봉형   장대음봉형

   장대양봉형(적색) 패턴은 장중 시가와 종가의 등락폭이 아주 크며 강하게 상승하면서 장마감이 된 것이 특징이며, 그 몸통이 이전 봉의 크기보다 매우 길다는 것을 의미합니다. 또한 상승장에서 나타난 장대양봉은 강한 매수세로 상승이 조금 더 지속된다는 의미로 받아들일 수 있습니다.

   반면 장대음봉형(청색) 패턴은 장대양봉과 마찬가지로 장중 등락폭이 아주 크며, 크게 하락하면서 마감해 몸통이 이전 날들의 봉의 크기보다 매우 깁니다. 하락장세에서 나타난 장대음봉은 하락지속형으로 작용하게 됩니다. 상승장 중 특히 급상승 후 장대음봉이 나타나면 이익실현 매물의 본격화로 해석되어 하락을 예고하는 경우가 많습니다.

하락장세

주가가 하락하는 추세를 보이는 흐름에서 긴 음봉이 나오는 것은 시세를 되돌릴 힘이 부족하다는 의미임

2) 상승샅바형, 하락샅바형

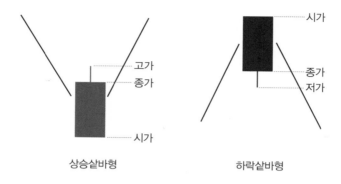

상승샅바형   하락샅바형

기술적 반등

주가가 하락을 거듭하
다가 투자자들이 지나
치게 하락이 깊다고 느
낄 때 일시적인 반등이
나옴. 기술적 반등이
오더라도 기존 하락분
을 되돌리지 못하고 다
시 하락하는 경우가 많
으므로 단기적인 대응
이 필요함

상승샅바형 패턴은 시가가 장중 최저가인 상태입니다. 장중에서 주가가 상승하면서 윗꼬리양봉 형태를 띠는 패턴입니다. 하락추세에서 이 패턴이 나타나면 기술적 반등이 예상되며, 몸통의 길이가 길수록 반등 가능성은 더 높아집니다. 지속적인 하락 후 바닥권에서 이 패턴이 발생했다면 단기적으로 매수적 관점에서 접근해야 하지만, 다음날 주가가 하락으로 종료한다면 추가 매도 세력이 아직 남아 있다는 의미이므로 하락이 좀더 이어진다고 보면 됩니다.

하락샅바형 패턴은 시가가 장중 최고가인 상태입니다. 장중에 주가가 하락하면서 밑꼬리음봉 형태를 가지는 패턴으로, 상승추세에서 이 패턴이 나타나면 하락이 예상됩니다. 몸통의 길이가 길수록 하락 가능성이 높아지며, 거래량이 급증한다면 하락 가능성은 더욱 높아집니다. 긴 상승추세 도중 천장권에서 이 패턴이 발생했다면 매도를 고려해야 합니다. 하지만 다음날 종가가 전일 고점 위에서 형성된다면, 상승추세가 좀더 진행된다는 의미로 받아들일 수 있습니다.

3) 밑꼬리양봉형, 윗꼬리음봉형

밑꼬리양봉형 패턴은 윗꼬리양봉형의 반대입니다. 종가와 고가가 일치하고 윗꼬리가 없으며, 시가와 저가가 다릅니다. 밑꼬리는 몸통보다 매우 짧은 형태로, 상승장세를 반영하는 상승지속형 패턴으로 작용합니다.

윗꼬리음봉형 패턴은 밑꼬리음봉형과 반대입니다. 종가와 저가가 일치하고 밑꼬리가 없으며, 시가와 고가가 다릅니다. 윗꼬리는 몸통보다 짧은 형태의 패턴으로, 하락장세를 반영하는 하락지속형 패턴으로 작용합니다.

캔들 몸통

캔들의 몸통은 그 크기가 길수록 힘이 강함. 양봉은 매수세를 나타내고, 음봉은 매도세의 힘을 나타냄

4) 우산형

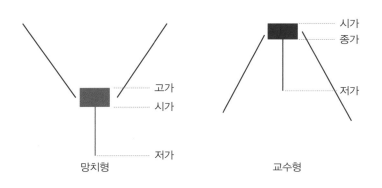

우산형 패턴은 몸통의 윗꼬리가 거의 없고 몸통에 비해 매우 긴 꼬리 형태를 가진 패턴으로, 이는 다시 망치형과 교수형(hanging man) 패턴으로 구분됩니다. 교수형은 상승추세가 형성되어 향후 주가의 하락반전을 암시하며, 망치형은 하락추세 도중에 형성되어 향후 주가의 상승반전을 암시합니다. 이러한 망치형과 교수형을 패턴으로서 볼 수 있으려면 명확한 추세의 형성이 있는 상태에서 이와 같은 패턴이 만들어져야 합니다.

특히 단기적인 급등 후 교수형이 나타났을 경우 거래량을 체크하는 것이 필수입니다. 별다른 거래량 없이 교수형이 나왔다면 서둘러 매도할 필요는 없으나, 이전 평균거래량의 2~3배 정도의 대량거래가 수반된 교수형은 바로 매도에 동참해야 합니다. 또한 최저 바닥권이라고 인식된 부분에서의 망치형은 다음날 음봉으로 하락시 추가하락이 올 수도 있으므로 주의해야 합니다.

평균거래량

거래량은 주가의 그림자라는 말이 있음. 대체적으로 거래량이 많을 때 주가는 상승하고, 거래량이 위축될 때 주가도 하락하는 경우가 많음

5) 역전된 망치형, 유성형

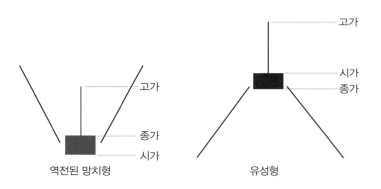

역전된 망치형 패턴은 몸통의 밑꼬리가 거의 없고, 윗꼬리가 몸통에 비해 매우 긴 형태를 가진 패턴으로 일봉의 색깔은 그리 중요하지 않

습니다. 다만 하락장세 도중에 이 패턴의 출현은 상승반전 신호로 작용할 수 있다는 점을 명심해야 합니다. 이 패턴과 비슷한 유성형과 구분되는 점은 하락추세에서는 상승반전 신호로 작용하고, 상승추세에서는 하락반전 신호로 작용한다는 것입니다.

유성형(shooting star) 패턴은 몸통의 밑꼬리가 거의 없고, 윗꼬리가 몸통에 비해 매우 긴 형태를 가진 패턴으로 역시 일봉의 색깔은 그리 중요하지 않습니다. 다만 상승장세 도중에 이 패턴이 출현하면 하락반전 신호로 작용할 수 있다는 점을 알아야 합니다.

특히 단기적인 급등 후 유성형이 나타났을 경우 거래량을 체크하는 것이 필수입니다. 별다른 거래량 없이 유성형이 나왔다면 서둘러 매도할 필요는 없으나, 이전 평균거래량의 2~3배 정도의 대량거래가 수반된 유성형은 바로 매도에 동참해야 합니다.

대량거래

대량거래는 상승이든 하락이든 매우 중요한 의미가 있음. 대량거래가 나오는 자리에 따라 해석도 달라짐. 바닥에서 나온 대량거래는 상승을 의미하는 경우가 많고, 상승의 끝물에서 나오는 대량거래는 추세전환이 머지않았음을 의미하는 경우가 많음

6) 십자형

장족십자형   비석십자형   잠자리형   점십자형

장족십자형 패턴은 몸통이 짧은 것에 비해 윗꼬리와 아래 꼬리가 상대적으로 상당히 길며, 몸통의 위치는 일반적으로 장중 거래범위 중간에 위치하는 형태를 가진 패턴입니다. 상승과 하락이 불확실한 경우, 즉 매수세와 매도세의 균형이 팽팽한 시장 상황을 반영하는 패턴입니다.

비석십자형 패턴은 종가와 시가, 저가가 모두 일치하고 윗꼬리가 긴 형태를 가진 패턴으로, 시초가 이후 장중에 주가가 상승세를 보이다가 종가가 장중 저가인 시가와 일치하거나 또는 근접해서 마감할 경우 생기는 패턴입니다. 상승추세의 고점에서 비석십자형이 발생했을 경우 하락전환 가능성이 높으며, 윗꼬리가 길수록 신뢰성이 높고, 횡보 국면이나 하락추세 이후 발생했다면 상승반전 신호로 작용하기도 합니다. 특히 급락 중에 발생한 비석십자형에서 대량거래가 발생했다면 반등 가능성이 큽니다.

잠자리형 패턴은 십자형 형태 중의 하나로 시가와 종가, 고가가 일치하는 경우에 형성되는 패턴입니다. 일반적으로 주가 전환 시점에서 많이 발생하는 형태입니다. 하락추세의 막바지에 발생하면 상승반전형 패턴으로 작용하며, 상승 중에 있을 경우에는 계속 상승 작용을 하게 됩니다. 특히 점상한가로 급등 중 나타난 첫 잠자리형 캔들은 주로 세력들의 물량 확보를 위한 흔들기 가능성이 있으나, 점상한가로 추가 상승 후 나타나는 두 번째 잠자리형은 매도의 시작으로 해석하는 경우가 많습니다.

점십자형 패턴은 시가, 고가, 저가, 종가의 가격이 모두 일치할 때 발생하는 십자형 패턴입니다. 유동성이 매우 적고 종가 이외에는 어떤 시세도 성립되지 않습니다. 상한가나 하한가로 거래가 형성된 경우나 거래가 일체 형성되지 않은 경우로, 향후 주가 방향 예측이 어려운 패턴입니다.

2개의 캔들이 가지는 의미

하나의 캔들이 가지는 신뢰도보다 연이은 2개의 캔들이 가지는 신뢰도는 더욱 높다고 볼 수 있습니다. 여기에서 소개하는 2개의 캔들 패턴들을 잘 숙지해둘 필요가 있습니다.

1) 상승장악형, 하락장악형

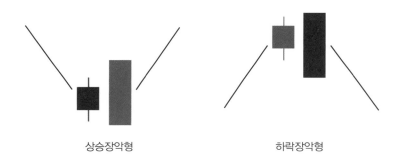

상승장악형   하락장악형

상승장악형 패턴은 서로 다른 색깔을 갖는 일봉으로 최종일의 일봉은 양봉이고, 전날의 일봉은 음봉으로 나중에 나타난 일봉(양봉)의 몸통이 전날 일봉(음봉)의 몸통을 완전히 감싸는 형태입니다.

하락추세 지속 이후 이 패턴의 출현은 향후 상승전환을 예상해볼 수 있습니다. 이 패턴은 상승전환 작용을 하게 되며 명확한 하락추세 이후 발생했다면 매수에 임해야 합니다. 관통형이나 상승반격형보다 신뢰도가 높은 패턴입니다.

하락장악형 패턴은 최종 일봉의 몸통이 전날 몸통을 감싸는 형태를 취하며 형성된 패턴으로 서로 상반된 색깔을 갖는 봉으로 구성됩니다. 상승추세 중 발생한 이 패턴은 향후 하락전환을 예상할 수 있습니다.

관통형

관통형은 긴 음봉 이후 양봉이 음봉의 절반 이상으로 올라오는데, 바닥권에서는 상승신호로 해석함

상승추세의 정점 근처에서 이 패턴이 발생했다면 매도에 임해야 하는데, 다만 명확한 추세 확인과 보조지표의 하락 확인이 전제되어야만 바람직합니다.

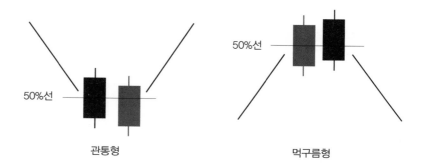

보조지표

기본적인 차트에 보조적으로 사용하는 기술적 분석 지표를 말함. MACD, 볼린저밴드 등 무수히 많음

2) 관통형, 먹구름형

50%선

관통형

50%선

먹구름형

관통형 패턴은 최근 일봉이 긴 양봉이며, 전날 봉이 긴 음봉 형태를 띱니다. 최근 일봉의 시가가 전날 봉의 저가 아래에서 형성되고 종가는 전날 고가를 상향하지 않고 근접한 수준에서 형성됩니다. 최종일 일봉의 종가가 전날 봉의 고가에 많이 접근할수록 상승반전 가능성은 더욱 높아지며, 매수에 임해야 합니다. 다만 종가가 전날 캔들 몸통의 50% 이상을 상향하지 못하고 이 패턴이 완성되었다면 매수를 유보하는 것이 바람직합니다.

먹구름형 패턴은 최종일의 봉이 긴 몸통을 가진 음봉이며, 전날 봉은 긴 몸통의 양봉으로서 최종일 일봉의 시가는 전날 일봉의 고가 위에서 형성됩니다. 종가는 전날 일봉의 저가 근처에서 형성됩니다. 이때 저가에 접근하면 할수록 하락반전 가능성의 신뢰도는 더욱 높아지며, 상승추세 정상권에서 이 패턴이 발생하면 중요한 하락반전 신호이므로 매도에 임해야 합니다. 이때 최종일의 종가가 전날 일봉 몸통의 50% 이상을 하락하지 않은 경우에는 매도를 보류하는 것이 바람직합니다.

3) 상승반격형, 하락반격형

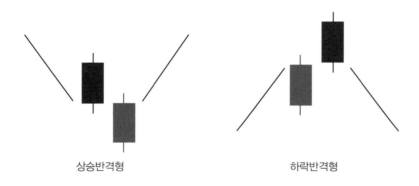

상승반격형   하락반격형

상승반격형 패턴은 서로 상반된 색깔을 갖는 일봉의 종가가 같은 경우로서 최종일 일봉은 양봉이고, 전날 일봉은 음봉입니다. 각각의 일봉은 긴 몸통을 가지고 있는 형태의 패턴으로서 하락추세에서 발생한 이 패턴은 향후 상승반전 작용을 하게 됩니다.

다음날 주가 상승으로 직전 종가보다 높은 수준에서 새로운 종가가 형성되면, 상승반전 가능성의 신뢰도는 더욱 높아집니다. 이 패턴과 같이 상승반전 작용을 암시하는 관통형보다는 신뢰성이 떨어집니다.

하락반격형 패턴은 서로 상반된 색깔을 갖는 봉의 종가가 같은 경우로서 최종일 일봉은 음봉이고, 전날 일봉은 양봉입니다. 각각의 봉은 긴 몸통을 가지는 형태의 패턴으로서 상승추세에서 발생한 이 패턴은 향후 하락반격 작용을 하게 됩니다.

하락반격

상승하던 주가가 높은 시가를 형성하고 전일 종가수준으로 밀리는 형태는 하락 가능성이 높다고 해석함 다음날 주가 하락으로 직전 종가보다 낮은 수준에서 새로운 종가가 형성되면 하락반전 가능성의 신뢰도는 더욱 높아집니다. 이 패턴과 같이 하락반전 작용을 암시하는 먹구름형 패턴보다는 신뢰성이 떨어집니다.

4) 상승잉태형, 하락잉태형, 십자잉태형

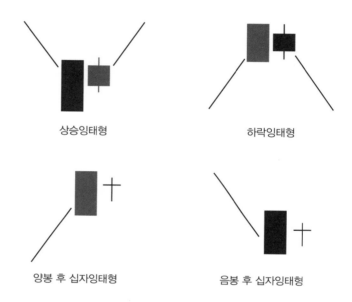

상승잉태형

하락잉태형

양봉 후 십자잉태형

음봉 후 십자잉태형

상승잉태형 패턴은 전날 봉이 최근일 봉을 감싸는 형태의 패턴으로, 이 패턴은 하락추세 이후의 상승반전 작용을 할 수 있다는 점을 내포하고 있습니다. 하락추세 중에 전날의 봉이 음봉임에도 갭 상승으로 양봉을 만들었다면 향후 추세전환을 예상해볼 수 있으며, 최근일 봉의 몸통과 그림자가 짧을수록 추세의 반전 가능성은 더욱 높아진다고 합니다.

하락잉태형 패턴은 전날 봉이 최근일 봉을 감싸는 형태의 패턴으로,

추세전환

형성된 추세선을 이탈해 새로운 추세로 전환하는 것을 말함

이 패턴은 상승추세 이후 하락반전 작용을 할 수 있습니다. 상승추세 중 전날의 봉이 양봉임에도 갭 하락으로 음봉을 만들었다면 향후 추세 전환을 예상해볼 수 있으며, 최근일 봉의 몸통과 꼬리가 짧을수록 반전 가능성은 더욱 높아진다고 합니다.

십자잉태형은 최종일의 일봉이 십자형 형태를 취하고 있고, 전날 일봉은 최종일 일봉을 감싸는 형태입니다. 상승추세에서 발생했다면 양봉 후 십자형이, 하락추세에서 발생했다면 음봉 후 십자형이 형성되어야 반전 패턴으로 볼 수 있습니다.

반전 패턴

기존의 움직임과 반대의 움직임을 보이는 패턴으로, 지속형 패턴과는 반대임

5) 상승장악형, 하락장악형

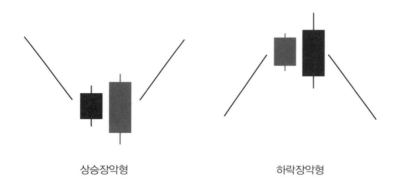

상승장악형   하락장악형

상승장악형 패턴은 2개 이상의 봉들의 저점이 더 이상 내려가지 않고 저점이 일치하는 형태를 띠는 패턴으로, 일치하는 저점이 지지선의 역할을 합니다. 하락추세에서의 상승장악형 패턴은 향후 주가의 상승을 예고해주며, 기타 보조지표들이 상승신호를 발생시키는 것으로 확인할 수 있습니다.

하락장악형 패턴은 2개 이상의 봉이 고점을 더 이상 높여가지 못하

저항선

주가그래프에서 주가 흐름의 고점들을 연결한 선의 기울기가 아래쪽을 향하는 하락 추세선을 뚫지 못하고 부딪혀 다시 밀리는 선을 말함

고 고점이 일치하는 형태를 띠는 패턴으로, 일치하는 고점이 저항선이 됩니다. 상승추세에서 이 패턴이 등장하면 향후 주가하락을 예고해줍니다.

6) 적삼병, 흑삼병

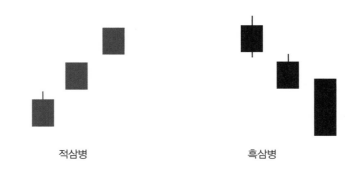

적삼병   흑삼병

적삼병은 3개의 양봉이 연속해서 나타나면서 형성되는 패턴입니다. 하락추세 이후 저가권에서 발생했다면 향후 추세상승을 예고해주며 주가가 꾸준하게 상승하는 경우입니다. 꼬리가 거의 없을수록 시장이 강하게 상승세로 반전되었음을 보여주는 패턴으로서 지속형 패턴으로도 작용하게 됩니다.

흑삼병은 3개의 음봉이 연속해서 나타나면서 형성된 패턴입니다. 각 일봉의 시가는 직전 음봉 몸통 내에서 형성되며, 각 음봉은 저가에 근접해 종가를 형성하는 형태의 패턴으로 주가가 꾸준하게 하락하는 시장 상황을 보여주는 패턴입니다.

각 음봉의 꼬리가 거의 없을수록 시장이 강하게 하락세로 반전되었음을 보여주는 경우입니다. 이 패턴은 하락지속형으로 작용하는 패턴입니다.

적삼병 예시

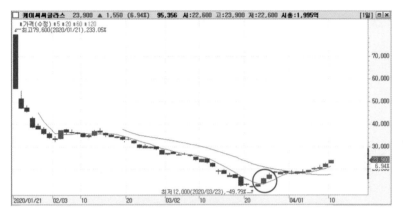

자료 : 삼성증권 HTS화면

상장 직후부터 지속적으로 하락하다가 횡보하고 있습니다. 반등하는 모습을 면밀히 분석해볼 필요가 있습니다.

　이 차트는 분할 상장 후 지속적으로 하락하던 주가가 적삼병 출현 후 상승반전 중인 모습을 보여주고 있습니다. 하락하는 추세가 완만해지면서 적삼병이 출현하면 상승에 대한 가능성이 더욱 높습니다.

　한 가지만 더 노파심에서 말하자면, 하락이 깊은 종목에 투자할 때는 투자하려는 기업이 해당 업에서 시장을 주도하는 회사여야 합니다. 그래야 혹시 투자결정에 실수가 있더라도 기다리면 복구가 가능합니다.

적삼병

붉은색 양봉이 3개 연속 나타나는 것으로, 적삼병이 나오면 상승 추세로 전환된다는 의미로 해석함

03
저항선, 지지선

주가가 싸다는 것은 중요한 장점이지만 지지를 받지 못하고 팔고자 하는 사람이 여전히 많다면 싸다는 것으로만 주가가 반등하기는 어렵습니다. 반대로 팔고자 하는 사람이 많은 구간인 저항을 이겨내고 힘 있게 오르면 이제는 반대로 기존의 저항선이 지지선이 되기도 합니다. 저항분석과 지지분석이 여러분의 투자수익을 든든하게 지켜줄 것입니다.

지지 vs. 저항

블루칩
대형 우량주로 오랜 시간 동안 안정적인 이익을 창출하고 배당을 지급해온, 수익성과 재무구조가 건전한 기업

주식고수의 투자기법 중 하나는 블루칩 중에서 저항선을 돌파하는 종목에 투자하는 것입니다. 특히 저항선을 오랫동안 돌파하지 못하다가 저항선을 강력히 돌파하는 종목은 주가가 과거에 비해 높은 위치에 있지만 과감하게 투자합니다. 여기에 한 가지 더하면 생각했던 방향으로 움직이지 않을 때는 과감히 손절했다는 점입니다.

차트에 선을 그려 시장 힘의 움직임을 분석하는 것은 기술적 분석가들이 사용하는 일반적이고 고전적인 분석 방법입니다. 차트에 선을 그려 저항선과 지지선을 그릴 수 있어야 추세를 파악해서 현명하게 투자할 수 있습니다.

저항선과 지지선

주가는 특정한 범위 안에서 주가운동을 결정지으려는 경향이 있습니다. 지지는 어떤 기간에 있어서 주가하락추세를 멈추는 데 충분한 매입과 매입하고자 하는 세력을 말하는데, 이러한 현상을 선으로 연결시켜놓은 것을 지지선이라 합니다. 반면에 저항은 어느 일정한 기간 동안의 매입세력에 대한 매도세력으로, 이렇게 상승저항을 받고 있는 고점들을 선으로 연결한 것이 저항선입니다.

1) 지지선 하향 돌파

주가상승 후 매도 증가로 저항을 보인 후 지지수준을 하향 돌파하는 것으로, 매도세의 급증과 매수세 감소로 인해 지지선이 무너지며 하향 돌파되어 주가가 저항선에서 상방경직성을 보이며 거래가 급감합니다. 지지선을 하향 돌파하는 A점이 적극적인 매도시점입니다.

지지선 하향 돌파

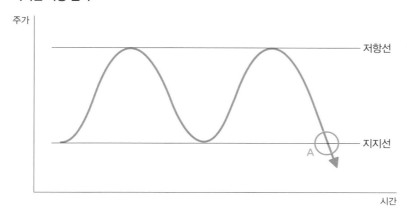

전저점을 하향돌파하는 경우 매도로 대응하는 것이 합리적입니다.

2) 저항선 상향 돌파

주가가 하락하다가 지지선을 중심으로 일정한 수요가 발생되어 주가의 하방경직성을 보인 후 저항선을 상향 돌파하는 경우입니다. 매입세력 증가로 저항선 돌파가 나타납니다. 따라서 주가가 저항선을 돌파하는 B점을 매수시점으로 삼아야 합니다. 특히 강한 매수세로 거래량을 동반하며 힘있게 저항선을 뚫을 때는 적극적인 매수시점이 됩니다.

저항선 상향 돌파

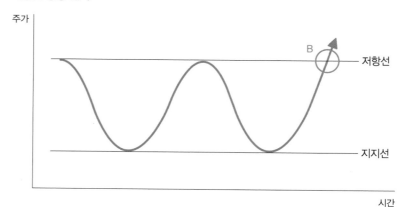

전고점을 상향돌파하는 경우 매수로 대응하는 것이 합리적입니다. 이때 거래량이 많고 장대양봉으로 돌파하는 경우 신뢰도가 더 높습니다.

한국조선해양(구, 현대중공업)의 차트를 보면서 장기적인 저항선과 지지선을 찾아보도록 하죠.

초보자라 하더라도 쉽게 저항과 지지를 구별할 수 있을 것입니다. 초보자는 저항선을 돌파하지 못할 때는 매도로 대응하고 오히려 저항선을 강하게 돌파하면 비싸다고 망설이지만, 고수는 목표수익률을 정하고 매수하게 됩니다. 초보투자자는 당시 현대중공업이 정말 좋은 회사임에 틀림없으니 버텨보자며 마음을 다졌을 텐데, 결국 저항선에서 매도하지 못한 투자자는 매우 오랜 시간을 고통스럽게 기다려야 했을 것입니다.

한국조선해양 주가 추이

자료 : 삼성증권 HTS화면

대형주로 2010년 이후 1년 넘게 가파른 상승세를 보여주었으나 결국 전고점을 돌파하지 못하고 하락해 현재 장기횡보하고 있는 모습을 볼 수 있습니다.

전고점

앞선 주가의 고점으로 가격이 오르다가 밀린 만큼 전고점 돌파 여부가 중요함

저항선과 지지선의 활용

일반적으로 최근의 최고점은 저항선이 되는 경우가 많고, 반대로 직전에 나타난 최저점이 지지선이 되는 경우가 많습니다. 그리고 저항선과 지지선의 특성 중 하나로 저항선이나 지지선이 일단 돌파되면 상황이 달라집니다. 지금까지 저항선은 이후 지지선으로, 반대로 지지선은 저항선으로 적용되는 경우가 많다는 것입니다.

저항선과 지지선은 현재의 가격 움직임이 어디까지 진행될지 예측

하는 데 도움이 됩니다. 다음 차트를 보면 저항선과 지지선의 개념이 명확하게 이해될 것입니다.

저항선과 지지선

자료 : 삼성증권 HTS화면

저항선을 뚫게 되면 저항선이 지지선이 되고 반대의 경우도 생깁니다. 저항과 지지는 고정된 것이 아니라 상황과 매매의 힘의 논리에 따라 정해집니다.

위의 차트를 보면 왼쪽 원에서는 저항선을 돌파하고 나서는 지지선 역할을 하게 됩니다. 저항선 매물을 받아내고 올라간다는 것은 오르려는 힘이 강하다는 것이니 가격이 오르는 추세에 매수로 참여하는 것입니다. 이제는 반대로 그 오른쪽 원에서 주가가 지지선을 하향 돌파하는 경우에는 만약 이전에 매도하지 못했다면 고수 투자자는 바로 매도로 대응했을 것입니다. 상승과는 반대의 논리가 작용합니다. 차트로 보면 참 쉬운 듯하지만 실전에서는 아쉬움에 팔기가 쉽지 않습니다.

매물

저항선 근처까지 상승하면 이익을 본 투자자의 매물이 증가하게 됨

04
추세분석

추세를 파악하면 추세선 밴드를 이용해 매매하기가 쉬워집니다. 추세대를 그려 주가의 수준을 보면 향후 주가 움직임을 예측하기가 쉬워집니다. 차트를 볼 때마다 추세선을 그려보는 훈련을 합시다. 물론 추세는 언젠가 바뀌기 때문에 주의가 필요합니다. 또한 추세 분석이 절대적인 것은 아니므로 많은 투자경험으로 매매스킬을 발전시켜야 합니다.

추세선과 추세대

주가차트에 추세선을 그려보면 위쪽과 아래쪽에 평행한 추세선을 그릴 수 있는 경우가 생기는데, 이것을 추세대(추세통로)라고 합니다. 주가의 움직임이 평행한 추세선 안에서 밴드 형태로 움직이게 되는데, 이를 활용하면 시각적으로 투자 타이밍을 잡기가 용이합니다.

추세대도 추세선이나 지지선 및 저항선과 마찬가지로 단기·중기·장기차트에서 각각 다르게 나타날 수 있으므로 다양하게 분석하고 판단하는 것이 좋습니다. 또한 한번 추세대를 그리는 것으로 끝나는 것이 아니라 기존의 추세대가 더 이상 유용하지 않다고 판단되면 새로운 추세대를 그려야 합니다.

추세선

주가는 어느 기간 동안 같은 방향으로 움직이는 경향이 있는데 이를 추세라고 하며, 추세는 차트에 일정한 직선으로 표시함

추세분석의 종류에는 장기적으로 횡보현상이 나타나는 평행추세와 지속적으로 상승하려는 상승추세, 이와 반대로 기나긴 하락세를 보여주는 하락추세가 있습니다. 실전투자에서는 상승추세와 하락추세가 중요시됩니다.

추세선의 설정

추세선이란 고점, 저점 중 의미 있는 두 고점 또는 저점을 연결한 직선을 의미합니다. 주가는 일정하게 움직이는 패턴이 있으며 이것을 단기적 움직임으로 파악해보면 매일 상승과 하락을 하는 형태를 가지면서 규칙적인 운동을 하는데, 이러한 주가운동 속에 저점과 고점이 발생하게 됩니다. 일정 시점의 저점과 고점을 연결하면 추세선을 설정할 수 있습니다. 일반적으로 상승추세선과 평행추세선은 저점끼리 연결하고, 하락추세선은 고점끼리 연결합니다.

추세선

상승추세선   하락추세선   평행추세선

추세선이라는 것은 기본적으로 주가가 움직이는 방향에 따라 결정됩니다. 한번 형성된 추세는 유지되는 경향을 가집니다.

보조추세선

추세선 반대편에 추세선을 보조하는 추세선을 그어 추세대를 파악할 수 있음

추세통로

전형적인 모형은 기본 추세선에 바탕을 두고 있으며, 추세선 반대편에 보조 추세선을 그어 추세대를 설정할 수 있습니다. 추세대는 다른 전문용어로 추세통로라고도 하며 종류에는 상승추세대, 하락추세대, 평행추세대의 3가지 기본모형으로 구분할 수 있습니다.

　이러한 추세선과 추세대를 정확히 도출할 수 있으면 투자하는 데 큰 도움이 됩니다. 주가의 미래 행동에 따른 매매시점을 훨씬 편리하게 예측·분석할 수 있기 때문입니다.

상승추세대 및 하락추세대

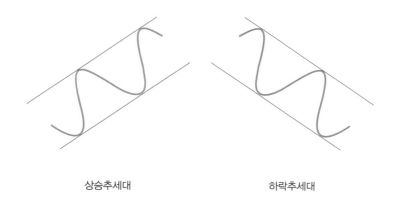

상승추세대　　　　　　　　　하락추세대

상승과 하락의 추세 속에서도 주가는 상하운동을 하게 됩니다.

　추세선을 활용한 매매를 하게 되면 초보투자자의 단점 하나를 보완할 수 있습니다. 그것은 단기매매를 지양하고 우량주 장기투자가 가능해진다는 점입니다.

　보통 개미투자자는 상승할 때 수익을 조기에 실현하고, 손실구간에

우량주

블루칩이라고도 하며, 산업 내에서 경영내용이 좋고 배당률도 높은 회사의 주식임

손절

일정 수준에서 손실을
확정하는 것으로, 영
어로 '로스컷'이라고
도 함

서는 손절을 하지 못해 수익은 깊게 발생하는 경우가 많습니다. 그래서 결국은 주식시장이 상승하더라도 수익은 별로인데 하락장에서는 대응이 안 되어 손실이 크게 나타나 결국은 손실을 보는 경우가 종종 발생합니다.

SK하이닉스의 사례를 살펴보도록 하죠. 우량주 투자를 할 때는 주봉의 추세선을 활용하면 상대적으로 추세파악이 쉽습니다.

SK하이닉스 추세 추이

자료 : 삼성증권 HTS화면

상승의 경우 추세선을 이탈하지 않는다면 장기로 보유해서 수익률을 높일 수 있습니다.

추세를 보고 투자를 했다면 추세선이 하락으로 반전하기 전까지 2017년 1년 동안 충분한 수익을 낼 수 있었을 것입니다. 반면에 그냥 단순히 투자했다면 중간에 매도할 확률이 높습니다. 이처럼 추세선을 확실히 이탈한 것을 확인하고 매도한다면 단순히 수익률 싸움에 휘둘리지 않고 장기투자를 통해 높은 수익을 거둘 수 있습니다.

추세대를 활용한 단기투자

추세대가 형성되는 것을 차트에서 확인하면 매매 시점을 포착하는 것이 수월해집니다. 일단 추세대가 형성되면 추세대의 아래쪽이나 위쪽의 두 추세선 사이에서 등락을 반복할 확률이 높다고 봅니다. 그래서 추세가 상승 혹은 하락에 관계없이 아래쪽 추세선에서 매입을 하고, 반대로 위쪽 추세선에서 매도를 하는 방식입니다.

추세대는 시각적으로 어렵지 않게 찾을 수 있습니다. 일반적으로 단기매매를 위해서는 일봉차트를 사용하는 경우가 많습니다.

넥센타이어 추세 추이

자료 : 삼성증권 HTS화면

일반적으로 과점시장에서 안정적인 매출이 발생하는 기업의 경우 추세대를 따라 매수·매도를 하는 전략도 괜찮습니다.

하락에서 상승추세가 형성되면 추세대의 아래에서 매수와 추세대의 위쪽에서 매도하는 포인트를 찾기가 어렵지 않으나 보여드리는 것은 사후적인 그림에서 찾는 것이므로 하루하루 전쟁과 같은 매매 현실

추세대

주가 움직임 위쪽과
아래쪽에 추세선을 그
렸을 때 추세가 지나
가는 통로

에서 그때 그때 정확히 잡아내기가 만만치는 않습니다.

추세대가 형성되었다고 마냥 지속될 수는 없습니다. 결국 주가의 움직임이 언젠가는 추세대를 위쪽 방향이든 아래쪽 방향이든 돌파해서 나아가게 됩니다.

추세대 매매를 좀더 응용하자면, 예를 들어 주가가 상승추세대에서 윗선을 강하게 돌파한다면 이는 일반적으로 추세가 강화되면서 좀더 각도가 높아지는 추세를 암시할 수도 있습니다. 이럴 때는 매도로 대응하는 것이 아니라 보유의 관점에서 지켜보는 것이 좋습니다.

 주린이가 진짜 궁금해하는 것들

ⓠ 거래량이 급등하면 주가가 오르는 건가요?

ⓐ 거래량은 주가의 신호등이라고 합니다. 거래량이 많다는 것 자체가 시장의 관심이 많다는 것이기 때문에 일반적으로 거래량이 많을 때 주가에는 긍정적인 경우가 많습니다. 주가가 저항선을 뚫고 오를 때 장대양봉이 나오면 긍정적인데, 이런 경우 거래량이 많으면 더욱 신뢰도가 높아집니다.

05
이동평균선 분석

이동평균선은 모든 기술적 지표에서 가장 기본적으로, 가장 중요하게 이용되고 있습니다. 이동평균은 해당기간 동안 투자자의 평균단가이기도 하므로 현재 가격과의 차이로 주가의 움직임을 예측하는 데 큰 도움을 줍니다. 따라서 주식투자자라면 단기와 장기 이동평균선이 만나고 헤어지는 과정을 주의 깊게 분석해보는 훈련이 필요합니다.

주가이동평균의 개념

주가이동평균은 어떤 일정기간 동안에 이루어진 주가의 연속적인 변동과정에서 일일변동과 같은 시장의 일시적인 영향, 혹은 조작이 가능한 비정상적인 변동의 영향을 줄여서 전체주가의 흐름을 평준화한 상태로 유도해, 주가의 흐름을 객관적으로 관찰할 수 있도록 평균화해서 도표상에 옮겨놓은 것입니다.

이동평균의 값은 2가지 요소로 결정되는데 가격과 시간, 즉 평균가격과 그 평균을 내는 시간입니다. 기간에 따라 120일·200일 이동평균선은 장기추세를 나타내며, 20일·60일 이동평균선은 중기추세를, 5일 이동평균선은 단기추세를 나타냅니다.

이동평균

평균을 이동하면서 구하는 것으로, 추세를 구할 때 사용

5일 이동평균선을 작성한다면 그 날의 종가를 포함한 최근 5일간의 합계를 5로 나눈 것이 되고, 그 다음날의 이동평균치는 전일까지의 합계에서 당일의 종가를 더하고 6일 전의 종가를 뺀 5일간의 평균치가 됩니다.

이동평균선의 종류 및 특징

이동평균선은 추세의 변화를 압축(평균)해 보여주므로 추세의 변화는 이동평균의 변화를 살펴보는 것으로 쉽게 파악할 수 있습니다. 다만 이동평균선을 단기로 설정해 구하게 되면 시장가격의 움직임에 민감해 추세의 변화를 빨리 파악할 수 있는 장점은 있으나 그 정확도는 반대로 낮아지게 됩니다. 반대로 이동평균선을 장기로 설정해 구하게 되면 시장가격의 움직임에 둔감해져서 추세의 전환을 파악하는 시기는 늦어지는 단점은 있으나 예측의 정확도는 상대적으로 높아집니다.

기간별 이동평균선의 특징을 살펴보도록 합시다.

1) 5일 이동평균선

5일 영업일 기준으로 1주간의 매매 평균가격을 구할 수 있습니다. 단기매매선이라고 부르며 단기 추세파악에 가장 적합합니다. 현재의 주가수준에 가장 밀접하게 움직이므로 5일 이동평균선의 기울기로 단기 흐름을 파악하기에 좋습니다. 아울러 이동평균선과 현재 주가의 비교, 다른 장기 이동평균선과의 관계로 추세를 분석합니다.

영업일

주식시장이 개장하는 날로 일반적인 휴일과 대부분 같지만, 휴일은 아니더라도 12월 31일과 같이 영업을 하지 않는 날도 있음

2) 20일 이동평균선

20일 영업일 기준으로 대략 1개월의 매매 평균가격을 구할 수 있습니다. '중기 매매선'이라 부르고 '심리선'이라고도 부릅니다. 기술적 분석을 하는 사람들 사이에서 더 유명한 이름은 '생명선'입니다. 그만큼 중요한 의미를 가집니다. 상승추세로 보자면 상승추세가 살아있다고 할 때 '20일 이동평균선을 지지선으로 그 위에서 주가가 움직이는가'로 판단하는 경우가 많습니다. 그래서 심리선 혹은 생명선이라고 부릅니다.

20일 이동평균선의 기울기를 현 주가 흐름의 방향을 나타내는 추세로 보기 때문에 이 기울기가 상승방향인지 혹은 하락방향인지에 따라 매매전략을 선택하게 됩니다. 일반적으로 20일선 각도가 상승방향에서는 매수전략을 펼치고, 하락방향에서는 매도 및 관망전략을 펼치는 경우가 많습니다.

3) 60일 이동평균선

3개월간의 평균매매가격으로 중기적 추세선이며 수급선이라고 부릅니다. 주가가 하락해 바닥권에서 5일 이동평균선이 20일 이동평균선을 돌파하고 올라오면 이를 골든크로스라고 하는데, 바닥권에서 나타나는 단기 골든크로스는 낙폭 과대에 따른 일시적인 상승일 수 있으므로 투자에 유의해야 합니다. 좀더 보수적인 투자자라면 본격적인 상승을 확인할 수 있는 60일 이동평균선 돌파까지 확인하고 매수에 가담해야 합니다. 시세의 연속성을 나타내기 때문에 60일 이동평균선을 '수급선'이라고 부릅니다.

골든크로스

단기 주가이동평균선이 중장기 이동평균선을 아래에서 위로 뚫고 올라가는 것을 말하며, 일반적으로 강세신호로 해석함

60일선 이동평균선과 20일 이동평균선

자료 : 삼성증권 HTS화면

이동평균선은 주식투자자 대부분이 활용하는 기술적 분석 방법이다. 투자기간을 길게 볼수록 장기 이동평균선을 활용합니다.

위 사례를 보면 5일선이 20일선을 돌파하나 60일선을 돌파하지 못하고 저항을 받고 있는 모습을 볼 수 있습니다. '이 정도면 충분히 하락했겠지' 혹은 '이렇게 좋은 회사가 너무 하락했네'라고 생각해 입성을 하게 되면 바닥이라고 생각했던 자리에서 지하실로 파고드는 상황을 종종 경험하게 됩니다. 그리고 초보투자자가 견디지 못하고 팔게 되면 신기하게도 그때부터 주가는 오르기 시작하는 것입니다. 대부분의 초보투자자가 십중팔구 겪게 되는 일입니다.

이런 아픔을 피하는 방법은 호흡을 조금 길게 가져가는 것입니다. 즉 60일선인 수급선을 염두에 두고 매매전략을 짜면 됩니다.

바닥

주가가 더 이상은 떨어지지 않을 수준을 의미함. 물론 진정한 바닥인지는 지나봐야 알 수 있음

4) 120일 이동평균선

6개월간의 평균 매매가격으로, 장기적 추세선의 대표이며 흔히 경기선이라고 부릅니다. 거시경제학에서 일반적으로 주가는 경기에 6개

월 정도 선행한다고 하는데, 이런 경기의 흐름을 반영하는 것이 바로 120일 이동평균선입니다. 그래서 '경기선'이라 합니다. 여러 지표 및 경기 흐름이 중장기적으로 오르는 방향인지 혹은 하락세인지를 판단하는 1차적 신호가 바로 120일 이동평균선의 돌파여부입니다. 또한 120일 이동평균선의 기울기와 함께 분석하면 경기전망이 좀더 정확해집니다.

다만 실탄과 시간이 넉넉하지 않은 개미투자자가 120일 이동평균선을 고려해 투자하기에는 현실적으로 어려운 측면이 있습니다. 그러나 장기적인 노후자금이나 연금 같은 자금을 운영할 때는 의미가 클 것입니다.

주가이동평균선의 성질

이동평균선을 이용해 주가를 분석할 경우 다음과 같은 기본적 성질을 이용해 투자에 참고하게 됩니다. 아래 내용을 꼭 기억합시다.

- 강세장에서는 주가가 이동평균선 위에서 파동운동을 계속하면서 상승하는 것이 보통임
- 약세장에서는 주가가 이동평균선 아래에서 파동운동을 계속하면서 하락하는 것이 보통임
- 주가가 상승하고 있는 이동평균선을 하향 돌파할 때는 조만간 반전해 하락할 가능성이 큼
- 주가가 하락하고 있는 이동평균선을 상향 돌파할 때는 조만간 반전해 상승할 가능성이 큼

파동
일정한 기간 동안 고점과 저점을 그리면서 반복적으로 가격이 변화되는 것을 말함

- 이동평균의 기준기간이 길면 길수록 그 이동평균선은 더욱 유연해짐
- 주가가 이동평균선으로부터 너무 멀리 떨어져 있을 때는 회귀변화가 일어남
- 주가가 이동평균선을 돌파할 때는 매입·매도 신호임
- 주가가 장기이동평균선을 돌파할 때는 주추세의 반전을 기대할 수 있음

주가이동평균선 분석방법

1) 방향성

주가가 하락세에서 상승세로 전환할 경우 먼저 단기이동평균선이 상승하고, 그다음에 중기이동평균선이, 이어서 장기이동평균선이 상승합니다. 또한 주가가 상승세에서 하락세로 전환할 경우 먼저 단기이동평균선이 하락하고, 그다음에 중기이동평균선이, 이어서 장기이동평균선이 하락합니다.

2) 배열도

주가가 하락세에서 상승세로 전환해 상승추세의 모양을 갖추면 위로부터 '현재주가, 단기이동평균선, 중기이동평균선, 장기이동평균선'의 순서를 이루는데, 이를 정배열 상태라고 합니다. 그리고 하락추세에서는 위로부터 '장기이동평균선, 중기이동평균선, 단기이동평균선, 현재 주가'의 순서를 이루는데, 이를 역배열 상태라고 합니다.

정배열 사례

자료 : 삼성증권 HTS화면

주가가 단기부터 장기이동평균선이 위에서 아래로 형성되는 것을 정배열이라고 하며 상승이 상당기간 유지되면서 발생합니다.

이동평균선이 '현재주가-단기 이동평균선-중기 이동평균선-장기 이동평균선'의 순서를 완성하게 되면 상당기간 힘있게 상승하는 경우가 많습니다. 그러다가 주가가 하락반전하게 되면 이동평균선들이 얽히게 되고, 하락추세가 깊어지면 역배열 상황으로 바뀌게 됩니다.

3) 지지와 저항

주가가 상승할 경우 '단기이동평균선, 중기이동평균선, 장기이동평균선'을 지지선으로 삼아 상승하고, 하락할 경우 '단기이동평균선, 중기이동평균선, 장기이동평균선'의 차례로 이탈하게 됩니다.

예를 들어 20일 이동평균선이 10,000원이라면 20일 동안의 평균매매단가가 10,000원이라는 것을 의미합니다. 즉 현재주가가 10,000원 이하로 하락할 경우 그 동안의 매수자들은 평균적으로 손실을 입게 되

평균매매단가

일정 기간 동안의 매매된 주식의 평균가격

므로 이 가격을 지키기 위해 노력하게 되고 여기에 지지선이 형성됩니다. 만약 하락하던 주가가 반등해 10,000원에 접근하면 투자원금 수준에서 매도하려는 세력이 나타나므로 저항선이 형성됩니다.

주식투자의 교과서적인 이야기는 우량주에 장기투자하는 것입니다. 유통업의 블루칩인 종목을 장기투자하기 위해 월봉의 이동평균선을 예시로 들어보죠. 글로벌 금융위기 전까지 장기적으로 아름다운 상승을 보여준 대표적인 종목입니다.

지지와 저항 분석 사례

자료 : 삼성증권 HTS화면

업종의 1등 회사는 장기투자를 하는 경우가 많습니다. 장기투자의 경우 주가분석도 장기로 이루어집니다.

일반적으로 20일 이동평균선은 생명선 혹은 심리선이라 하고, 이를 하회하는 경우 매도로 대응하는 것이 옳다고 합니다. 위의 차트에서는 20월 이동평균선을 지지하면서 장기적으로 투자하려면 원에 표시한 기간에서 위기에 봉착하게 됩니다. 교과서에서 제시하는 것처럼 5월 이동평균선을 하회해 매도로 대응하게 되면 정작 장기적이고 아름다운 수익을 거두기는 어려웠을 것이기 때문입니다. 시장 지배력이 탄탄한 우량한 기업이라면 일시적으로 20일 혹은 20월 이동평균선을 하회하더라도 3일 혹은 3개월 정도는 기다려보는 것이 현실에서는 좀더 효과적인 투자법이라 생각합니다.

일반적인 하수는 하락 중인 종목을 팔아 손실을 확정하기보다 상승 중인 종목에서 이익을 실현하기가 쉽습니다. 그러나 고수익을 위해서는 상승종목에서 충분한 이익을 보고 하락하는 종목에서 짧게 손실을 끊어내는 것이 합리적입니다.

4) 크로스 분석

일상생활에서도 자주 쓰이는 단어일 정도로 크로스 분석은 자주 사용됩니다. 단기이동평균선이 장기이동평균선을 상향 돌파할 경우를 골든크로스라 해서 매수신호로 보고, 단기이동평균선이 장기이동평균

시장 지배력
상품 가격이나 물량을 조절하는 등 시장을 움직이는 힘의 정도를 말함

골든크로스 vs. 데드크로스

자료 : 삼성증권 HTS화면

골든크로스 혹은 데드크로스는 이동평균선이 교차될 때 발생하며, 주식분석뿐만 아니라 일반적인 그래프 분석에서도 이용할 만큼 자주 사용됩니다.

데드크로스

단기이동평균선이 중장기이동평균선을 아래로 뚫는 현상을 가리키며, 데드크로스는 주가 하락의 신호로 해석함

선을 하향 돌파할 경우를 데드크로스라 해서 매도신호로 보는데, 실질적인 추세 전환과는 시차가 존재합니다.

골든크로스가 왼쪽 원에서 나타나는데 이때 매수하고, 오른쪽 원에서 데드크로스가 보여질 때 매도로 대응합니다. 차트에서야 이미 과거의 주가를 가지고 표시하기 때문에 선명하게 눈에 들어오지만 실전에서는 쉽게 선택하기 어려울 수 있습니다. 더군다나 초보에게는 더더욱 어려운 일입니다.

게다가 현실에서는 골든크로스가 발생한 후에 오히려 주가가 밀리는 경우가 종종 발생합니다. 그래서 단순히 골든크로스가 발생했다고 성급히 매수하기보다는 거래량과 매수의 힘을 함께 보는 것이 정확도를 높이는 길입니다. 골든크로스가 대량거래를 수반하면서 큰 양봉이 나올 때, 반대로 데드크로스도 대량거래를 수반하면서 큰 음봉이 나올 때 신뢰도가 높아집니다.

06
거래량을 이용한 분석

거래량은 주가의 대표적인 선행지표입니다. 기술적 분석에서 거래량은 매우 중요합니다. 일반적으로 주식시장이 좋을 때 거래량이 늘어나는 경향이 있습니다. 아울러 잠잠하던 거래량이 과거에 비해 매우 큰 폭으로 상승한다면 이는 상승이나 하락의 방향을 잡기 위한 신호일 수 있습니다. 주가와 거래량을 항상 함께 분석하는 훈련이 필요합니다.

주가와 거래량의 상관관계

다음의 원칙들을 잘 적용하면 거래량의 증감에 따라 주가의 천정권과 바닥권을 읽어낼 수 있습니다. 실제로 평소 차트분석을 할 때 거래량 보조지표를 지속적으로 관찰하면 왜 거래량이 그토록 중요한지를 느낄 수 있을 것입니다.

주가의 천정권

주가평균이나 지수에 의해 측정된 주가의 최고점 및 그 부근

- 거래량이 감소추세에서 증가추세로 전환되면 주가는 상승할 것으로 예상됨
- 거래량이 증가추세에서 감소추세로 전환되면 주가는 하락할 것으로 예상됨

- 주가가 천정국면에 진입하면 주가가 상승하더라도 거래량은 감소하는 경향을 보임
- 주가가 바닥국면에 진입하면 주가가 하락하더라도 거래량은 증가하는 경향을 보임

시장추세의 강도 확인

거래량은 현재 추세를 확인시켜줍니다. 기본적으로 추세가 진행하고 있는 방향으로 가격이 움직일 때 거래량이 증가합니다.

또한 거래량으로 현재 추세의 강도나 양호함을 가늠할 수 있습니다. 상승추세에서는 상승일의 거래량이 하락일의 거래량보다 월등히 더 많은 특징이 있으며, 하락추세에서는 하락 초기의 대량거래 이후 재반등시에도 정점인 하락 초기의 거래량을 능가하는 거래량 급증 현상이 거의 없습니다.

거래량과 시장추세에 대한 좀더 난이도가 있는 전략으로 들어가 보죠. 상승추세에서 적은 거래량으로 조정이 완성된다면(특히 거래량이 급감한다면) 추가적인 상승 가능성이 큽니다. 이는 개인들의 손절매 물량을 소화하면서 세력이 물량을 내놓지 않는다는 의미로 해석되기 때문이며, 매수든 매도든 기존 투자자들이 포지션 정리에 대한 절박함이 없다는 의미입니다.

한편 하락추세에서 적은 거래량으로 가격이 상승했다면 각별히 조심해야 합니다. 즉 추가적인 하락을 염두에 두고 매매에 임하는 것이 좋습니다.

포지션 정리

보유 물량을 매도로 청산하는 것을 말함. 파생시장에서는 보유포지션을 롱포지션이라고 하고, 매도포지션을 숏포지션이라고 함

투기적인 거래는 때때로 폭발적인 거래량을 만들어냅니다. 비정상적이고 폭발적인 거래량은 현재 추세의 에너지 소진 과정이라는 경고 신호이므로 이익실현을 고려하거나 매수를 생각했다면 며칠간의 조정을 기다린 후에 다시 판단하는 것이 좋습니다. 매수하지 않았다면 적어도 손실은 없기 때문입니다. 주식투자에서 조급한 마음에 매수를 서두르면 항상 후회할 일이 생기게 됩니다.

대량거래 가격대 확인의 중요성

거래량을 이해하기 쉽게 말하자면 '돈의 힘'을 의미합니다. 그러므로 거래량이 많이 형성된 가격대는 기술적 분석상 매우 중요한 의미를 지닙니다. 따라서 대량거래 가격대를 아래에 두고 있는 종목은 대량거래 가격대를 위에 두고 있는 종목보다 상대적으로 훨씬 더 상승 가능성이 높다고 할 수 있습니다.

거래량을 분석할 때는 항상 세력이 매수하는 거래량인지, 매도하는 거래량인지를 분석 및 유추해보는 습관이 중요합니다. 예를 들어 최근의 대량거래 고점가격대를 이보다 적은 거래량으로 돌파하면서 이 가격대를 지지받는다면 세력이 지속적으로 매수하고 있는 것입니다. 반면 최근의 대량거래 고점가격대 돌파를 시도하면서 이전의 대량거래 수준의 거래가 재차 발생했으면서도, 돌파에 실패한다면 일단은 세력이 매도하는 것으로 해석하는 것이 안전합니다.

세력

주가를 움직이는 주요 주체. 아무래도 개인투자자는 단일한 매매방향을 가지기 어렵기 때문에 세력이 주가를 주도하는 경향이 있음

거래량을 이용한 매매 기법

다음의 차트를 보죠. 상승을 하며 대량거래가 형성된다면 일시적으로 하락할 가능성이 있으므로 이럴 땐 조심스럽게 접근하는 것이 바람직합니다.

이 차트는 소위 말하는 테마주의 한 사례인데, 그동안 미미하던 거래량이 대량으로 터지면서 급등했습니다. 그 이후 차트상 대량거래 가격대를 극복했는가를 기준으로 매매전략을 잡는 것이 좋은 투자방식입니다.

대량거래와 주가 추이

자료 : 삼성증권 HTS화면

장기 횡보하던 종목이 거래량이 폭증하면서 장대양봉이 발생하면 시세가 상승할 가능성이 높습니다.

급격히 상승한 상태에서 어느 일정 지점에서 대량거래가 발생하며, 그 이후 점차 거래량이 감소한다면 거래량이 가장 많았던 부분이 시세의 정점일 가능성이 많기 때문에 매도로 대응하는 것이 바람직합니다.

특히 단기적인 테마성 종목은 방망이를 짧게 잡고 대응하는 것이 합리적입니다.

한편 저점에서의 대량거래는 상승 가능성이 있는 것으로 보면 됩니다. 장기간 시세가 없는 상태로 바닥에서 횡보 중이던 종목이 대량거래를 수반하면서 강한 상승을 보여주면 관심 깊게 봐야 합니다. 추후 전고점을 돌파하면서 대량거래를 수반하는 시점은 강력한 매수 신호입니다.

연속적인 거래량 증가는 곧바로 주가상승으로 연결되는 경향이 많습니다. 그러므로 바닥권에서 횡보 중 거래량이 계속 증가하면 매수의 관점으로 접근해도 좋습니다.

다음 차트는 2차전지 관련주 사례입니다. 차트에서 원으로 표시한 것처럼, 거래량이 터지면서 전고점을 돌파하는 시기가 최고의 매수기회입니다.

바닥권 횡보

주가가 저점에서 더 이상 하락하지 않고 주가가 유지되는 현상

거래량 + 전고점 돌파 사례

자료 : 삼성증권 HTS화면

시세와 거래량이 함께 증가하는 사례입니다.

거래량을 기반으로 하는 지표인 VR

이번에는 거래량을 기반으로 하는 대표적인 지표인 VR을 살펴보도록 하죠. VR(Volume Ratio)은 '거래량 비율분석'이라고 하는데, 거래량을 비율로 분석하는 방법입니다. 일정기간 동안의 주가 상승일의 거래량과 주가 하락일의 거래량의 비율을 백분율로 나타낸 지표입니다.

VR은 주가분석을 위한 거래량지표 중 대표적으로 많이 쓰이며 비교적 이해가 쉬운 지표로, '주식거래량의 비율(Volume Ratio)'이라는 의미입니다. 일반적으로 1개월간(20일)의 주식거래량을 기준으로 산출합니다.

1) VR 계산방법

VR 계산방법은 다음과 같습니다.

> VR=[(주가상승일의 거래량 합계 + 변동이 없는 날의 거래량 합계)× 0.5/9(주가하락일의 거래량 합계 + 변동이 없는 날의 거래량 합계)× 0.5]×100

예를 들어 VR이 200%라는 의미는 상시 거래량이 주가 하락시 거래량의 2배라는 의미입니다.

2) VR 분석방법

일반적으로 VR이 150%이면 보통 수준, 350%를 넘어가면 단기 과열권입니다. 70% 이하면 바닥권으로, 매수시점으로 잡을 수 있습니다.

과열권

주가가 단기에 지나치게 상승하는 경우 과열권에 진입했다고 함. 거래량과 연결해 파악하는 것이 VR임

VR 분석 사례

자료 : 삼성증권 HTS화면

VR이 저점에서 상승할 때 매수가 성공할 확률이 높습니다.

이 차트의 첫 번째 원에서 VR이 280%에서 고점을 형성하고 하락하면서 주가도 하락합니다. 강세장의 경우 300%를 넘는 경우도 많기 때문에 실전에서 280%만으로는 하락추세로 반전되리라 예측하는 것이 쉽지 않습니다. 그러나 상대적으로 VR이 70% 이하로 떨어지는 경우는 많지 않으므로 바닥권에서는 신뢰도가 높습니다.

이 차트의 두 번째 원에서 VR이 24%까지 떨어진 점에 투자자라면 각별히 주목해야 합니다. VR이 70% 이하에서 횡보 혹은 하락하다가 기울기가 상승으로 전환할 때 매수 타이밍을 잡는다면 성공 확률을 높이는 데 도움이 됩니다.

강세장

주식시세의 상승이 뚜렷한 시장

07
MACD 지표

MACD 지표의 계산식보다는 오르고 내리는 주가의 논리를 이해하면 초보자는 충분합니다. 늘 유지하던 가격대를 지나치게 벗어나면 다시 되돌리려는 현상으로 기억합시다. 장기와 단기이동평균선의 만남과 헤어짐으로 추세를 분석하는 이 방법은 매수와 매도타이밍을 시각적으로 보기 쉽게 잡아주기 때문에 초보투자자가 사용하기에도 편리합니다.

MACD 지표의 개념

MACD(Moving Average Convergence Divergence)를 번역하자면 이동평균 수렴확산지수 정도로 표현할 수 있겠습니다. MACD의 원리는 장기이동평균선과 단기이동평균선이 서로 멀어지게 되면(divergence) 언젠가는 다시 가까워져(convergence) 어느 시점에서 서로 교차하게 된다는 성질을 이용해 2개의 이동평균선이 멀어지게 되는 가장 큰 시점을 찾고자 하는 것입니다.

이 방법은 장단기 이동평균선의 교차점을 매매신호로 보는 이동평균기법의 단점인 시차 문제를 극복할 수 있는 장점을 지닙니다. 즉 이동평균은 아무래도 현 주가보다 움직임이 평균화되어 뒤늦게 움직이는 특성이 있기 때문이며 이런 후행성을 보완한 것이 바로 MACD입니다.

그러나 MACD가 모든 주식거래에서 항상 수익을 가져다주는 만능 치트키인 것은 아닙니다. 결국은 평균선을 활용하므로 주가의 단기적인 흐름보다는 중장기적인 방향성 결정에 유용한 지표라는 점은 염두에 두어야 합니다.

MACD 계산

MACD는 단기 이동평균선 값과 장기 이동평균선 값의 차이로, 두 이동평균선이 만나고 멀어지는 관계를 가지고 분석하는 중요한 지표입니다. 여기서 MACD선과 MACD 시그널선을 구해야 하는데 MACD는 단기적인 값이고, MACD 시그널선은 MACD에 비해 보다 장기적인 값입니다.

시그널선을 구하는 이유를 잘 이해해야 합니다. 어느 시점에서 2개의 이동평균선의 차이가 최대가 되는가를 찾기 위해 시그널선을 구합니다. MACD선과 시그널선이 만나는 점이 단기와 장기 이동평균선의 괴리가 가장 큰 시점입니다.

- MACD : 단기 이동평균 – 장기 이동평균
- MACD 시그널 : MACD의 n일 지수 이동평균
- MACD 오실레이터 = MACD – 시그널선

단기 이동평균

일반적으로 단기 이동평균선은 20일 이내의 이동평균선을 의미함

MACD 지표의 활용

MACD의 n일 지수 이동평균이 시그널선입니다. MACD선이 이 시그널선을 상향 돌파할 때를 매수시점으로 해석하고, 하향 돌파할 때를 매도시점으로 해석합니다.

MACD값이 음(-)에서 양(+)으로 전환하면 상승추세로의 전환으로 볼 수 있습니다. MACD값이 양(+)에서 음(-)으로 변하면 하락 추세로의 전환으로 볼 수 있습니다.

MACD와 MACD 오실레이터 적용 사례

MACD지표의 개념은 다소 복잡해 보일 수 있습니다. 하지만 오른쪽의 차트를 보면 알 수 있듯이 매수와 매도시점이 그림으로 바로 보여지기 때문에 매우 편리하게 사용할 수 있습니다.

앞에서도 여러 번 강조했지만 초보자일수록 주식은 소형주보다는 우량주 위주로 접근하고 그 다음 기술적 분석을 적용해야 하는 만큼 초우량주인 삼성전자의 주봉으로 적용해보았습니다. 주봉이므로 장기적이라는 점을 고려해야 합니다.

누구나 HTS 화면에서 기술적 분석 중 MACD는 쉽게 찾을 수 있을 것이고, 클릭 한 번으로 이렇게 시각적으로 매수시점과 매도시점을 바로 찾을 수 있게 보여줍니다.

별도의 조건식 지정이 없다면 MACD 기본값인 12, 26, 9로 보여주는데, 여기에서 12라는 것은 단기로 12일 이동평균선을 사용했다는

소형주

대형주에 반대되는 개념으로, 자본금이나 시가총액이 적은 회사의 주식을 뜻함. 상대적으로 가격변동성이 큼

삼성전자의 MACD 적용 사례(주봉 적용)

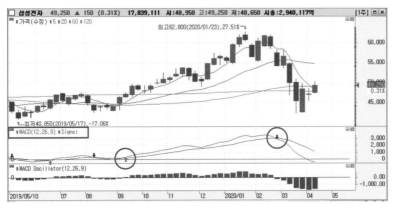

자료 : 삼성증권 HTS화면

MACD는 장단기 이동평균선이 교차하는 것을 기본으로 분석하는 기법입니다. 시각적으로 매수 및 매도신호를 확인할 수 있어 많이 사용합니다.

것이며, 26은 장기로 26일 이동평균선을 적용했다는 것입니다. 9라는 것은 시그널곡선에 9일을 사용했다는 뜻으로, MACD 9일간의 이동평균을 의미합니다.

전문가들은 자신의 전략에 맞게 단기 투자자라면 짧게 가져가고, 장기적인 투자를 원하는 경우라면 좀더 길게 가져갑니다. 한 달에서 두 달 정도의 매매를 하는 경우라면 MACD 기본값인 12, 26, 9를 많이 사용합니다.

위의 차트에서 확인할 수 있겠지만 시그널곡선이 더 완만하게 형성되며 MACD선이 시그널선을 상향 돌파하는 시점에서 매수하고, 하향 돌파하는 시점에서 매도합니다. MACD 오실레이터로 보면 기준선 아래에서 기준선 위로 올라올 때(+가 될 때) 매수합니다. 반대로 기준선 아래로 돌파할 때(-가 될 때) 매도합니다.

시그널곡선

시그널곡선은 n일의 MACD 이동평균을 말함. 짧게 잡으면 매매 신호가 자주 나오게 되고, 길게 잡으면 신호가 빈번해지지 않음. 투자자의 특성에 따라 조정이 가능함

MACD 지표 활용시의 유의사항

MACD와 MACD 오실레이터는 이동평균선의 후행성을 개선한 지표이지만 매매 신호가 좀 늦게 보이는 경향이 있습니다. 또한 MACD는 횡보장보다는 강도가 센 추세에서 더욱 정확도가 높다는 점에 유의해야 합니다. 단기적으로 추세가 형성되지 않을 때는 매수신호와 매도신호가 혼재되어 틀린 신호가 종종 나오며 이런 점 때문에 초심자가 MACD 지표로 바로 투자하는 것이 쉽지 않을 수 있습니다.

초보투자자라면 우량주의 주봉을 가지고 적응해가는 것이 성공할 수 있는 확률이 높다고 판단됩니다. 좀더 익숙해지면 좀더 단기로, 그리고 디비전스를 이용하는 방법 등 좀더 고급스러운 스킬을 활용할 수도 있을 것입니다.

기술적 분석의 어떤 지표도 복잡다단한 모든 상황을 완벽하게 설명할 수는 없습니다. 결국은 여러 대안과 분석방법을 동원해 확률을 높여가는 방법으로 접근하는 것이 합리적입니다.

디비전스

디비전스는 주가의 움직임과 지표의 움직임이 다르게 나타나는 것을 말함. 예를 들어 주가가 고점을 높여가고 있는데 지표는 고점을 낮춰가며 하락하는 경우인데, 이는 추세의 전환을 의미하는 것으로 해석함

주린이가 진짜 궁금해하는 것들

Q 거래량이 많으면 체결강도도 높아지는 건가요?

A 매수주문으로 체결이 이뤄지는 것이 매도주문으로 인한 체결보다 높을 때(100 이상) 매수체결강도가 높다고 하고, 이는 일반적으로 상승 가능성이 높다고 해석됩니다. 매수가 조급하다는 것은 더 오르기 전에 사야겠다는 사람이 많다는 의미이기 때문입니다. 거래량이 많은 종목일수록 체결강도에 대한 신뢰도는 높아지는데, 거래량 자체가 체결강도와 관련을 가지는 것은 아닙니다. 매도세가 강한지 혹은 매수세가 강한지를 구분하는 것입니다.

08
볼린저밴드

주가가 계속 오르거나 혹은 계속 내리기만 하지는 않습니다. 주가는 일정 정도의 수준 내에서 움직이는 것이 일반적입니다. 볼린저밴드는 이 범위 내에서 '고점매도 저점매수'를 하는 전략입니다. 볼린저밴드도 깊이 들어가면 다양한 기법으로 발전시킬 수 있지만, 기본적인 밴드의 의미를 파악하고 매매에 활용하는 것으로도 훌륭한 분석방법이 됩니다.

볼린저밴드 개념 및 계산방법

볼린저밴드(Bollinger Band)는 1980년대 초반에 존 볼린저(Jonh Bollinger)라는 투자전문가가 고안해낸 지표입니다. 구체적으로는 주가의 변동이 표준정규분포 함수에 따른다고 가정하고 주가를 따라 위아래로 폭이 같이 움직이는 밴드를 만들어 주가를 그 밴드를 기준선으로 판단하고자 고안된 지표를 말합니다. 볼린저밴드는 가격 변동성을 표준편차의 배수로 결정하게 됩니다.

볼린저밴드 계산방법은 다음과 같습니다. 볼린저밴드의 구조는 '이동평균선, 상단밴드, 하단밴드'로 구성되어 있습니다. 추세중심선은 n일의 이동평균선이고, 상한선은 '추세중심+2σ(표준편차)'이고, 하한선

표준정규분포

평균이 0이고 표준편차가 1인 정규분포로, 좌우가 대칭

은 '추세중심 − 2σ(표준편차)'입니다. 밴드 크기를 결정하는 표준편차 배수는 일반적으로 2배를 많이 사용하며, 추세중심선인 이동평균선은 20일을 주로 사용합니다. 전문가에 따라서는 얼마든지 변형이 가능합니다.

볼린저밴드 구조 및 적용

볼린저밴드는 주가가 상한선과 하한선을 경계로 등락을 거듭하는 경향이 있다는 전제에서 출발합니다. 이에 따라 주식 가격의 움직임을 포착할 수 있도록 설계된 중간의 이동평균선과 상단밴드, 하단밴드로 구성됩니다. 이동평균선을 추세 중심선으로 사용하며, 상한과 하한 변동 폭은 추세 중심선의 표준편차로 계산합니다. 이때 이동평균과 표준편차의 관계는 통계학에서 일반적으로 활용되는 표준정규분포를 가정해 산출하게 됩니다.

일반적으로 볼린저밴드는 중심선인 '20일 이동평균선'과 중심선에서 '표준편차×2'를 더한 상한선, '표준편차×2'를 뺀 하한선으로 구성됩니다. 따라서 확률적으로 주가는 95% 이상 볼린저밴드 내에서 수렴과 발산을 반복하면서 움직이게 됩니다. 가격변동 띠의 폭이 이전보다 상대적으로 크거나, 큰 상태에서 줄어들 경우에는 볼린저밴드를 매도와 매수가 과도하게 집중된 상황을 반영하는 지표로 활용할 수 있습니다.

주가는 일정한 기간 동안 과매수나 과매도 상태가 될 수 있기 때문에 상대적으로 가격이 높거나 낮은지를 알면 매도시기와 매수시기를

KB금융의 볼린저밴드 적용 사례

자료 : 삼성증권 HTS화면

볼린저밴드는 밴드의 상단과 하단을 보여주므로 고점과 저점을 찾는 데 유용합니다.

가늠할 적기를 선별하는 데 도움이 됩니다. 바로 이 점 때문에 여러 지표 중에서 볼린저밴드는 초보투자자도 쉽게 참고할 수 있는 지표이며, 주가의 변동성으로 주가를 예측하는 대표적인 지표입니다. 볼린저밴드로 주가의 움직임을 시각적으로 가장 쉽게 살펴볼 수 있기 때문에 주식투자자들이 많이 활용하는 지표입니다.

가격이 밴드의 중심선 위에 있을 경우에는 상승추세이며 밴드의 상한선 근처에서는 저항을 받게 됩니다. 즉 저항선 역할을 합니다. 반대로 가격이 밴드의 중심선 아래에 있을 경우 하락추세로 보고, 밴드의 하한선 근처에서는 주가가 지지를 받게 됩니다. 이런 점을 활용하는 가장 기본적인 매매기법은 밴드의 하한선에서 매수하고, 밴드의 상한선에서 매도하는 것입니다.

다만 한 가지 주의할 점은 성장성이나 변동성이 큰 종목은 종종 밴드를 벗어나는 경우가 많아 초보투자자라면 주가의 변동성이 상대적

변동성

주가의 변동성이 크다는 것은 '위험이 크다'라는 말과 같은 의미임. 변동성이 커지면 수익을 볼 기회도 많아지지만 손실을 볼 아픔도 역시 많아진다는 것을 뜻함

으로 작은 종목으로 볼린저밴드를 적용하는 것이 수월하다는 것입니다. 흔히 말하는 가치주나 자산주, 베타 값이 낮은 종목들이 적당하다고 봅니다.

어느 증권사 HTS라도 차트를 클릭하고 들어가서 볼린저밴드를 선택만 하면 되므로 어렵지 않게 적용할 수 있습니다. 종합주가지수에 적용해 주식형 펀드의 매수시점과 매도시점을 찾아보는 것으로 연습을 해보는 것도 좋습니다.

볼린저밴드를 활용한 투자전략

기술적인 분석을 선호하는 투자자들에게 볼린저밴드 투자기법은 자주 사용되고 있는데 좀더 자세한 전략은 다음과 같습니다. 다만 실전매매에서는 다양한 상황이 발생하므로 결코 절대적인 것이 아니라 확률적이라는 점을 반드시 명심해야 합니다.

1) 밴드 자체의 폭이 수축하거나 확장하는 변동성을 활용

밴드 자체의 폭이 축소되면서 밀집구간을 거치면 여기는 힘이 모이는 구간이며 이후 상단 밴드를 돌파할 때 주식을 사들입니다. 반대로 밴드 밀집구간을 거쳐 하단 밴드에서 하향 이탈할 때 주식을 매도하면 됩니다.

2) 상단·하단 밴드와 다른 지표를 함께 활용

주가가 상단 밴드에 접근할 때 각종 지표들이 주가의 강세를 확증하면 매수하고, 주가가 하단 밴드에 접근할 때 지표가 주가의 약세를 확증하면 매도하는 방법입니다.

3) 반전기법으로 복수의 밴드 접촉과 지표를 활용

주가가 상단 밴드를 여러 번 건드리는 반면 주가지표는 점진적 약세를 보일 때, 그리고 주가가 하단 밴드를 여러 번 건드리는 반면 지표는 점진적 강세를 보일 때 주가흐름의 반전을 예측할 수 있습니다.

점진적 약세

주가가 시간을 가지고 조금씩 하락하는 경우를 뜻함

볼린저밴드 적용시 주의사항

다음은 코로나19로 주식시장이 급락하는 경우의 차트에 볼린저밴드를 적용해본 것입니다.

급락시장의 볼린저밴드

자료 : 삼성증권 HTS화면

볼린저밴드는 주가의 움직임이 적어 좁게 형성되다가 주가가 급등락할 때 밴드가 급격히 확대됩니다. 이때 밴드의 상한과 하한의 이탈을 응용해 매매에 활용합니다.

주가가 볼린저밴드의 하한선을 급하게 뚫고 하락하는 경우에는 시장이 매우 약하다는 것이므로 매수의 시점은 주가가 볼린저밴드의 하한선 안으로 온전히 들어온 다음에 매수하는 것이 안전합니다. 상승의 경우에는 반대가 됩니다. 주가가 볼린저밴드의 상한선을 강하게 뚫고 오르는 경우에는 매도로 대응하는 것이 아니라 추세가 살아 있다고 판단해 보유하다가 주가가 밀리면서 상한선 안으로 들어오면 그때 매도하는 것이 좋습니다.

추세

시장에 이슈가 있어 강하게 상승할 때는 추세 상승이 꺾이는 것일 때까지 기다려 보는 것도 좋은 방법임

볼린저밴드의 한계

볼린저밴드는 정해진 밴드 안에서 주가가 움직이므로 시각적으로 쉽게 주가의 위치를 찾을 수 있는 장점이 있습니다. 밴드의 상단에서 보수적인 접근을 하고, 밴드의 하단에서는 매수 타이밍을 찾아보는 방법이 가장 보편적이고 무난한 방법입니다.

다만 앞에서도 이야기했듯이 차트의 움직임만으로 어떤 기업의 매매타이밍을 다 파악할 수 있다고 생각하는 것 자체가 무리라는 점을 반드시 명심해야 합니다. 기업의 본질가치를 보고 좋은 회사에 장기투자에 나서되 매수시점과 매도시점을 찾는 데 참고로 하는 것이 기술적 지표의 활용도를 높이는 것입니다. 이때에도 기술적 지표를 하나만 사용하기보다는 복합적으로 여러 지표를 참고하면 성공확률이 더욱 높아질 것입니다.

06

투자정보 중에서
옥석 골라내기

홍수처럼 정보가 쏟아지니 정보가 없어서 투자를 못하지는 않습니다.
필요할 때 정확한 정보를 잘 찾아내는 것이 중요합니다.
정보자체뿐만 아니라 그 정보가 만들어지는 과정도 고려해야 합니다.

01
투자정보

"친구야 너만 알고 있어"라며 받은 정보가 사실 국민 모두가 알고 있는 경우도 많습니다. 투자를 해보면 정보가 없어서 투자를 못하는 것보다는 해당 정보가 진정한 정보인지 구별하는 것이 어렵습니다. 실전에서 경험을 많이 쌓아야 합니다. 인터넷은 그야말로 정보의 바다라고 하는데, 정말 필요한 정보를 어떻게 구할 수 있을지 알아봅시다.

증권사 홈페이지

너무나 많은 초보 주식투자자가 본인이 매일 사용하는 HTS에서 정보를 구할 수 있다는 점을 간과합니다. 대부분의 증권사는 기본적으로 매일 아침에 간단하지만 중요한 브리핑 자료를 제공하고 있습니다.

필자도 증권사에 재직했을 때 오전 6시 50분이면 영업점에 도착해 업무를 준비했던 기억이 있습니다. 전일 미국시장에서 시작해서 유럽과 아시아시장, 원자재 가격과 환율까지 챙기다 보면 어느덧 아침 미팅시간이 되곤 했습니다.

투자자라면 당연히 아침에 시장상황을 체크해야 하는데, 이런 작업을 증권사의 모닝 브리핑을 읽는 것으로 시작하면 좋습니다. 모바일

모닝 브리핑
증권사마다 이름이 조금씩 다를 수는 있지만 장시작 전 아침에 전일 시황 및 해외시장 움직임과 이슈 등을 정리한 간단한 정보자료

환경에서도 당연히 제공되므로 장소적 제약 없이 손쉽게 접근이 가능합니다.

주식투자경험이 적을수록 아침 공부는 더욱 중요합니다. 특히 전일 미국시장에서 벌어진 일이 이후 한국시장에서 어떻게 반영되는지 살피다보면 많은 투자 아이디어를 구할 수 있습니다.

아울러 각 증권사의 리서치센터에서는 산업과 개별 종목에 대한 리포트를 제공하고 있습니다. 많은 회사를 커버하지는 못하지만 업종 선두권의 회사는 심층적인 분석자료가 나오고 있습니다. 주식투자를 고급지게 잘 하는 방법은 바로 애널리스트의 리포트를 많이 보는 것이라고 감히 말씀드리고 싶습니다.

리서치센터
증권사에서 유가증권에 대한 분석 및 기업분석을 주로 하는 부서

물론 지나치게 희망적인 매수리포트만 있다는 비판도 있습니다. 하지만 애널리스트가 직접 회사를 탐방하고 작성하는 리포트보다 더 회사를 자세히 분석할 수 있는 방법이 일반투자자에게는 많지 않습니다.

리포트를 꾸준히 보면 회사를 보는 눈이 커지고, 해당 업을 보는 눈이 정확해집니다. 초보투자자라면 다소 어려워 보이고 모르는 단어들도 있겠지만 리포트를 끼고 투자하는 습관이 가치투자자로 전문가의 길에 이르는 지름길입니다. 게다가 리포트는 모두 무료입니다.

전자공시시스템

금융감독원 전자공시시스템을 다트(http://dart.fss.or.kr)라고 부릅니다. 유가증권에 대한, 즉 주식·채권·수익증권 등에 대한 공시자료를 모아 놓은 곳입니다.

공시
사업내용이나 재무상황, 영업실적 등 기업의 내용을 투자자 등 이해관계자에게 알리는 제도로, 다양한 공시제도가 있음

전자공시시스템 홈페이지

전자공시시스템의 홈페이지에서 바로 해당기업의 공시자료를 검색할 수 있습니다.

의외로 본인이 투자하는 회사의 공시자료를 찾아보지 않는 사람이 많습니다. 공시는 금융당국이 투자자보호를 위해서 매우 중요하게 생각하는 부분입니다.

투자는 위험이 있고 투자의 결과는 투자자 책임이지만, 그 이전에 정보는 공정해야 한다는 전제가 필요합니다. 바로 이런 부분을 해결하는 것이 공시라고 보기에 금융감독원은 공시관리를 매우 엄격하게 하고 있습니다.

본인이 투자하는 회사의 감사보고서를 열람해본 적이 없다면 반성해야 합니다. 감사보고서는 누구나에게 오픈된 방대한 자료를 가지고 있는 투자정보의 보고입니다.

감(感)으로만 투자해서는 시장상황이 변할 때 정신없이 흔들리기 쉽습니다. 중심을 잡고 자신만의 투자원칙을 고수하려면 기본적인 회사 정보가 머리에 셋팅이 되어 있어야 합니다. 그 출발이 바로 감사보고서입니다.

공시시스템에서 일반적으로 감사보고서만 볼 수 있다고 생각하는데 매우 다양한 정보가 게시됩니다. 예를 들어 대한항공이라는 회사의 지분변경 사항이 궁금하다면 전자공시시스템에서 해당기업을 검색하

지분변경

지분변경 정보는 대주주의 경영권 매각, 지분경쟁을 포함해 투자자에게는 매우 중요한 이슈임

고 '특정증권소유상황보고서'를 클릭해 들어가보면 최신 주요주주의 변경내역을 확인할 수 있습니다.

대한항공 임원 및 주요주주 특정증권 등 소유상황보고서

	보고서 작성 기준일	특정증권 등		주권	
		특정증권 등의 수(주)	비율(%)	주식수(주)	비율(%)
직전보고서	2020년 02월 28일	10,645,060	11.09	10,645,060	11.09
이번보고서	2020년 03월 31일	9,508,505	9.91	9,508,505	9.91
증감		−1,136,555	−1.18	−1,136,555	−1.18

자료: 전자공시시스템

공시자료에는 뉴스에서 간단히 다루는 정보를 정확히 확인할 수도 있습니다.

위 표에서 주요주주인 국민연금이 해당 주식을 매도해 지분이 10% 이하로 낮아진 점을 확인할 수 있습니다. 공시사항은 공식적인 것이므로 뉴스와는 다른 무게감을 가집니다.

자산운용사 홈페이지

자산운용사

자본시장법상 집합투자업자로, 펀드 운용사를 말함

직접 주식투자를 하는 사람도 많지만 펀드와 같이 간접투자를 통해서 투자하는 사람도 많습니다. 펀드를 구매하지 않더라도 펀드를 운용하는 회사의 홈페이지에는 좋은 정보가 가득하므로 반드시 들어가볼 필요가 있습니다.

미래에셋자산운용 홈페이지

자산운용사, 즉 펀드운용사의 홈페이지에도 다양한 투자정보가 있습니다.

펀드운용사

자본시장법에서는 집합투자업자라고 하며, 일반적인 펀드 운용사는 자산운용사라고 칭함

예를 들어 유명한 펀드운용사의 홈페이지에 들어가면 해당 회사가 운용하는 펀드 안내만 하는 것이 아니라는 것을 알 수 있습니다. '은퇴와연금'을 클릭해보면 은퇴와 관련된 자산운용에 대한 수많은 투자정보를 구할 수 있습니다. 그리고 '투자정보'를 클릭하면 다양한 투자정보도 얻을 수 있습니다.

한 가지 더 첨언하자면 펀드의 자금흐름을 보면 최신 투자 트렌드를 파악할 수 있습니다. 그때 그때 유행하는 펀드는 당시의 트렌드를 반영하기 때문입니다. 베트남펀드, 인도펀드, 미국에 투자하는 펀드가 유행하더니 리츠가 대세를 타기도 합니다. 당시의 관심을 받는다는 것은 투자할 때 항상 추종해야 된다는 것이 아니라 관심을 두고 있어야 한다는 것과 같은 의미입니다.

포털사이트 증권란

아마도 일반인이 가장 많이 사용하는 증권정보 창구가 포털사이트가 아닐까 생각합니다. 접근성이 워낙 탁월하니 자연스럽게 주식정보의 창구로도 활용되는 것은 당연할 것입니다. 각 포털사이트에서도 많은 증권정보를 나름 체계적으로 제공하고 있습니다.

네이버 증권 화면

NAVER 금융	종목명 펀드명 환율명 원자재명 입력	▾	🔍	통합검색
금융 홈	**국내증시** **해외증시** **시장지표** **펀드** **리서치** **뉴스** **MY**			

모든 포털사이트에는 증권정보를 모아놓은 별도의 화면이 있습니다.

해당 포털사이트에서도 방대한 자료를 구할 수 있습니다. 매일 해외
와 국내의 시세 자료를 손쉽게 구할 수 있습니다. 주식과 관련된 뉴스
는 당연하고 여러 증권사의 리서치 자료도 한 곳에서 열람할 수 있어
매우 편리합니다. 포털사이트의 가장 큰 장점은 여러 곳의 정보를 한
곳에 집중시켜 놓았다는 점입니다.

리서치 자료

애널리스트가 만든 리
서치 자료는 투자를 위
한 다양한 정보를 모은
교과서나 다름없음

시장지표 및 뉴스

자료 : 네이버 증권

포털사이트는 특정 언론사의 기사만이 아닌 다양한 정
보를 모아놓은 것이 장점입니다.

시장지표에서 유가하락을 간략하지만 차트로 시각적으로 볼 수 있고, 바로 밑으로 가면 주요뉴스를 통해 유가하락도 체크할 수 있으며, 유가와 관련된 금융상품 소식도 바로 클릭해서 볼 수 있습니다. 주식투자자에게 물가와 유가는 중요한 거시경제 지표입니다. 포털사이트만 잘 활용해도 다양한 투자정보와 힌트를 얻을 수 있습니다.

거시경제

시장을 거스르는 투자는 성공하기 힘들기 때문에 거시경제 지표를 늘 살펴보는 습관을 길러야 함

인베스팅닷컴

세계는 넓고 투자대안은 다양한 만큼 이제는 해외투자가 자연스럽습니다. 해외투자를 하는 경우 시세 및 정보를 구하는 데 가장 좋은 곳이 바로 인베스팅닷컴(https://kr.investing.com)입니다. 해외사이트를 직접 방문해보는 것도 좋겠지만, 초보 주식투자자로 미국시장에서 거래되는 주식시세와 같은 정보를 구하는 데 가장 많이 사용하는 사이트입니다. 꼭 영어원문 사이트가 아닌 한글버전으로도 사용 가능합니다.

증권 앱 증권통

증권사 직원들도 많이 사용하는 주식앱이 바로 '증권통'입니다. 실시간으로 빠르고 사용하기에도 편리해 많은 사용자를 가진 증권앱입니다. 모바일 환경에서 실시간 주식시세를 보는 데 매우 유용합니다. 차트도 보기에 편합니다. 게다가 무료로 사용할 수 있습니다.

02
정보 분석

뉴스는 쏟아지고 정보는 넘쳐나고 소문도 무성하지만, 정확한 확인은 쉽지 않습니다. 하지만 공시는 그 무게감이 다릅니다. 물론 공시 내용 너머의 숨은 의미를 파악하는 것은 투자손실과 같은 비싼 수업료가 필요한 경우가 많습니다. 수업료를 적게 지불하면서 뉴스, 정보, 소문을 제대로 분석해내는 올바른 투자자의 자세에 대해 알아봅시다.

피해야 할 기업의 뉴스와 공시

잘되는 회사를 찾는 것도 중요하지만 결정적인 손해를 피하는 것이 주식투자자가 자산을 지키는 데 더 중요합니다. 회사가 힘들어지면 구체적인 여러 징후들을 볼 수 있습니다. '지코'라는 회사를 통해 그런 징후를 살펴보도록 하죠.

해당 기업의 공시사항을 살펴보면 주식보유상황보고서를 통해 대주주가 바뀌는 부분들을 확인할 수 있습니다. 또한 회사가 자금을 조달하기 위해서 소액공모를 실시하는데, 소액공모란 10억 미만의 공모를 말합니다.

일반적으로 공모를 하면 유가증권보고서 등의 까다로운 절차가 있

소액공모

자본시장법상 공모에 해당하나 10억원 미만의 소액인 공모로 증권신고서 제출 의무가 없음

전자공시시스템 공시사항 예시

번호	공시대상회사	보고서명	제출인	접수일자
31	유 지코	임원·주요주주특정증권등소유상황보고서	지코홀딩스	2020.01.06
32	유 지코	주식등의대량보유상황보고서(일반)	지코홀딩스	2020.01.06
33	유 지코	최대주주등소유주식변동신고서	지코	2020.01.06
34	유 지코	유형자산처분결정	지코	2019.12.11
35	유 지코	유상증자또는주식관련사채등의발행결과(자율공시)	지코	2019.12.10
36	유 지코	소액공모실적보고서	지코	2019.12.09
37	유 지코	[기재정정]소액공모공시서류(지분증권)	지코	2019.12.06
38	유 지코	[기재정정]주요사항보고서(유상증자결정)	지코	2019.12.06
39	유 지코	주식등의대량보유상황보고서(일반)	지코홀딩스	2019.11.26
40	유 지코	임원·주요주주특정증권등소유상황보고서	지코홀딩스	2019.11.26
41	유 지코	최대주주등소유주식변동신고서	지코	2019.11.26
42	유 지코	임원·주요주주특정증권등소유상황보고서	지코홀딩스	2019.11.19
43	유 지코	주식등의대량보유상황보고서(일반)	지코홀딩스	2019.11.19
44	유 지코	최대주주등소유주식변동신고서	지코	2019.11.19
45	유 지코	임원·주요주주특정증권등소유상황보고서	지코홀딩스	2019.11.15

자료 : 전자공시시스템

공시에는 다양한 종류가 있지만 주식은 지분이므로 증자나 감자, 대주주 지분 변동 등과 같은 부분은 엄격히 공시됩니다.

는데 소액은 이를 면제해주는 제도입니다. 즉 자금이 급해 신속한 조달을 감행하고 있다는 것을 짐작할 수 있습니다. 유형자산처분 결정 공시도 아울러 찾을 수 있습니다. 보유자산을 현금화해야 할 만큼 기업의 자금사정이 악화하고 있다는 반증이기도 합니다. 그럼 이 회사의 주가는 어떠했을까요?

앞서 보여드린 표에서 보여주는 공시가 나오는 기간 동안의 주가는 오른쪽 페이지에서 보는 바와 같습니다. 해당 기업이 나쁘다거나 좋지 않다는 가치에 관한 부분을 이야기하는 것이 아니라, 주식투자자 입장에서 공시나 뉴스를 통해서 어떤 기업을 피하는 것이 안전한가에 대한 이야기를 드리는 겁니다.

증자

증자의 목적이 긴급한 운영자금을 조달하기 위한 경우일 때는 기업의 지속성에 대해 다시 한 번 확인할 필요가 있음. 증자의 목적이 공장 증설과 같은 투자목적이라면 해당 기업의 성장에 어느 정도 기여할지 살펴봐야 함

회사의 주인이 바뀌고, 잦은 증자를 하고, 자산을 매각하는 일련의 과정이 주가하락을 안내하는 신호등입니다. 물론 상황이 호전되면 급등하는 경우도 있지만 그런 부분은 전문적인 투자자에게 양보하는 것이 초보투자자의 정신건강에 좋습니다.

지코의 주가추이

자료 : 삼성증권 HTS화면

기업의 자체 영업이익으로 자금을 만들지 못하고 자주 외부에서 자금을 조달하는 공시가 나오면 주가는 하락하는 경우가 많습니다.

 주린이가 진짜 궁금해하는 것들

◉ **평일이 아닌 주말에도 공시를 할 수 있는 건가요?**

Ⓐ 공시하는 시간에 특별한 제약이 있는 것은 아닙니다. 수시공시의 경우 투자자의 투자판단을 돕기 위해 기업에 관한 중요한 변화가 발생하는 경우 이를 지체 없이 거래소에 신고하도록 하고 있습니다. 조회공시의 경우, 즉 풍문이나 보도 등으로 주가가 급등락하는 경우 거래소가 조회공시를 요구하면 오전에 요구한 경우 당일 오후까지, 오후인 때에는 다음날 오전까지 답변을 해야 합니다.

영업이익

영업이익은 기업의 주된 영업활동에 의해 발생된 이익이므로 기업의 생존을 위해 가장 중요한 포인트임. 영업이익으로 최소한 부채의 이자는 해결할 수 있어야 함

뉴스를 대하는 올바른 자세

이번에는 뉴스에 대해 투자자가 어떻게 받아들여야 하는지 이야기해 보죠. 보톡스(botulinum toxin)는 일종의 독약입니다. 근육을 마비시키는 독소인데, 눈떨림을 치료하기 위해 사용하다가 주름이 펴지는 부작용을 발견하면서 주름을 펴는 데 사용되었습니다. 치료 목적에서 미용 목적으로 바뀌면서 보톡스는 몸값이 급등하고 여러 회사에서 개발했고 개발 중인데, 이게 극한 독약인지라 아무나 만들 수 있는 것이 아닙니다.

메디톡스는 보톡스 국내 시장점유율 1위로 2010년대에 1만원대의 주가가 2018년 80만원대에 이르기까지 어마어마한 상승을 보여주기에 이릅니다. 팽팽한 얼굴 피부를 가지고 싶어 하는 욕망만큼이나 해당기업의 주가도 올라간 것입니다. 그런데 메디톡스가 식품의약품안전처로부터 판매중지를 당하는 처분을 받고 이에 따라 해당 회사의 주가가 급락했습니다. 해당 주식을 보유한 투자자는 마른 하늘에 날벼락인 뉴스인 셈입니다.

그런데 주식을 투자하는 사람은 이런 뉴스를 단순히 해당 기업에 대한 뉴스로만 받아들여서는 안 됩니다. 이 뉴스가 보톡스 시장에 어떤 영향을 줄지 분석해야 합니다. 즉 경쟁업체가 누가 있고, 대체가능성이 어느 정도인지 확인하는 것이 필요합니다.

경쟁기업을 확인하는 것은 의외로 간단합니다. 포털사이트 증권란에 가면 해당 기업의 경쟁기업을 친절히 보여줍니다.

판매중지 처분
제품의 결함 등으로 리콜이나 판매중지를 당하는 것은 매출에 영향이 크기 때문에 주의 깊게 살펴봐야 할 부분임

경쟁업체 예시

동일업종비교 (업종명 : 생물공학 | 재무정보: 2019.12 분기 기준)					더보기 ›
종목명 (종목코드)	메디톡스 · 086900	헬릭스미스 · 084990	휴젤 · 145020	제넥신 095700	알테오젠 · 196170
현재가	127,100	87,400	388,200	61,100	92,400

자료 : 네이버 증권

하나의 산업에는 수많은 기업이 존재하고 해당기업뿐만 아니라 그 산업내 경쟁자를 이해하는 것이 필요합니다.

메디톡스의 경쟁업체이자 보톡스 시장의 넘버2인 휴젤이라는 회사의 주가는 당시에 어떠했을까요? 아래의 차트 2개를 보면 그야말로 정반대의 움직임을 나타냈습니다.

메디톡스 주가와 휴젤 주가의 비교

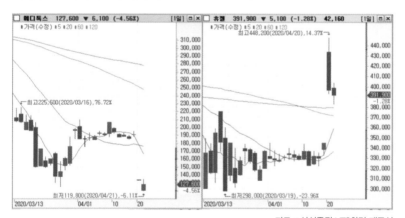

자료 : 삼성증권 HTS화면 재구성

어떤 회사에 문제가 발생하면 그 파급효과가 어디로 미칠지를 항상 염두에 둬야 합니다.

1등 회사의 아픔은 2등 회사에게는 기회가 됩니다. 메디톡스의 주가가 하락하는 날, 휴젤의 주가는 반대로 급등했습니다. 추가적으로 주

식품의약품안전처

식품·의약품·의료 기기·화장품·위생용품 등의 안전 관리에 관한 사무를 맡아서 하는 중앙 행정 기관으로, 미국의 FDA와 유사한 한국의 기관임

가가 어떻게 움직일지는 식품의약품안전처와의 행정적인 절차 진행 과정에 따라 변동할 수 있겠지만 발빠른 투자자는 단기적인 수익을 거둘 수 있었습니다.

수많은 뉴스가 난무하지만 뉴스가 제대로 정보가 되려면 꾸준히 공부하고 분석하는 습관을 가져야 합니다. 주식시장은 총칼없는 전쟁터이기 때문에 사사로운 감정은 피해야 합니다. 오직 냉혹하게 돈의 논리에 따라 판단하고, 확실하다면 신속하게 대응해야 합니다. 평소에도 뉴스를 다각도로 이해하고 판단하는 훈련을 해야 주식계좌에 플러스가 증가하게 됩니다.

03
증권사 리포트

증권사의 분석전문가인 리서치센터 애널리스트의 리포트는 전문적인 정보의 보고입니다. 책상에서만 리포트를 쓰는 것이 아니라 직접 기업에 방문하는 경우도 많습니다. 그런데 놀라운 사실은 이렇게 소중하게 만들어진 리포트를 투자자들은 잘 읽어보지도 않고 투자를 한다는 점입니다. 리포트를 꾸준히 보는 습관을 들이면 돈 벌 확률이 높아집니다.

리포트

증권투자를 위한 경제 및 증권을 분석한 자료로 리서치자료, 증권 분석자료 등 다양하게 부름

기업정보 찾기

주식투자를 하는 사람이라면 경제신문을 가까이 하는 것은 당연합니다. 경제신문의 홈페이지에 들어가면 증권 아이콘이 있는데, 경제신문의 증권은 투자를 위한 여러 기사와 정보에서 다양한 기업정보가 기사형식으로 신속히 제공됩니다.

한국경제 홈페이지의 증권

≡ **한국경제 증권** 뉴스▾ 국내증시▾ 해외증시 채권▾ 가상화폐 금융▾ 컨센서스

경제를 전문적으로 다루는 언론사 한 곳은 '즐겨찾기'에 두고 자주 찾아보는 습관을 기르는 것이 좋습니다.

한국경제신문을 예로 들면 홈페이지에서 증권을 클릭해 들어가면 아래와 같은 기업정보가 뉴스 형태로 실시간 제공됩니다. 뉴스를 참고해서 투자하는 것은 당연하지만 뉴스로 이미 기사화된 것은 해당 기업의 주가에 뉴스의 재료가 이미 반영된 경우가 많으므로 이 부분을 고려하면서 뉴스를 검토해야 합니다.

한경닷컴 컨센서스

종목분석 ›
역대 최고가 치솟은 한진칼...경영권 분쟁 다시 불붙나
메이슨캐피탈 소액주주연대, 경영참여 선언...지분경쟁...
"총선 승리로 文정부 정책 탄력...시멘트株 화려한 귀환...
삼성전기 '기지개' 켤까...中 스마트폰 출하량 급증
카이노스메드, 스팩 합병 승인..."KM-819 가치 확대 본격...

기업분석 ›
롯데쇼핑 "회사채 금리 0.6%P 더 줍니다"
日시장 노리는 선데이토즈...턴어라운드 발판 될까
증시 뒤흔든 길리어드, 코로나 잡을 '구원자'인가 '거품'인...
NH투자 "에스원, 코로나19에 가입자 증가세 둔화...목표...
만든대로 팔리는 '동박'...일진머티리얼즈·SKC '투톱' 뜬다

대부분의 경제신문사는 증권사의 리포트를 종합적으로 제공하는 화면을 제공합니다.

컨센서스

컨센서스는 증권 및 자산운용사 관련 기업에서 예상하는 의견이나 견해를 말하는 것으로, 예를 들어 특정 기업의 경영성과를 예측하는 것 등이 포함됨

또한 기업뉴스 외에 '한경 컨센서스'라는 것이 같은 화면에서 제공되는데, 여기에서 여러 증권사의 리포트를 제공하고 있습니다.

증권사의 리포트는 심층적인 분석이 제공되므로 기업을 깊게 이해하려면 여러 증권사의 리포트를 비교해가면서 보면 좋습니다. 기업을 바라보는 시각은 다를 수 있기 때문에 이런 점을 고려해가면서 분석해야 합니다. 그리고 리포트는 기본적으로 비관보다는 낙관적인 견해가 더 많다는 점도 참고하면서 봐야 합니다.

해외주식 정보

투자자들이 해외주식 정보로 가장 많이 이용하는 사이트는 블룸버그 (www.bloomberg.com)나 인베스팅닷컴(www.investing.com), 구글파이낸스(finance.google.com)가 있습니다.

사이트가 영문이며, 한글로 번역이 가능하나 다소간 불편할 수 있습니다. 해외에 투자하는 기업이 중소형기업이 아닐 경우가 많고, 초보자가 투자 가능한 수준의 해외기업은 해당 증권사의 HTS화면에서 찾을 수 있습니다.

홈페이지 화면에서 해외주식을 클릭하고 들어가면 해외주식에 대한 여러 항목들이 나옵니다. 주가뿐만 아니라 간단한 기업분석 자료들도 다양합니다. 특히 삼성증권은 중국기업에 대한 정보가 탄탄합니다.

예를 들어 아마존이라는 기업을 찾아보려면 아마존의 티커(Tiker)

삼성증권 화면 사례

자료 : 삼성증권

각 증권사가 제공하는 HTS에서도 해외투자 정보 제공이 많아지고 있습니다.

티커

일종의 심볼 부호로
주식명칭을 나타내는
것인데 한국에서는
숫자로 표시하고, 미
국에서는 영어로 표
시함

인 AMZN을 알아야 하는데, 한국 증권사 사이트에서는 대부분 한글로
'아마존'이라고 검색해도 해당 기업을 쉽게 찾을 수 있어 편리합니다.
주식 초보자라면 한국 증권사 사이트에서 찾을 수 없는 해외주식은 투
자를 자제하는 것이 좋겠습니다. 이름만 들어도 알 수 있는 해외기업
이 아니라면 충분히 주식투자경험을 쌓은 후에 투자하도록 합시다.

MTS

해외주식 정보도 모바일에서 쉽게 찾을 수 있습니다. NH증권의 MTS
초기화면에서 '해외주식 – 해외투자정보'로 찾아가면 기업들을 검색
할 수 있습니다. 뉴스뿐만 아니라 리서치 정보와 종목분석도 찾아볼
수 있습니다.

NH증권 MTS 사례

모바일 기기를 통한 투자정보 제공도 HTS에 못
지않습니다.

리서치 정보 분석

증권사의 리포트는 정보의 보고라는 이야기를 여러 번 하고 있습니다. 게다가 이런 리포트가 무료로 제공되니 더할 나위 없이 좋습니다. 그런데 정작 이런 공부가 가장 필요한 초보투자자는 막연한 감으로 투자하는 경우가 많습니다.

한 가지 사례를 들어보겠습니다. 코로나19 글로벌 팬데믹으로 휴대폰 산업이 위축될 것을 쉽게 예상할 수 있습니다. 그런데 어느 정도 타격이 있을지 뉴스로만 보는 것으로는 부족합니다. 앞서 이야기한 여러 채널에서 산업별 리서치 자료를 찾아보면 어렵지 않게 구할 수 있습니다. 증권사마다 다소간의 차이가 있을 수 있으나 '휴대폰산업' 'IT' '모바일산업' 등으로 검색하면 구할 수 있습니다.

팬데믹

세계보건기구(WHO)가 선포하는 감염병 최고 경고 등급으로, 세계적으로 감염병이 대유행하는 상태

2020년 글로벌 스마트폰 감소 전망

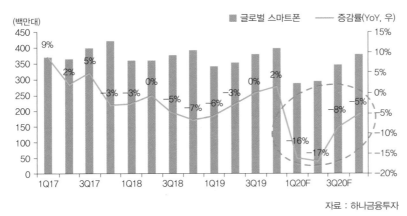

자료 : 하나금융투자

증권사의 투자보고서를 읽는 습관을 들이시면 정보에 대한 이해가 깊어집니다.

이렇게 휴대폰산업 리서치 자료를 통해 2020년 전문가들은 스마트폰 출하가 대략 전년 대비 11% 정도 급격히 위축될 것으로 예측하고 있습니다. 이런 귀한 자료를 이렇게 쉽게 구할 수 있습니다.

다만 여기에서 한걸음 더 나아가야 주식투자의 성공에 가까워집니다. 즉 누구나 스마트폰 산업이 어려울 것이라는 것은 짐작할 수 있습니다. 그래서 단기적으로 해당 산업에 속한 기업의 주가가 떨어지겠지만 추후 회복의 흐름이 나타날 때 모든 기업이 똑같이 반등하지는 않을 것이라는 점입니다. 중국의 로컬기업의 데미지가 가장 크다면 상대적으로 한국기업의 리스크는 작은 것이고, 이런 점이 오히려 기회가 될 수도 있기 때문입니다. 이처럼 한 단계 더 나아가는 분석과 공부를 하려는 노력을 기울여야 전문가로 거듭 태어날 수 있게 될 것입니다.

일단 그 출발점은 증권사의 리서치 정보, 즉 리포트를 늘 가까이 하는 것입니다. 리포트를 가까이에 두고 읽고 비교하고 분석하는 습관을 들여야 합니다.

주린이가 진짜 궁금해하는 것들

◉ 증권사의 목표주가는 투자자에게 어떤 의미인 건가요?

Ⓐ 증권사의 증권분석 전문가가 합리적인 가격이라고 제시하는 가격입니다. 증권사의 목표가격은 말 그대로 목표가격으로 참고하면 됩니다. 현재가격이 목표가격에 미달한다고 해서 꼭 그 가격으로 상승하는 것은 아니기 때문입니다. 다만 목표가격과 현재가격의 차이가 현저히 크다면 종목을 연구하고 매수해볼 가치가 있을 것입니다. 증권사의 애널리스트는 증권을 분석하는 전문가이므로 여러 가지 시장상황을 고려하고 필요하면 해당 기업도 방문해서 합리적인 가격을 추출하기 때문입니다.

04
공시

공시는 누구에게나 공정하게 오픈되어 있는데 의외로 무시당하는 것이 바로 공시입니다. 공시가 재무제표만 등록하는 곳이라고 생각하면 오산입니다. 공시를 세심하게 챙기지 않고 방송이나 뉴스만을 보고 투자하는 사람은 성공하기 힘듭니다. 지금이라도 당장 전자공시시스템을 '즐겨찾기'에 등록하고 시간이 날 때마다 들어가보는 습관을 가져야 합니다.

공시

금융감독원 전자공시시스템 초기 화면에 들어가시면 기업을 검색할 수 있습니다. 회사명이나 상장기업이라면 종목코드로 조회할 수 있습니다. 참고로 펀드와 같이 유가증권신고서를 제출하는 경우에도 해당하는 공시를 볼 수 있습니다. 우리가 몰라서 그렇지 한국 공시시스템은 세계 어디에 내놓아도 잘 만들어진 시스템이며 투자자보호를 위해 다양한 정보를 모아놓은 곳입니다.

공시는 종류에 따라 정기공시, 주요사항보고, 발행공시, 지분공시 등 다양하며 필요한 부분만 검색도 가능합니다. 해당 공시를 클릭하면 더욱 자세한 공시 항목을 볼 수 있습니다. 예를 들어 정기공시를 클릭하면 사업보고서, 반기보고서, 분기보고서 등을 선택할 수 있습니다.

종목코드

주식을 대표하는 통일된 6자리 숫자기호를 뜻함. 특정 상장기업을 찾고자 한다면 기업의 사명이 제각각이고 길어서 약칭을 사용하는데 키워드로 검색할 수도 있고, 코드명으로 바로 찾을 수도 있음

전자공시시스템 초기화면

자료 : 공시시스템

전자공시시스템은 공적인 정보제공 창구로 자세한 정보가 매우 유용합니다.

공시사항

공시는 금융감독원의 공시시스템에서도 볼 수 있고, HTS화면에서도 해당 기업의 공시를 묶어서 보여주는 화면이 있음

화면에서 특정기업을 조회하면 최근의 공시사항이 보여집니다. 예를 들어 CJ제일제당을 검색해봅시다.

CJ제일제당 공시 리스트

번호	공시대상회사	보고서명	제출인	접수일자	비고
1	㈜ CJ제일제당	임원 · 주요주주특정증권등소유상황보고서	국민연금공단	2020.04.07	
2	㈜ CJ제일제당	주식등의대량보유상황보고서(약식)	국민연금공단	2020.04.03	
3	㈜ CJ제일제당	사업보고서 (2019.12)	CJ제일제당	2020.03.30	연
4	㈜ CJ제일제당	정기주주총회결과	CJ제일제당	2020.03.27	유
5	㈜ CJ제일제당	사외이사의선임 · 해임또는중도퇴임에관한신고	CJ제일제당	2020.03.27	
6	㈜ CJ제일제당	대표이사(대표집행임원)변경(안내공시)	CJ제일제당	2020.03.27	유
7	㈜ CJ제일제당	감사보고서제출	CJ제일제당	2020.03.19	유
8	㈜ CJ제일제당	[기재정정]매출액또는손익구조30%(대규모법인은15%)이상변경	CJ제일제당	2020.03.09	유
9	㈜ CJ제일제당	참고서류	CJ제일제당	2020.03.09	
10	㈜ CJ제일제당	주주총회소집공고	CJ제일제당	2020.03.09	
11	㈜ CJ제일제당	특수관계인에대한출자	CJ제일제당	2020.03.09	공
12	㈜ CJ제일제당	[기재정정]특수관계인에대한출자	CJ제일제당	2020.03.09	공
13	㈜ CJ제일제당	주주총회집중일개최사유신고	CJ제일제당	2020.03.09	
14	㈜ CJ제일제당	주주총회소집결의	CJ제일제당	2020.03.09	유
15	㈜ CJ제일제당	대규모기업집단현황공시[분기별공시(개별회사용)]	CJ제일제당	2020.02.27	공

자료 : 공시시스템

가장 기본이 되는 공시는 정기공시 중에 사업보고서입니다. 말 그대로 정기적으로 발표하는 보고서입니다. 분기보고서는 분기마다, 반기보고서는 반기에, 사업보고서는 매 회기말에 결산을 마치고 나오는 보고서입니다. 자, 이제 사업보고서를 클릭해봅시다.

사업보고서

증권 발행 기업의 사업상황·재무상황 및 경영실적 등 기업내용을 일반투자자들에게 정기적으로 공개하고 투자자를 보호하기 위한 제도

사업보고서 항목

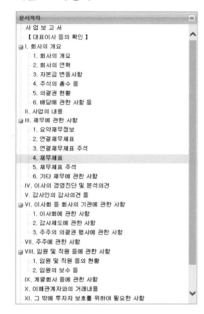

자료 : 공시시스템

재무제표는 처음에는 어렵지만 투자기업의 재무건전성을 확인하는 가장 좋은 교과서입니다. 기본적인 이해를 할 수 있도록 공부해야 합니다. 공시에서 쉽게 찾을 수 있습니다.

　　사업보고서의 내용 중에서도 회사의 개요와 연혁부터 꼭 읽어보길 권합니다. 연혁을 살펴보면 2018년 CJ헬스케어를 매각하고 이를 바탕으로 2019년 미국 슈완즈를 인수한 굵직한 이슈들이 나옵니다. 회사가 어떤 사업에 집중하고 있는지 알 수 있습니다. 아울러 해당 회사에 투자할 때 꼭 염두에 둬야 할 중요한 이슈들입니다. 개인적으로 슈완즈 인수가 세계로 뻗어가는 한류 음식 열풍의 기폭제가 되기를 기원하

는 마음입니다.

가끔이지만 제일제당이라는 회사가 설탕을 만드는 회사, 제일모직이 교복 원단을 만드는 회사, 신라호텔이 호텔업만을 하는 회사라고 알고 있는 사람들을 만납니다. 이러면 곤란합니다. 제일제당이 설탕을 안 만드는 것은 아니지만 설탕은 수많은 제품 중에 한 가지에 불과하기 때문입니다. 이런 부분은 사업의 개요를 읽어보면 파악이 가능합니다. 식품에서 바이오, 유통까지 얼마나 다양한 사업을 하는지 알 수 있습니다.

특히 재무제표를 잘 살펴봐야 합니다. 재무제표에는 이 책에서도 따로 다루고 있으니 참고하기 바랍니다. 회사의 재무제표도 보지 않고 투자한다는 것은 눈을 감고 100미터 달리기를 하는 것과 같습니다.

그리고 한 가지 더, 투자하려는 회사의 계열사도 체크해봐야 합니다. 특히 최근에는 종종 바이오 계열사가 대박을 치는 경우가 있기 때문입니다.

계열사

어느 한 기업집단에 속해 있는 회사를 말함. 원재료에서 완성품으로 수직적으로 계열관계를 만들기도 하고, 새로운 사업을 위한 수평적 계열관계를 만들기도 함. 계열사의 실적이 해당 기업의 실적과 여러 방면으로 연결되므로 계열관계를 파악해야 함

수시공시

거래소공시에 들어가보면 수시공시가 있는데, 이는 정기적으로 발생하는 공시가 아닌 이슈가 있을 때 부정기적으로 발생하는 공시입니다. 촌각을 다투는 주식투자자 입장에서는 중요한 공시입니다. 중요한 공급계약이라든지 특허 취득과 같은 사업공시에서 증자와 같은 자본의 조달 관련 등 투자자가 꼭 관심을 가져야 하는 이슈가 발생할 때 공시가 이루어집니다.

한국의 공시시스템은 장담하건대 세계 최고 수준입니다. 전산적인 부분에서 신속성을 가지고 있고, 금융당국이 지속적으로 관심을 쏟고 있기 때문에 정보의 양도 매우 우수합니다. 전자공시시스템을 별도로 컴퓨터의 '즐겨찾기'에 등록해두고 수시로 들어가서 확인하는 습관을 들이도록 합시다.

금융당국

우리나라의 금융감독 체제는 중앙집중 형태임. 국무총리 직속의 금융위원회가 있고, 특수목적법인인 금융감독원이 실질적인 감독을 실행함. 그 외에도 증권거래소, 한국은행 등 다양한 유관기관을 통해 금융을 관리·감독하고 있음

 주린이가 진짜 궁금해하는 것들

◉ **주가 방향을 결정하는 주체가 정말 따로 있는 건가요?**

Ⓐ 주식시장에서 '세력'이라고 하거나 '주포'라고 부르기도 하는, 매매를 주도하는 이들이 있습니다. 자금력이 좋거나 주식의 상당량을 보유하고 매매하기 때문에 주가에 미치는 영향이 크다고 할 수 있습니다. 세력이 매매에 나서면 그 흔적이 차트에 남게 됩니다. 그래서 노련한 투자자는 어느 증권사에서 매매가 이루어지는지도 항상 체크합니다. 다만 일부러 다른 투자자를 유인하기 위해 주식을 매매하는 경우도 있기 때문에 조심해야 합니다.

05

IR과 탐방

은행에서 대출을 담당하는 이에게 직접 전해들은 이야기입니다. 모텔에 대출을 해주면서 침대시트 세탁물량이 어느 정도인지 확인하고 대출을 해주면 부실이 발생할 확률을 대폭 줄일 수 있다고 합니다. 투자도 마찬가지입니다. 단순한 뉴스가 아닌 좀 더 심도 있는 정보를 구해야 합니다. 개인이 좀 더 심층적인 정보를 접할 수 있는 수단을 찾아봅시다.

IR

헬스케어

건강에 관한 증진을 모색하는 산업으로, 단순히 환자의 치료와 재활만이 아닌 질병의 예방과 완화를 위한 상품과 서비스를 제공하는 경제 시스템 내의 부문들을 포함하는 개념임. 건강의 유지와 회복에 관여하는 제품과 서비스의 개발, 그것의 산업화를 포함해 고령화 시대의 주요 성장산업임

얼굴과 피부에 대한 관심은 늘어나면 늘어나지 줄어들지는 않을 듯합니다. 얼굴의 주름이 삶의 여정을 반영하는 자연스러운 현상이라고 생각한다면 오산입니다. 세월을 거꾸로 막을 수도 있기 때문입니다.

제약사나 헬스케어 회사에 투자하면서 자연스럽게 관련 용어들도 알게 되었습니다. 그 중 주름을 개선하는 방법 중에 리프팅(Lifting)이라는 단어가 쓰이는 것이 흥미로웠습니다. 이것을 병원에서는 '안면거상'이라는 용어로 쓰고 있는데, 쉽게 말하면 피부를 들어 올려 주름을 펴는 것입니다.

한스바이오는 안면거상 수술용 실을 '민트'라는 이름으로 판매하고

있습니다. 미용에 대한 관심이 증가하므로 해당 제품의 수요가 늘어나리라는 것은 쉽게 짐작할 수 있지만 이 제품의 성장성이 어느 정도일까요? 정보가 궁금하다면 해당 회사의 홈페이지에 가면 찾을 수 있습니다. 회사 홈페이지의 IR(Investor Relations)이라는 항목에 회사의 자료가 잘 정리되어 있습니다. 특히 상장회사라면 홈페이지에 회사 자료가 꼭 있습니다.

IR

Investor Relations의 약자로 기업이 증권시장에서 정당한 평가를 얻기 위해 투자자들을 대상으로 실시하는 홍보활동을 뜻함. 주로 일반인을 대상으로 하지 않고 기관투자자를 대상으로 함

민트 매출 예상 추이

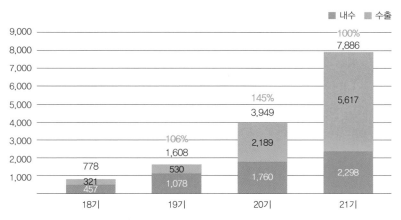

자료 : 한스바이오메드 IR

IR에 신경 쓰는 기업은 투자자를 신경 쓰는 기업입니다. IR이나 공시를 통해 투자하는 기업의 주력 제품의 매출을 확인하는 것은 투자자의 기본입니다.

매년 100% 정도 성장하는 것을 알 수 있습니다. 기업은 성장을 먹고 자라는 것이니 해당 기업에 투자한다면 투자자의 마음이 편할 확률이 높아집니다. 물론 기업의 매출이 하나의 제품으로만 이루어지지 않으니 전체적인 판단이 필요합니다.

이렇게 기업에 투자할 때 유용한 정보들이 IR이라는 활동을 통해 이루어집니다. IR은 주로 기관투자자 등을 대상으로 오프라인으로 하는

경우가 많아 일반인이 참가하기가 쉽지 않은 경우가 많지만, IR자료는 해당 기업의 홈페이지에 게시되어 있으니 꼭 찾아보고 난 후에 투자해야 합니다.

탐방

금융권에 있는 특히 신용카드업에서 쓰는 용어 중에 '심방'이라는 것이 있습니다. 일반인이 잘 쓰지 않는 단어인데 가맹점이 정상적으로 영업을 하는 곳인지 방문해서 심사한다는 의미입니다.

탐방이라는 것은 증권업에서는 회사에 직접 방문해서 확인하고 조사하는 것을 말합니다. 상장회사에서는 IR 담당자가 있습니다. 혹시 여러분도 회사에 대해 궁금한 점이 있다면 IR 담당자와 통화할 수 있습니다. 일개 개인도 할 수 있다는 사실을 모르는 분이 많은데 투자자를 위해 필요한 응대를 하는 것이 그분들의 직무입니다. 다만 공표되지 않은 사실에 대한 확인은 불가하나 그런 민감한 내용이 아닌 것은 얼마든지 확인할 수 있습니다.

IR 담당자

상장기업에는 IR을 담당하는 직원이 있음. 규모가 있는 회사라면 조직도에 표기하기도 하지만 굳이 조직도를 찾지 않고 회사의 대표 전화번호로 문의해도 연결이 됨

회사의 대표전화로 전화를 해서 "IR 담당자 바꿔주세요"라고 하면 담당자와 통화할 수 있습니다. 투자를 잘하는 사람들은 이런 제도를 잘 활용하는 사람입니다. 제가 아는 한 투자자는 해당 회사의 IR담당자가 본인의 목소리를 알 정도라고 합니다. 그만큼 정보가 많다는 것과 같은 의미입니다.

물론 전화라는 것이 한계가 있어 직접 해당 기업에 방문해 심도 있게 체크하는 것이 최선입니다. 탐방을 가서 느끼는 '감'이 매우 중요합

니다. 직접적으로 비공개된 정보를 들을 수는 없을지라도 느낌이 오는 것입니다.

예를 들어 IT 관련 회사는 S전자와 거래하는 것이 매우 중요한데, 1차 벤더로 등록된다는 것 자체가 회사의 기술력을 증명하는 하나의 지표가 되니 주식투자자 입장에서는 매우 민감한 정보입니다. 직접 기업을 방문해보면 S그룹과 거래가 가능할지 아닐지 현장 분위기에서 어느 정도 감이 온다는 것입니다.

탐방이 좋다는 것은 아는데 일반 개인투자자가 탐방을 가는 것은 현실적으로 어렵습니다. 더구나 초보투자자라면 더욱 어렵습니다. 탐방은 주로 증권사의 리서치센터 애널리스트나 자산운용사의 펀드매니저가 나가게 됩니다. 따라서 투자자가 직접 탐방을 가지는 못하지만 탐방을 가는 효과를 간접적으로 볼 수 있는 것이 증권사 리서치센터에서 발표하는 리포트를 읽어보는 것입니다.

또한 회사에 따라 차이가 있을 수 있는데 규모가 크지 않는 회사는 증권사의 임직원이 방문하더라도 소규모로 IR을 진행하는 경우도 많습니다. 개인 투자자가 간접적으로 탐방의 효과를 누릴 수 있는 또 하나의 방법입니다. 즉 단순히 오픈된 자료만으로 추천을 하는 증권사 직원보다는 직접 탐방을 다니는 증권사 직원과 거래하거나 교류관계를 가진다면 좋겠습니다.

탐방을 열심히 다니는 증권사 직원은 주식을 열심히 연구하는 브로커가 분명합니다. 아무래도 정보가 많고 정확할 확률이 높습니다. 공부를 열심히 하면 성적은 오르게 되기 때문입니다.

펀드매니저

고객의 위탁자산 또는 회사의 고유재산 등을 주식이나 채권 또는 금융상품 등에 투자하며 운용 관리하여 수익을 올리는 사람으로, 투자 자산운용사라고도 함

06
전문가

주식을 하면서 누구를 전문가라고 할 수 있을까요? 종합주가지수보다 더 좋은 수익률을 여러 해 동안 달성하는 펀드가 의외로 드뭅니다. 즉 펀드매니저와 같은 전문가라고 하더라도 시장을 이기는 것이 쉽지 않다는 것이지요. 사실 전문가라는 사람은 많지만 진정 중요한 것은 '나에게 맞는가' 하는 것입니다. 전문가의 투자철학을 먼저 살피기 바랍니다.

투자철학

투자를 위해 누군가의 조력을 받아야 한다면 투자에 대한 태도를 꼭 확인해야 함. 투자는 장기간의 긴 여정이 될 확률이 높기 때문에 투자자와 호흡이 잘 맞아야 함

전문가

우리가 주식을 처음 접하는 가장 일반적인 방법은 지인을 통해서입니다. 친구이거나 직장 동료일 수도 있고, 친척일 수도 있습니다. 우스갯소리로 "어떤 사람과 절교하고 싶다면 지속적으로 주식종목을 추천하라"는 말도 있습니다. 주식투자가 성공하지 못하면 자연스럽게 관계가 소원해진다는 말입니다.

웃고 넘어가기에는 뼈가 있는 말입니다. 인간적으로 가까운 사람끼리 주식정보는 함부로 교환하는 것이 아닙니다.

주식을 한다는 사람, 즉 전문가라는 분들에게 종목을 추천받더라도 투자에 성공한 사람이 드문 이유는 각자가 처한 입장이 다르기 때문

입니다. 두 사람이 1천만원을 가지고 주식을 한다고 가정해보죠. 1억원을 가진 사람이 하는 것과 전 재산이 1천만원인 사람은 분명 입장이 다를 것입니다. 즉 주식을 투자하는 사람마다 자신에게 맞는 주식투자 스타일이 있기 때문에 아무리 전문가라 해도 나에게는 맞지 않을 수 있다는 점을 염두에 두어야 합니다.

대학교 동창인 친구 A는 주식투자를 소수종목으로 장기투자를 하는 스타일입니다. 같은 과에 다녔던 친구들 중 여러 명이 LG전자에 입사를 했었는데, 그래서 자연스럽게 LG전자에 대한 소식을 듣게 되었습니다.

본인은 삼성그룹에 재직하고 있지만 LG전자가 좋은 회사라는 생각에 공부를 하고 수년간에 걸쳐 조금씩 여유가 될 때마다 매수해 상당한 금액에 이르게 되었습니다. 그 후부터는 1년에 한두 번씩 떨어지면

소수종목

투자종목이 적으면 적을수록 가격변동성이 커지는 것이 일반적임. 따라서 펀드와 같이 집합투자를 하는 경우에는 분산투자를 기본으로 함

LG전자 장기주가 추이

자료 : 삼성증권 HTS화면

LG전자는 장기적으로 주가가 지속적으로 우상향하는 모습을 보여주지는 못했습니다. 다만 장기적으로 투자하는 경우 충분히 수익을 내고 팔 수 있는 기회는 많았습니다.

사고 오르면 팔고를 반복했습니다. 수익률이 대박은 아니지만 무난하게 정기예금 이자율의 두세 배를 꾸준히 보고 있다고 전해주었습니다.

LG전자는 좋은 회사이지만 업종 1등주가 아닌 2등주에 해당하며 폭발적인 주가상승은 없었고, 상승과 하락을 반복해왔습니다. 해당 업종의 1등주로 투자를 지속했다면 수익률이 매우 높았겠지만 친구 A는 개인적으로 LG전자의 경영철학에 동의하기 때문에 큰 아쉬움은 없다고 했습니다.

20년 가까이 투자하면서 상승할 때도 있었지만 한때 주가가 10만원을 넘을 때에 비하면 현재 주식평가액이 줄었지만 장기로 투자해왔기 때문에 그래도 여전히 플러스 수익이라고 합니다. 그간 배당을 받은 것은 덤입니다.

회사의 경영철학까지 살펴가면서 장기로 투자하니 비록 대박은 아니지만 조급하게 매매하는 경우보다 수익률이 더 좋지 않을까요? 상기 사례의 투자방법이 꼭 옳다는 것은 아니지만 필자는 친구 A를 전문가라고 인정합니다. 그리고 해당 종목을 20년간 투자했으니 적어도 그 종목에 대해서는 그 누구보다도 전문가입니다.

증권사의 전문가

우리가 주로 만나는 전문가는 증권사에 재직 중인 임직원인 경우가 많습니다. 증권사의 임직원은 당연히 전문가입니다. 다만 앞서도 이야기했듯이 전문가라고 해서 모두 본인에게 맞는 전문가일 수는 없습니다.

증권사에 재직 중인 직원을 브로커(Broker)라고도 하는데, 브로커의

2등주

해당 산업에서 영향력이 가장 큰 기업의 주식을 1등주 혹은 대장주라고 하고, 다음 순위의 기업이 2등주임

이익은 많은 매매 성사에서 발생하게 됩니다. 즉 고객이 많은 매매를 할수록 브로커는 이익이 많아지는 구조입니다. 그러다보니 잦은 매매를 권유하게 되는 경우가 생깁니다.

매매가 많은 것이 좋은지 나쁜지는 결과로 파악하면 쉽겠지만 일반적으로 시장을 완벽하게 예측하는 것이 어렵기 때문에 상승과 하락이 반반이라면 매매시 비용만 증가하는 경우가 꽤 발생합니다. 이를 법에서는 '이해상충'이라고 합니다. 증권업에서 이를 '과당매매'라고 하며 엄격히 금지하지만 어디까지가 과당매매인지는 애매한 측면이 있습니다.

증권사 임직원에게 의지해서 매매하는 것이 나쁘다는 것을 말하는 것이 아니니 오해가 없길 바랍니다. 증권사 직원들은 새벽에 출근합니다. 새벽부터 저녁까지 매일을 증권시장에서 전쟁을 치르는 사람입니다. 아무나 할 수 없는 일입니다. 증권사 임직원의 추천에는 분명히 이유와 의미가 있을 것입니다. 따라서 증권사 브로커의 추천종목을 받게 되면 긍정적으로 검토하되 투자자 스스로 공부해 소화한 다음에 매매에 나서야 한다는 것입니다. 그래야 투자가 장기적으로 안정적으로 원칙을 가지고 이루어지게 됩니다.

이해상충

임직원을 포함한 금융회사와 고객 간의 이해가 충돌하는 것을 말함. 자본시장법은 금융회사가 이해상충방지를 위한 체계를 갖추도록 의무화하고 있음

유사투자자문회사

여러 투자방법 중에서 부동산 투자에 비해 주식투자가 쉬운 이유는 적은 자금으로도 투자할 수 있다는 점 때문입니다. 소액으로도 단기에 높은 수익률을 낼 수 있다는 점 때문에 주식투자에 뛰어드는 사람도

많습니다. 그러나 단기에 고수익을 내려는 이런 방식의 투자가 성공하기 힘든 것은 주식시장이 호락호락하지 않기 때문이기도 하지만, 자금이 적은 사람이 받을 수 있는 정보도 서글프지만 질적 차이가 있기 때문입니다.

'지금 전화하시면 폭등 종목이 공개됩니다.' 혹시 이런 광고 문구를 본 적이 있을 것입니다. 이런 광고를 보면서 느끼는 점은 '폭등이 될 종목을 왜 알려줄까' 하는 것입니다. 이제는 투자자들도 스마트해져서 과거처럼 '묻지마 투자'는 크게 줄었지만 여전히 정보의 진위가 불투명한 전문가 추천을 만나게 됩니다. 초보투자자 입장에서는 더욱 솔깃한 이런 광고를 주의 깊게 가려내야 합니다.

아무래도 혼자서 주식을 투자하기가 생각보다 쉽지 않다 보니 유사투자자문회사의 도움을 받고자 하는 경우가 흔히 생깁니다. 일부 주식 리딩을 지나치게 투기적인 방법으로 진행하다가 실패하면 나몰라라 하는 경우도 있지만 연구하고 공부해 시장 트렌드에 맞게 종목을 발굴하는 유사투자자문회사도 많습니다. 그래서 한 달에 몇 십만 원 하는 회원가입을 별 생각 없이 덥석 하기보다는 유사투자자문회사의 무료 리딩방이나 무료카톡방 같은 곳에서 해당 전문가의 리딩방식을 충분히 이해한 후에 본인과 잘 맞을 수 있다고 판단되면 그때 가입하는 것이 좋겠습니다.

일반적으로 투자기간이 짧고 활발한 매매를 원하는 경우 유사투자자문과 호흡이 잘 맞을 수 있습니다. 지나치게 높은 목표수익률이나 폭등만을 제시하는 곳은 피하고, 기본적인 회사분석 자료와 시장상황의 재료가 잘 맞아가는 그런 종목을 추천하는 곳을 선택하는 것이 좋겠습니다.

묻지마 투자

단기간에 고수익을 올리고자 제대로 확인되지 않은 정보나 지식으로 투자하는 것을 말함

유사투자자문회사 확인

신고제

사전에 행정관청에 일정한 요건을 정해 신고를 하도록 하고 있는 경우로, 인가나 허가에 비해 금융기관 설립 절차가 간편함

자본시장법상 유사투자자문회사는 불특정다수에게 대가를 받고 방송이나 카페 등을 통해 투자정보를 제공하는 회사를 말합니다. 투자자문사와는 달리 유사투자자문회사는 신고제이기 때문에 아무래도 금융당국의 관리가 약합니다.

이런 제도적인 문제로 인해 전문적인 식견이나 도덕적 자격이 부족한 일부 유사투자자문회사가 물의를 일으키기도 합니다. 회원으로 가입하는 비용이 적지 않아 가입이야 본인의 의사지만 무리한 주식투자 리딩 후 손실이 나는 경우도 종종 있으니 심사숙고 후 결정하는 것이 좋겠습니다.

또한 유사투자자문회사가 많지만 정식으로 신고되어 있지 않은 경우 불법이므로 특히 더 주의가 필요합니다. 신고여부는 금융당국이 운영하는 '파인(http://fine.fss.or.kr)'에서 조회할 수 있습니다.

금융소비자정보포털 파인사이트 홈페이지

금융회사
- 제도권 금융회사 조회
- 금융회사 핵심경영지표
- 등록대부업체 통합관리
- 금융통계정보시스템
- 소액해외송금업 조회 N
- 유사투자자문업자 신고현황 N

공적인 규제를 받는 것과 불법으로 영업하는 곳은 고객을 대하는 마인드가 다릅니다. 법에 따라 등록된 곳인지 확인한 후 거래하는 것이 좋습니다.

제도권 금융회사

금융감독기관에 정식으로 인허가를 받거나 등록 등의 절차를 거친 금융 관련 회사를 말함. 예를 들어 대부업체의 경우에도 정식으로 등록하지 않은 경우 법의 보호를 제대로 받지 못하거나 지나친 고금리의 피해를 볼 수 있음

파인 홈페이지 화면에 제도권 금융회사를 조회할 수 있는 곳이 있습니다. 자본시장법에 따라 정식으로 신고된 회사인지 확인하고 거래하는 것은 기본입니다.

 주린이가 진짜 궁금해하는 것들

◉ **작전세력은 주로 어떤 종목을 공략하나요?**

Ⓐ 작전세력이 선호하는 종목은 소형주이면서 거래량이 적은 종목입니다. 그래야 물량을 잠식해서 가격을 의도하는 바대로 만들기가 쉽습니다. 그런데 작전의 성공은 주가의 상승 정도에 있을 것 같지만 제일 중요한 것은 주가상승 후 매도입니다. 자금만 있다면 주가는 올릴 수 있지만 오른 주가로 다른 사람에게 매도하는 것이 쉬운 것은 아닙니다. 투자자도 바보가 아니기 때문입니다. 그래서 투자자를 유인할 과장된 정보를 흘리기도 합니다. 그래서 주식투자자, 특히 초보투자자는 이런 정보의 진위를 검증할 수 있도록 공부를 많이 해야 합니다.

07

투자스타일에 맞게
즐겁게 투자하기

같은 주식을 누구는 비싸다며 매도하고, 누구는 싸다며 매수합니다.
같은 주식을 누구는 고평가라 하고, 누구는 성장성이 좋다고 합니다.
투자에는 하나의 정답이 없으므로 투자스타일에 맞게 즐겁게 투자합시다.

01
가치투자

가치투자자는 시간이 걸리긴 하지만 본질가치에 맞는 제 가격을 찾아간다고 주장합니다. 맞는 말입니다. 좋은 회사는 결국 주가로 평가받습니다. 다만 본질가치가 얼마인지를 정확히 가려내기가 쉽지 않고, 본질가치를 찾아내더라도 기다림의 과정이 힘듭니다. 그래서 더욱 내가 미리 찜한 기업이 시장에서 평가받을 때 투자의 맛이 납니다.

저평가를 찾아라

가치투자란 기업이 가진 기본 가치에 비해 시장에서 저평가된 종목에 투자해 수익을 창출하는 전략입니다. 가치주 투자의 강점은 저평가된 상황이므로 가격하락에 대한 위험이 낮아 상대적으로 안전성이 높다는 점입니다. 단점은 시장에서 저평가된 이유가 있을 것이므로 해당 사유가 해소될 때까지 상당한 시간이 걸릴 수 있다는 점입니다.

저평가된 종목을 찾는 방법은 많습니다. 흔히 초보자는 PER, PBR을 활용하는 경우가 많습니다.

저평가된 종목에는 2가지 타입이 있습니다. 첫째, 저평가된 요인이 내·외부적인 요소로 해당 상황의 해소가 잘 진행이 안 되거나 해소 예측이 어려운 경우입니다. 대표적인 경우가 무역분쟁, 전쟁의 위험 고조, 전염병 등입니다. 둘째, 부실한 수익성으로 인한 재무 건전성에 대한 우려로 발생하는 경우입니다. 부실한 수익성이 현실화되는 경우에는 투자손실이 더욱 커질 수 있습니다.

이 2가지 경우에서 경력이 적은 투자자는 첫 번째 요인에서 투자종목을 찾는 것이 좋습니다. 이를 '밸류 트랩'이라고 하는데, 밸류 트랩 중에서도 회사의 외부적인 이유로 주가가 하락한 경우가 투자에 유리하다고 할 수 있습니다. 이런 경우 시간이 흘러 상황이 호전되면 주가는 빠르게 제자리를 찾아가게 될 확률이 높으니 초보투자자가 하기에 가장 적절한 전략이라고 할 수 있습니다.

밸류 트랩
저평가 상태를 해소하지 못하고 갇혀 있는 상태

가치투자에 적절한 종목

일반적으로 가치투자에 적절한 종목은 4차산업혁명에 관련된 기업, IT 기업보다는 전통적인 산업에서 찾는 경향이 있습니다. 아무래도 증권시장의 트렌드를 선도하는 업은 성장성이 좋아서 시장의 주목을 받기 때문에 저평가라기보다는 미래의 성장성에 베팅하게 됩니다. 이런 점이 가치주 투자자를 기다림에 지치게 하기 쉬우니 유의가 필요합니다.

가치주 투자의 사례로 CJ제일제당과 같은 종목은 개인적으로 제가 참 좋아하는 회사이자 주식입니다. 개인적으로 부도가 안 날 확률이 가장 높은 회사로 생각합니다. 장기적으로 투자하면서 1년에 2~3번 매매하기 좋습니다.

4차산업혁명
다양한 정보 통신 기술이 융합되어 이루어진 차세대 산업 혁명을 4차산업혁명이라 함. 4차산업혁명을 한마디로 압축하면 '모든 것은 연결되고 지능화된다'라는 것임

CJ제일제당 주가추이(5년)

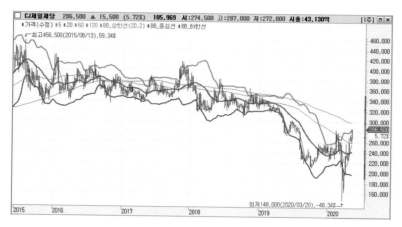

자료 : 삼성증권 HTS화면

우량주가 항상 오르는 것은 아니며 주가가 밀린다고 항상 손해를 보는 것은 아닙니다. 주가는 상하운동을 하면서 움직이기 때문입니다.

이런 회사는 폭발적인 성장을 기대하는 회사가 아니니 주봉에 볼린저 밴드를 걸어놓고 윗단에서 매도하고 아랫단에서 매수하는 전략을 펼치면 매매하는 재미가 있습니다. 1년에 2번 정도는 롤링을 합니다. 혹시나 급락하더라도 기다리면 시간이 해결해줄 것으로 봅니다. 좋은 회사는 결국은 배신하지 않습니다.

롤링
어떤 주식이라도 1년에 한두 번은 위아래로 요동을 치게 됨. 재무구조가 탄탄하고 좋은 회사는 느긋하게 찬스를 기다릴 수 있는 여유가 있음

 주린이가 진짜 궁금해하는 것들

◎ 샀다가 빨리 매도하는 단타는 무조건 나쁜 건가요?

ⓐ 단타가 나쁘다는 것은 없습니다. 주식투자에서는 돈을 버는 것이 중요하지 그 시간이 짧았는지 길었는지는 중요하지 않습니다. 다만 단기에 돈을 벌기가 쉽지 않다는 것입니다. 특히 초보투자자는 단기에 주식매매로 돈을 벌기가 더 어렵습니다. 투자자 모두가 돈을 벌기 위해 나름의 노력들을 하기 때문에 더욱 그렇습니다. 더 많이 공부하고 더 연습하고 매매하는 것이 최선입니다.

대상 PER 추이

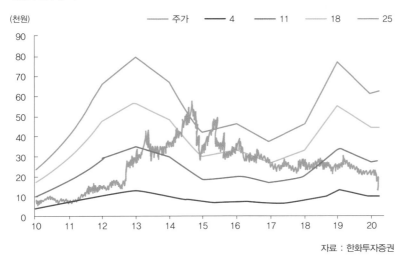

(천원)

주가 ——— 4 ——— 11 ——— 18 ——— 25

자료 : 한화투자증권

PER 값은 초보자도 접근하기 쉬운 저평가 판단 수단입니다. 업종평균이나 경쟁기업과 PER를 비교하고 매우 낮은 기업을 찾아보시기 바랍니다.

다른 식료품 회사로 '대상'이 눈에 들어옵니다. 대상을 미원이라는 조미료만 만드는 회사라고 생각하면 오산입니다. 식품사업에서 식품 소재 및 유통까지 다양한 사업을 영위하고 있는 식품종합회사입니다. 전반적으로 식품 관련 업종은 한류의 영향으로 해외에서 성공적인 모습을 보이고 있어 관심이 가는 업종인데 그 중에서도 대상에 대해 살펴보도록 합시다.

저평가를 논할 때 초보자가 가장 접근하기 쉬운 방법은 PER로 판단하는 것입니다. 업종마다 다르지만 일반적으로 PER가 10배 미만이면 고평가받는 주식은 아니라고 할 수 있습니다. 대상의 주가가 하락하면서 PER가 10배에서 4배 사이의 밴드에 머물러 있으니 저평가 영역이라 해도 전혀 무리가 없겠습니다. 단순히 주가가 낮아졌다고 저평가라고 할 수는 없는 법입니다. 재무구조를 꼭 살펴봐야 합니다.

식품종합회사

음식료업은 인간을 위한 가장 원초적인 산업이자, 변화가 빠른 현대에서도 가장 꾸준하고 무난한 산업임. 물론 그 산업 내의 기업 간에는 피나는 경쟁이 있음

대상 실적 추이

단위: 억, 원, %

재무정보	2018	2019	2020E	2021E
매출액	2,957	2,964	3,104	3,230
영업이익	120	124	136	147
EBITDA	202	221	237	253
지배주주순이익	65	107	85	93
EPS	1,872	3,070	2,428	2,663
순차입금	518	434	167	-111
PER	13.4	7.6	6.0	5.4
PBR	1.0	0.8	0.5	0.5
EV/EBITDA	6.9	5.7	2.9	1.6
배당수익률	2.2	2.6	4.5	4.8
ROE	7.3	11.2	8.2	8.5

자료 : 한화투자증권

PER과 PBR이 모두 경쟁기업이나 업종 평균에 비해 낮은 기업은 저평가 확률이 높습니다.

자산가치

해당 기업이 가진 자산을 시장에 모두 매각한다고 가정하면 최소한 주가는 주당 자산가치 정도는 인정받아야 함. 주식을 보유한 자산으로 평가한 가치임

소재 사업

소재사업은 완성품을 만들기 위한 부품이나 기계 등을 만들 때 사용되는 금속, 세라믹, 고분자 등 기본 재료를 만드는 사업임. 산업 경쟁력을 위한 뿌리가 되는 사업임

대상의 실적이 폭발적으로 성장하지는 않지만 매출과 영업이익이 꾸준히 성장하고 있습니다. PBR도 1 미만으로 자산가치에 비해 주가가 낮다는 점을 확인할 수 있습니다.

한 가지 더 긍정적인 점은 대상의 해외매출 비중이 꾸준히 높아지고 있다는 것입니다. 대상은 오래전부터 해외사업을 꾸준히 진행시켜오고 있습니다. 해외는 크게 인도네시아, 베트남, 유럽, 중국, 미국지역 등에서 사업을 영위하고 있습니다. 인도네시아와 유럽은 바이오와 소재 사업을 중심으로 하고 있고, 한류 바람을 타고 베트남, 중국, 미국지역에서 식품 사업을 중심으로 사세를 확장하고 있습니다.

이러한 결과로 2016년 주요국 해외 매출 비중은 10%였으나 2019년 15.8%로 증가하고 있습니다. 특히 이익에서 차지하는 비중이 빠르게 증가하고 있습니다. 주가가 장기적으로 우상향하려면 해외매출과 이익이 높아지는지 체크해볼 필요가 있습니다.

대상 해외매출 비중 추이

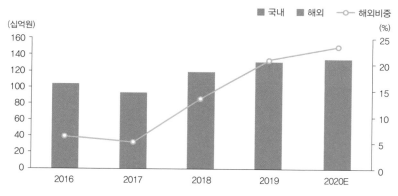

자료 : 한화투자증권

한국시장은 작기 때문에 해외에서 성공을 거둬야 성장성이 탄력을 받게 됩니다. 해외에서 매출이 늘고 있다는 것은 좋은 신호입니다.

대상은 여러 측면에서 가치투자자가 투자할 만한 요소가 충분합니다. 매수 후 PER가 10배 언저리로 올 때까지 기다리면서 '청정원 안주야'로 야식을 즐기며 기다리는 지루함을 달래보는 것도 좋겠습니다.

 주린이가 진짜 궁금해하는 것들

◉ 기관의 대량매수는 좋은 신호인가요?

Ⓐ 기관투자자가 투자할 수 있는 종목은 의외로 제한되어 있습니다. 투자 가능한 종목들을 현업에서 일하는 분들은 '유니버스'라고 부르는데, 운용사마다 각각의 투자원칙에 따른 유니버스를 가지고 있습니다. 따라서 기관투자자가 매수하는 종목은 기본적으로 재무구조가 양호하고 주가가 지나치게 비싸지 않은 경우가 많다고 보면 됩니다. 그리고 기관투자자의 매매가 쉽게 바뀌지 않기 때문에 상대적으로 개인의 매매비중이 많은 종목보다는 주가의 방향성이 지속되는 경향이 있습니다. 기관투자자가 대량으로 매수했다는 것은 일단 좋은 시그널이라고 할 수 있습니다.

02
성장투자

기업의 성장성에 투자한다는 것은 현재가 아닌 미래의 관점에 중점을 두고 투자하는 것입니다. 성장이라는 단어 자체에 변동성을 내포하고 있습니다. 수학적인 측면에서 변동성은 곧 위험성입니다. 가치투자에 비해 좀 더 공격적인 투자방법입니다. 그래서 더욱 흥미로운 투자방법입니다. 현재는 IT와 바이오가 대표적인 산업입니다.

성장산업

삼성전자가 성장주인지 가치주인지에 대한 해석이 지금도 분분합니다. 보는 사람의 시각에 따라서는 저평가된 가치주로도, 성장성이 좋은 성장주로도 분류할 수 있는데 성장산업도 마찬가지입니다. 성장산업이 항상 성장산업일 수 없고 시대와 환경에 따라 늘 변하기 때문입니다.

　한국에서 반도체산업은 성장산업으로 분류할 수 있겠지만 일본에서 반도체산업은 사양산업입니다. 한때 세상을 호령하던 일본의 반도체산업은 그 패권을 한국에 넘겨주고 말았습니다. 성장성을 가져가려면 도전성이 필요한데 일본은 그런 도전성에서 한국에 많이 밀리고 있

성장산업

상대적으로 다른 산업보다 높은 성장률을 기록하는 산업으로 시대와 나라에 따라 다름. 사양산업은 성장산업의 반대가 됨. 투자는 기본적으로 성장성이 높은 곳에 투자해야 성공확률을 높일 수 있음

는 듯합니다.

　장인정신으로 대표되는 일본의 매뉴얼 위주 환경은 창조성이 강조되는 현대사회에서 '빨리 빨리'로 대표되는 한국의 도전적 환경을 이기기가 어렵다고 봅니다. 예를 들어 LED TV를 최초 개발한 소니를 제치고 한국의 삼성과 LG가 TV시장을 석권하는 것이 그 사례입니다.

성장산업의 진화

1960년대 한국의 성장산업은 면방직이나 가발산업, 제면산업 등이었습니다. 1970년대를 지나 1980년대에 그 유명한 '건설, 은행, 무역'의 트로이카주 시절이 있었습니다. 1980년대에 은행이 지금과 달리 성장산업이었을 때 대출을 쥐고 있는 은행원들의 파워가 막강했다는 이야기가 있었습니다.

　1990년대 들어와서는 정보기술이, 2000년대에 들어와서는 중국 관련 산업재가, 2010년대 들어와서는 중국관련 소비재산업이 왕성했었습니다. 2010년대는 한국에서 만든 화장품이 날라다니던 시절이었습니다. 2020년대에는 페이스북, 아마존, 구글로 대변되는 플랫폼산업이 대장입니다.

　이같은 성장산업을 잘 분석해서 탑승할 수 있다면 자연스럽게 부는 축적될 것입니다. 다만 부지런히 분석하고 공부하는 수고가 필요합니다.

트로이카주

1980년대 증시를 주도했던 금융(은행·증권)·건설·무역(종합상사) 관련 업종의 주식을 일컫는 용어임

플랫폼산업

플랫폼(Platform)이란 본래 기차 정거장을 의미하는 용어로, 즉 사람이 모이는 곳임. 현재는 많은 이용자가 이용하는 컴퓨터 프로그램이나 모바일 앱, 웹사이트 등을 통칭하는 의미로 사용되고 있음. 구글,우버, 애플, 페이스북, 아마존 등이 대표적인 세계적 플랫폼 기업임

지속적으로 성장하는 건강기능식품산업

일반적으로 성장산업은 IT, 제약, 바이오 등이 있지만 약간 관점을 넓혀서 생각해보도록 합시다. 건강기능식품에 대해 한번 살펴보기로 하겠습니다.

건강기능식품

인체의 건강증진 또는 보건용도에 유용한 영양소 또는 기능성분을 사용해 제조·가공한 식품으로, 식품의약품안전처장이 정하며 인삼이 대표적인 제품

언제부터인가 건강보조식품을 먹는 가정이 늘고 있습니다. 고령화가 진행된다는 것에 동의한다면 사람이 나이가 들수록 건강에 관심이 많아지리라는 것은 자명한 것입니다. 따라서 건강기능식품산업은 지속적으로 성장하고 있습니다.

2020년 코로나19로 인해서 건강기능식품 업종은 관심을 더 받을 것으로 보입니다. 건강기능식품협회에 따르면 2019년 국내 건강기능식품 시장 규모는 약 4.6조원으로 추정하고 있습니다. 2015년 2.9조원에서 연평균 11.7%의 높은 성장률을 기록하고 있습니다.

한국과 일본의 고령화 비교

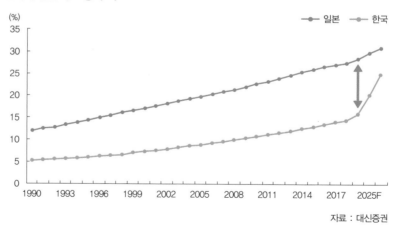

자료 : 대신증권

고령화 문제는 주식투자자에게 매우 중요한 문제입니다. 고령화사회에서 성장하는 산업을 찾는 노력이 꼭 필요합니다.

한국은 2017년 고령사회(65세 이상 인구 비중 14% 이상)에 진입하며 건강에 대한 관심 증대로 구조적 시장 성장이 이어지고 있습니다. 현재 한국에서 건강기능식품 업종처럼 성장하는 섹터를 찾기가 쉽지 않습니다.

고령화가 이미 진행된 일본이 좋은 사례가 됩니다. 일본에서도 고령사회에서 초고령사회로 이어진 기간 중 1997년에서 2007년까지 건강기능식품 시장이 17.9%의 높은 성장을 기록했었습니다. 그 기간 일본 경제는 경제 성장 둔화 침체기였던 점을 감안하면 더욱 놀라운 성장세였습니다.

한국은 2025년에 초고령사회(65세 이상 인구 비중 20% 이상)로 진입해 가속도 측면에서는 일본보다 가파른 고령화가 예상됩니다. 이런 고령화시기에 국내 경제 성장의 둔화를 예상하는 것이 어렵지 않지만, 반면에 틈새시장으로 고령화에 따르는 성장하는 산업이 바로 건강보조식품 산업입니다.

섹터

특정 지역이나 묶음을 가리키는 용어인데, 주식에서는 특정 산업군을 말함. 예를 들어 IT 섹터, 금융섹터, 자동차섹터 등으로 분류함

건강기능식품 시장 규모 추이

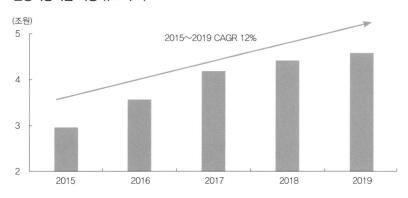

자료 : 건강기능식품협회, 대신증권

제약 및 바이오산업은 고령화시대의 가장 큰 수혜 업종입니다.

건강기능식품 소비자는 특정 질병 예방 및 치료보다는 범용적인 이유로 건강기능식품을 구매하고 있습니다. 2019년 10월에 발간된 〈오픈서베이〉의 소비자 통계 조사 자료에 따르면 건강기능식품 섭취 이유 1~3위가 건강유지(증진) 목적, 면역력 향상, 피로회복이었습니다. 특정 치료 목적이 아니라는 점에서 순수 제약업과는 명확하게 비교가 됩니다.

제약산업도 당연히 고령화에 성장하는 산업이 되겠지만 약의 성과 여부에 따라 부침이 매우 심하기 때문에 위험성과 기대수익도 높습니다. 더 높은 목표수익률을 가진 투자자라면 제약업에 투자하는 것이 좋겠고, 무난한 성장에 투자한다면 건강기능식품업도 괜찮습니다.

건강기능식품과 관련된 기업을 찾아보면 다음과 같습니다. 실제 투자는 개별 회사 중에서 본인에게 잘 맞는 회사를 선정하면 됩니다. 아직 PER비율이 제약회사에 비해 높지 않은 것을 확인할 수 있습니다.

제약산업

약을 생산하고 판매하는 산업을 통틀어 이르는 말로, 기존 약의 효과를 복제하는 복제약을 만드는 경우와 신약을 개발하는 경우로 크게 양분할 수 있음. 신약개발은 개발비가 워낙 크기 때문에 해외 유수의 제약사와 함께 개발하거나 기술만 개발하고 기술을 매도(라이센스 아웃)하는 경우가 많음

건강기능식품 관련 회사의 PER 및 PBR 비교

단위 : 십억원, %, 배
2020년 4월 27일 기준

종목명	종목코드	시가총액	매출액 증가율		영업이익 증가율		PER		PBR	
			2020F	2021F	2020F	2021F	2020F	2021F	2020F	2021F
뉴트리	270870	193.3	40.0	31.2	107.7	50.1	9.1	6.1	2.5	1.9
노바렉스	194700	239.1	22.6	27.4	28.2	38.3	12.1	8.9	2.2	1.8
종근당바이오	063160	168.7	16.6	21.0	37.0	31.6	9.6	7.4	1.0	0.9
콜마비앤에이치	200130	818.4	20.8	12.4	19.7	18.3	11.9	10.1	2.6	2.1
종근당홀딩스	001630	571.1	10.2	8.4	24.1	16.0	7.7	6.4	1.0	0.9
에이치엘사이언스	239610	265.9	18.0	13.2	21.8	23.3	11.3	8.9	2.6	2.0
팜스빌	318010	109.4	75.6	18.5	63.1	25.8	10.0	8.0	1.7	1.4

자료 : 대신증권

성장업종에 속한다고 모든 기업이 성장할 수 있는 것은 아니며, 그 중에서도 상대적으로 저평가된 기업을 찾아보는 것이 좋습니다.

고위험 고수익인 바이오 분야

성장성의 대표주자는 바이오 분야라고 생각합니다. 사례로 이야기하는 것이 이해가 빠를 듯합니다. '아스타'는 병을 진단하는 기기 및 소프트웨어 기업입니다. 해당 기업의 질병 진단 방식은 DB 기반 진단 방식으로, 질환 및 대조군 시료로부터 확보한 바이오 데이터(MALDI-TOF 데이터)를 새로운 통계적 알고리즘으로 분석해 질환과 대조군을 구분할 수 있는 패턴을 찾아내고, 시료의 데이터를 패턴과 매칭시켜 어느 질환군에 속하는가를 찾아내는 방식입니다.

기존 미생물 동정 방법의 경우 시료당 짧게는 8~48시간, 분자유전학 방법으로 2~4일이 추가로 소요되는 시간을 수초~수분 이내로 단축시킴은 물론, 비용도 크게 감소시킬 수 있습니다. 추후 바이러스 진단에도 응용이 가능합니다. 이처럼 아스타는 일단 기술력은 인정받은 기업입니다. 그렇다면 해당 기업의 재무상황은 어떨까요?

바이오

생물체의 기능과 정보를 활용해 유용물질을 상업적으로 생산하는 것을 주로 하는 산업. 생명공학을 바탕으로 하는데, 성장성은 자명하기 때문에 투자가 집중적으로 이루어지고 있는 분야임. 주식투자자라면 당연히 관심을 가져야 할 분야임

아스타 요약 실적

주요재무정보	최근 연간 실적		
	2017.12	2018.12	2019.12
	IFRS 연결	IFRS 연결	IFRS 연결
매출액(억원)	10	17	13
영업이익(억원)	-52	-49	-62
당기순이익(억원)	-43	-35	-150
영업이익률(%)	-504.09	-281.85	-493.71
순이익률(%)	-417.26	-202.15	-1,198.90
ROE(%)	-45.63	-11.72	-48.28

자료 : 네이버증권

당기순손실이 커지고 있는 모습을 확인할 수 있습니다. 성장 가능성만을 놓고 투자하는 것은 고위험 고수익 투자입니다. 초심자라면 포트폴리오의 하나로 부담 없는 수준에서 하는 것이 좋습니다.

일반적인 상황이라면 이런 손익계산서를 가진 기업에 투자한다는 것은 어렵습니다. 그러나 성장성의 꿈을 먹고 자라는 첨단 바이오 장비기업이기에 과감히 투자하는 사람도 있는 것입니다. 성장성에 투자한다는 것은 현재 재무상태로만 투자를 결정하지는 않는다는 뜻입니다.

아스타의 주가 추이를 살펴봅시다.

장비기업

산업경쟁력의 뿌리가 되는 소재, 부품, 장비업을 '소부장'이라고 부르기도 함. 정부의 육성정책과 맞물려 투자자도 관심을 가지고 투자 리스트에 경쟁력 있는 소부장 기업을 발굴할 필요가 있음

아스타 주가 추이

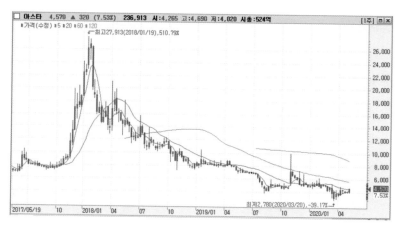

자료 : 삼성증권 HTS화면

영업손실이 나더라도 기대만큼 매출이 발생했다면 좋았을 텐데 매출이 너무 낮으니 주가도 지속적으로 하락했습니다. 바이오업종은 이런 경우가 종종 발생하니 매출이 어느 정도 발생되는지 확인이 필요합니다.

주가 추이를 보면 꿈에 부풀어 주가가 급히 상승했으나 실제 기대했던 매출과 실적이 나오지 않아 조금씩 밀리던 주가가 장기간 하락 횡보하고 있습니다. 여러분이 해당 기업에 투자했다면 견디기 힘들었을 것입니다.

잠깐의 성장 기대의 과실은 달콤하나 실패의 상처는 큽니다. 고위험

고수익의 전형적인 모습입니다. 기업의 내부사정을 정확히 알지 못하고서 단순히 성장성에만 기대어 투자하는 것은 깊이 생각해볼 일입니다.

기술만으로 매출이 만들어지지 않는 것이 현실입니다. 좋은 기술로 장비를 만들어도 국내에서 쓸 장비를 굳이 미국 FDA 승인을 받아와야 구매하겠다는 경우가 많습니다. 인고의 세월이 흐르고 이제 다시 해당 기업을 살펴봅니다. 해당 기업에서 기대하고 있는 매출이 나오기 시작한다면 다시 투자자의 꿈은 피어날 수 있을 것입니다. 좋은 기술을 가진 기업이니 좋은 결과가 나오길 기대해봅니다. 그것이 바로 자본의 선순환입니다.

주식에 투자한다는 것은 기업의 주인이 되는 것입니다. 좋은 기업이 성장해서 고용을 늘리고, 투자자는 투자수익을 누리며, 나라의 경제는 성장하는 것입니다. 좋은 기업은 저평가라는 가치를 가질 수도 있고, 높은 성장성이라는 성장을 가질 수도 있습니다. 주식을 투자하는 것은 넓게 보면 부동산에 투자하는 것보다 국가경제 발전에 이바지하는 길입니다.

FDA

미국 보건복지부의 산하기관으로, 미국에서 생산·유통·판매되는 모든 종류의 품목에 대해 연방식품의약품화장품법, 관리상의과정행위법, 규제약품행위법, 공정포장 및 표시법, 연방거래위원회법 등 FDA 세부적인 법령에 규정해 통제·관리·승인을 담당함. FDA의 승인은 단순히 미국에서 판매가 가능하다는 것 이상의 공신력을 가지게 되는데, 다만 시간과 비용이 만만치 않음

03
배당투자

주식투자 수익이 매매차익만 있다고 생각하면 오산입니다. 매매차익이 크지만 주식투자자의 중요한 권리인 배당도 있습니다. 미국은 배당투자가 활성화되어 있습니다. 한국도 배당에 대한 관심이 늘고 있습니다. 물론 아직은 가야할 길이 멀다고 할 수 있습니다. 그래도 잘 찾으면 정기예금보다 수익률이 더좋은 배당기업들이 많이 보입니다.

배당이란 무엇인가?

배당은 기업의 이익을 주주에게 주는 것입니다. 자금의 대차에 대한 대가를 이자라 하고 투자에 대한 대가를 배당이라고 합니다. 배당을 하되 주식으로 배당하는 것을 주식배당이라 따로 부르고 일반적으로 현금으로 주는 것을 배당이라 합니다. 미국은 배당이 활성화되어 있어 분기별로 배당하는 경우가 많습니다.

주식배당
기업이 주주들에게 배당을 실시함에 있어서 현금 대신 주식을 나누어주는 것

성장성이 좋은 기업이라면 현금배당보다는 회사에 현금을 유보해 더욱 성장에 박차를 가하는 것이 기업이나 투자자 모두에게 유리할 수도 있습니다. 그런데 경제성장률이 전반적으로 낮아지는 최근의 경제상황에서 한국의 기업도 점점 배당에 대해 관심을 기울이고 있습니다.

마찬가지로 투자자도 역시 배당에 좀 더 관심을 쏟는 경우가 많아지고 있습니다.

배당을 할 수 있다는 것은 일단 기업의 현금흐름이 양호하다는 반증이기도 합니다. 따라서 배당을 꾸준히 하는 기업들은 재무구조가 양호하며 주식시장이 하락하는 경우에도 상대적으로 가격 변동성이 적은 경우가 많습니다.

보통 배당이 많은 업종은 성장성은 제한되어 있으나 산업 내 경쟁구조가 과점인 상황이 다수입니다. 가장 대표적인 산업인 금융업을 예로 들 수 있습니다. 그래서 우량한 배당주에 장기 투자하는 경우 대단한 수익률은 어렵더라도 은행의 정기예금 수익률을 상회하는 것이 그리 어렵지 않을 수 있습니다.

현금흐름

기업활동(영업, 투자, 재무활동)을 통해 나타나는 현금의 유입과 유출을 통틀어 현금흐름(cash flow)이라고 함. 일반적으로 현금흐름이 좋다는 것은 매출로 인한 현금의 유입과 투자를 위한 현금유출이 활발하다는 의미로 사용함

전형적인 배당투자 종목인 KT&G

KT&G는 독과점 기업이면서 이익의 절반 정도를 배당하는 전형적인 배당주입니다. 즉 큰 주가의 상승을 바라는 종목이 아닙니다.

주린이가 진짜 궁금해하는 것들

◉ 배당금 수령 통지서를 집으로 안 받으려면 어떻게 해야 하나요?

ⓐ 배당은 주식투자자의 가장 중요한 권리 중 하나입니다. 따라서 배당금 수령통지를 받지 않는 것은 원칙적으로 불가합니다. 굳이 집으로 배당금 통지를 받지 않고 싶다면 주소지를 직장이나 편히 받을 수 있는 곳으로 변경하기 바랍니다.

KT&G 5년간 주가 추이

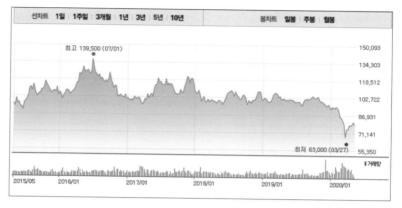

자료 : 네이버 증권

배당주의 주가 흐름은 횡보하는 경우가 많습니다.

KT&G의 5년간 주가 추이를 보면 다른 주식과는 다른 모습을 볼 수 있습니다. 상승과 하락의 진폭이 적고 횡보하는 모습을 보입니다.

KT&G 배당 추이

EPS(원)	8,476	6,567	7,549	8,139
PER(배)	13.63	15.46	12.42	9.64
BPS(원)	61,553	63,987	68,341	72,188
PBR(배)	1.88	1.59	1.37	1.09
주당배당금(원)	4,000	4,000	4,400	4,500
시가배당률(%)	3.46	3.94	4.69	
배당성향(%)	43.40	56.02	53.74	

자료 : 네이버 증권

시가배당률의 추이를 보면 은행의 정기예금보다 더 높은 수익률을 기록하고 있습니다. 경기가 나쁠 때도 잘 버티는 것이 배당주의 매력입니다.

KT&G의 배당 성향을 보면 이익의 절반 정도를 꾸준히 배당하고 있고, 시가배당률이라는 것은 주가 대비 배당률이니 4% 정도 수준이라는 것은 정기예금의 이자율보다는 높은 수준입니다.

이와 유사한 종목으로 SKT 같은 종목이 있습니다. SKT는 매년 1만 원 정도를 꾸준히 배당하고 있습니다. '대출은 연체해도 스마트폰 요금은 연체하지 않는다'는 말이 있습니다. 과점구조의 업종에 현금흐름이 좋은 전형적인 배당주 모습입니다.

은행업도 성장성이 높은 산업은 아니나 기본적인 수익이 창출되는 업종입니다. 그래서 은행이나 손해보험 기업들의 상당수가 배당주의 성격을 가지고 있습니다. 기업은행의 장기주가 추이도 앞서 살펴본 KT&G와 매우 유사한 형태를 보이고 있습니다.

시가배당률

배당금이 배당 기준일 주가의 몇 퍼센트인지 나타낸 것으로, 주식 액면가를 기준으로 한 것은 액면배당률이라 함

과점구조

소수의 대기업이 시장의 상당 부분을 지배하는 형태를 말함. 산업으로 진입하기가 어려워 상대적으로 기업 간 경쟁도가 낮아 과점구조에서는 해당 기업의 영업이익이 안정적으로 나타나는 경우가 많음

기업은행 10년간 주가 추이

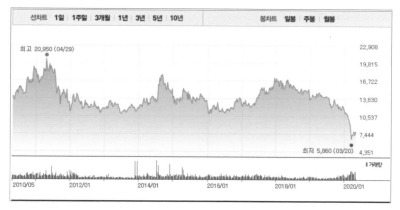

자료 : 네이버 증권

은행주는 전통적으로 저PER 업종이면서 상대적으로 배당도 괜찮습니다.

배당주 중에 인기가 많은 리츠

배당주 중에 인기가 많은 것이 리츠입니다. 리츠는 부동산 펀드라고 생각하는 것이 이해가 빠릅니다. 고객이 투자한 자금으로 오피스빌딩에 투자해 임대료 수익을 투자자에게 배당하는 형식입니다. 다른 사업보다는 현금흐름이 안정적이므로 배당주의 성격에 딱 맞는 상품입니다.

이 리츠가 공모로 만들어질 때 상장을 하도록 자본시장법이 요구하고 있습니다. 한국시장에 상장된 리츠 중에 가장 오래되고 히트를 친 상품이 '맥쿼리인프라'입니다. 아는 사람만 알던, 이름도 생소한 이 종목은 사실 배당주로서 뿐만 아니라 사업의 성공으로 아름다운 자본차익까지 기록한 상품입니다.

공모

일반에게 널리 공개하여 모집한다는 의미로, 소수의 투자자만을 모집하는 사모와는 반대되는 개념임

맥쿼리인프라 배당 추이

단위 : 억원

	비중	2015	2016	2017	2018	2019
배당수익		409	402	615	656	937
yoy		1108.6%	-1.7%	53.0%	6.5%	43.0%
배당수익(경상적)		409	301	615	656	937
수정산투자(주)	100%	120	60	0	0	70
신공항하이웨이(주)	24.1%	289	241	385	313	349
천안논산고속도로(주)	60.0%	0	0	230	342	518
배당수익(일회성)		0	101	0	0	0

자료 : 맥쿼리인프라

리츠는 투자자의 관심이 높아지는 부분입니다. 부동산은 주식과는 다른 현금흐름을 보이는 업이므로 주식보다는 안정적인 배당을 기대할 수 있습니다. 그 중에서도 맥쿼리인프라는 독보적이었습니다.

맥쿼리인프라는 과거 서울 지하철9호선에서 인천공항 고속도로 등 안정적인 현금흐름을 바탕으로 주가도 오르고 2020년에도 배당수익률 6%를 유지하는 종목입니다.

맥쿼리인프라 주가 추이

자료 : 삼성증권 HTS화면

맥쿼리인프라는 특이한 점이 있습니다. 배당을 주면서도 가격이 올랐습니다. 예외적인 부분이긴 하지만 배당주라고 해서 꼭 가격이 횡보하는 것만은 아닙니다.

세상은 넓고 투자할 상품은 많습니다. 정기예금이 정말 안전한 상품일까요? 예금의 이자율은 고정되어 있으나 실질물가가 오르는 현실을 감안하면 '정기예금이 안전한 상품인가'에 대해 의문이 생깁니다.

앞으로 리츠상품이 쏟아져 나올 것입니다. 공부하고 연구해보면 정기예금이 결코 배당주보다 안전하지만은 않은 상품이라는 것을 알게 됩니다.

정기예금

정기예금의 이자율이 지속적으로 하락해왔기 때문에 이제 정기예금은 현금을 유지·관리하는 차원의 금융상품이 되고 있음

리츠

REITs는 'Real Estate Investment Trusts'의 약자로 부동산투자신탁이라는 뜻인데, 투자자들로부터 자금을 모아 부동산이나 부동산 관련 자본·지분에 투자해 발생한 수익을 투자자에게 배당하는 회사나 투자신탁을 말함

04
미국주식투자

"미국주식을 지금 사도 되나요?" 수년간 들었던 질문입니다. 미국주식, 참으로 대단합니다. 그렇게 오르고 또 올랐습니다. 비싸다 싶었는데 또 올랐습니다. 앞으로도 역시 같은 질문을 또 받을 것입니다. "너무 비싼데 미국주식을 사도 될까요?" 오르면 떨어지는 것이 주식시장의 생리인데 이를 무시하는 것 같습니다. 결론은 한결 같습니다. "포트폴리오 차원에서 사야 합니다. 단, 부담 없는 수준에서요"

참으로 대단한 미국주식

미국의 가계자산 구성의 상당부분이 주식이라는 점이 흥미로웠습니다. 한국은 가계자산의 상당 부분이 주택, 그 중에서도 아파트인데 미국은 위험자산인 주식을 그렇게 편애하다니 말이죠. 특히 4차 산업혁명에 대한 이야기가 많아질수록 미국을 대표하는 기술주의 돌진은 더욱 가속화된 느낌입니다.

말이 필요없는, 제가 개인적으로 참 좋아하는 기업 아마존의 차트를 한번 보죠.

기술주

고도의 기술이나 첨단 기술과 연관된 기업의 주식. 전자 공학 분야의 기업, 생물 공학 분야의 기업, 신소재 분야의 기업 등이 있음

아마존 주봉차트

자료 : 삼성증권 HTS화면 재구성

약 10년간의 아마존 주가추이입니다. 아름답다는 생각이 듭니다. 어떻게 이렇게 계단을 오르듯 상승을 했을지 감탄스럽기만 합니다. 보유하지 않더라도 공부하는 차원에서 아마존이 앞으로 얼마나 더 오를지 여러분도 관심을 기울여보기 바랍니다.

아마존이 이제 단순한 전자상거래 기업이라고 생각하는 분은 거의 없을 것으로 생각합니다. 박리다매 전략으로 경쟁사를 그야말로 밀어 버리는, 알고 보면 매우 무섭고 매정한 기업입니다. 아마존은 클라우드 서비스로 돈을 벌고 있습니다. 제가 관심 있게 보는 건 2017년 유기농 식품 체인점인 홀푸드마켓을 인수한 것입니다. 그리고 무인매장을 실험했습니다.

아마존이 첨단 기술기업이라고만 생각한다면 오산입니다. 온라인을 기반으로 오프라인을 잠식하는 '시장 포식자'입니다. 이제 아마존이 하지 않는 사업이 무엇인지 찾아야 할 정도입니다.

아마존에 이어 그럼 구글로 가볼까요.

클라우드 서비스

각종 자료를 사용자의 PC나 스마트폰 등 내부 저장공간이 아닌 외부 클라우드 서버에 저장한 뒤 다운로드받는 서비스

알파벳(구글) 주봉차트

자료 : 삼성증권 HTS화면 재구성

알파벳은 구글의 모회사입니다. 상장은 알파벳으로 했습니다. 구글의 주가가 2014년 하락한 것은
액면분할 때문으로, 주가가 하락한 것이 아닙니다.

구글 하면 검색엔진만 생각나는지요? 여러분의 핸드폰 OS는 구글
일 확률이 높습니다. 여러분이 즐겨보는 유튜브도 구글이 인수한 기업
입니다. 알게 모르게 구글에 돈을 보내주고 있습니다. 두려울 정도로
확장하고 있습니다. 도대체 구글의 손이 닿지 않은 미래 사업이 있기
나 한 걸까요?

구글의 사업을 간단히 제목만 추려보면 이렇습니다.

- 자율주행차

- 무인 항공기

- 머신 러닝

- 생명공학

- 벤처캐피탈

- 풍력, 재생에너지 등등

액면분할

주식의 액면가액을 일
정한 분할비율로 나눔
으로써 주식수를 증가
시키는 일. 액면분할을
통해 주당 가격을 낮
추어 주식 거래를 촉진
할 수 있으며, 이에 따
라 자연히 자본 이득이
발생하는 심리적 효과
를 얻을 수 있음

앤비디아 주봉차트

2020년 6월 기준

자료 : 삼성증권 HTS화면 재구성

암호화폐 붐이 사그러들면서 잠시 하락했지만 자율주행 이슈로 다시 앤비디아 주가는 가파르게 상승하고 있습니다.

GPU 설계 1등 회사인 앤비디아는 또 어떠한가요?

여러분이 운전을 직업으로 가지고 있다고 생각해보기 바랍니다. 어느 날 갑자기 자율주행차가 도입이 돼서 '이제 집에서 쉬셔도 좋습니다'라는 말을 듣는다면 기분이 어떨까요? 그렇다고 자율주행차 도입을 막을 수 있을까요? 자율주행 관련 하드웨어, 소프트웨어 모두 앤비디아의 솔루션이 필수입니다.

더욱 중요한 점은 이제 자율주행차 사업은 시작이라는 것입니다. 세계의 어마어마한 자동차들이 점점 자율주행을 향한 걸음을 시작하고 있습니다. 우리는 이 회사의 실적을 걱정할 것이 아니라 운전이라는 직업의 상당부분이 없어질 것을 준비해야 하겠습니다.

그럼 이제 우리가 모두 아는 회사 마이크로소프트의 주가추이를 보도록 하죠.

GPU

Graphics Processing Unit, 즉 그래픽스 처리 장치를 일컫는 말. 그래픽카드 또는 마더보드에서 그래픽에 관련된 연산을 처리하는 반도체 칩을 말하는데 그래픽카드의 핵심임

마이크로소프트 주봉차트

자료 : 삼성증권 HTS화면 재구성

마이크로소프트 회사의 주가 추이는 마치 손으로 그린 듯 굴곡없이 상승했습니다.

삼성전자 주봉차트

자료 : 삼성증권 HTS화면 재구성

횡보기간

주가가 위나 아래로의 큰 변동 없이 일정한 가격대에서 옆으로 움직이는 기간을 말함

미국 대표 주식만큼은 아니지만 한국을 대표하는 삼성전자의 주가도 횡보기간을 지나면 한 단계씩 도약하고 있습니다.

미국주식의 화려한 차트를 보았다면 다시 질문으로 돌아가서 미국주식을 사도 될까요? 이런 질문을 받을 때마다 저는 고객들에게 삼성전자를 예로 들고 있습니다.

미국주식처럼 오르지는 않았지만 삼성전자의 주가도 기본적으로 우상향하는 모습을 보여주고 있습니다. 대부분의 사람들에게 "삼성전자는 좋은 회사인가요?"라는 질문을 건네면 "좋은 회사"라고 대답합니다. 그럼 왜 삼성전자 주식을 안 샀을까요? 우리는 왜 강남아파트를 사듯 삼성전자 주식을 살 생각을 못했을까요? 강남아파트도 많이 올랐지만 삼성전자도 많이 올랐습니다. 세금까지 고려하면 강남아파트보다 삼성전자가 오히려 더 많이 오른 셈입니다. 왜 우리는 좋은 주식을 오래 가지고 있지 못했을까요?

미국주식, 계속 상승할까요?

미국주식, 특히 기술주가 싸다는 생각을 하지는 않습니다. 다만 자본주의 속성상 양극화가 내재된 것 이상으로 이제는 초양극화시대에 접어들고 있습니다. 4차산업혁명이라고 부르든 부르지 않든 초양극화는 피할 수 없는 대세입니다.

'산이 높으면 골이 높다'는 주식시장 격언이 있습니다. 미국기업의 상승에도 언젠가 한계가 올 것입니다. 그럼 미국주식을 사면 안 되는 것일까요?

유튜브를 생각해보겠습니다. 유튜브에 대적할 기업이 생각나나요? 사업 자체의 위험보다는 지나친 독점에 따른 규제가 유튜브의 가장 큰

초양극화

둘 이상의 물체나 사람 또는 집단이 점점 더 달라지고 멀어지는 것을 양극화라고 하는데, 이러한 양극화가 더욱 심화된 것이 초양극화임

위험이라고 생각합니다. 단순히 한 나라의 산업이 아닌 세계시장을 석권하고 있습니다. 그렇지만 언젠가 유튜브도 위기도 올 것입니다. 또 다른 유튜브가 나타날 수 있겠지요.

그렇다면 그러한 위기를 넘어 새로운 세상을 열 수 있는 기업은 과연 누구일까요?

양자컴퓨터를 생각해보겠습니다. 상대를 나온 제 수준으로는 가늠할 수도 없는 양자컴퓨터에 구글이 먼저, 그리고 아마존이 달리고 있습니다. 어마어마한 자금력과 인력으로 새로운 컴퓨터시대를 열어간다면 언젠가 올 위기 후에 또 다른 성장 동력을 장착할 수 있을 것입니다. 상당기간은 구글이나 아마존이 앞서서 달릴 것으로 봅니다. 다만 영원한 것은 없습니다. 다만 더욱 중요한 점은 초양극화의 흐름은 지속된다는 것입니다. 승자가 누구든 시장을 독식합니다. 그러므로 투자자는 그 흐름에 맞는 포트폴리오를 반드시 구성해야 합니다.

결론적으로 미국주식은 포트폴리오 차원에서 비싸도 꼭 가지고 있어야 합니다. 다만 어떤 미국주식을 사야 할지 모르겠다면 미국 기술주 위주의 펀드나 4차산업혁명 관련 ETF 등에 투자하면 됩니다. 제 개인적으로는 미국주식 위주의 펀드를 선택한 변액보험에 가입해두고 평가액이 얼마인지 열어보지도 않고 있습니다. 이 상품은 아예 없다고 생각하고 노후에 연금 재원으로 쓸 생각입니다.

투자의 세계는 넓고 다양합니다. 세상을 호령할 다음 주식이 무엇일지 공부해가면서 세상을 더 깊고 넓게 이해해야 합니다.

양자컴퓨터

양자역학의 원리에 따라 작동되는 미래형 첨단 컴퓨터. 양자역학의 특징을 살려 병렬처리가 가능해지면 다양한 문제 해결뿐만 아니라 속도도 상상을 초월하게 됨

05
포뮬러플랜(손절매, 익절매)

어느 날 아내의 주식계좌를 보고는 놀랄 수밖에 없었습니다. 수익률이 당시 증권사에 다니던 제 계좌보다 오히려 더 우월했던 것입니다. 그 이유가 무엇인지 분석을 해보니 간단하지만 중요한 차이가 있었습니다. 핵심은 조급해하지 않고 느긋하게 투자를 했다는 것입니다. 그리고 적정한 이익이 나면 크게 욕심내지 않고 매도했다는 점입니다.

포뮬러플랜이란 무엇인가?

주식투자를 성공하는 비법 중의 하나는 조급증을 버리는 것입니다. 증권사에 재직할 땐 하루 하루 수익률의 변동에 촌각을 곤두세우다 보니 늘 급했습니다. 아내의 투자 성공비결이 무엇인가 생각해보니 결론적으로는 조급증이 없었던 것과 과하게 욕심내지 않고 적당히 먹고 적당히 포기하는 것이었습니다. 즉 정교하지는 않지만 포뮬러플랜(Formula Plan)을 나름 실천하고 있었던 것입니다.

포뮬러플랜은 주가의 변동을 모두 맞출 수 없음을 인정하고 일정한 계획 하에서 자동적으로 매매하는 방법입니다. Form은 형식을 말하는 것이니 미리 정해놓은 규칙을 따른다는 것입니다.

포뮬러플랜의 장점은 투자자가 심리적으로 흔들릴 때 이를 막아준다는 것입니다. 주가가 오를 때 한없이 오를 것 같고 주가가 떨어질 때 한없이 밀릴 것 같은 두려움을 느끼기 때문에 특히나 초심자는 합리적인 매매가 어려울 수 있습니다. 이런 부분을 정해진 룰에 따라 매매를 해서 탐욕과 지나친 공포를 막는 것입니다.

포뮬러플랜에는 다음의 2가지 방법이 가장 많이 쓰입니다. 그것은 바로 정액법과 정률법입니다.

1) 정액법

S전자가 현재 50,000원이라면 45,000원에 매수하고 55,000원에 매도, 이렇게 금액으로 매수가와 매도가를 미리 정해놓는 것입니다. 금액으로 미리 매매가를 정하므로 초보투자자도 어렵지 않게 실천할 수 있는 방법입니다.

2) 정률법

S전자가 현재가에서 -5%가 되면 매수하고 +5%가 되면 매도, 이런 방식으로 일정한 상승률 및 하락률을 정해서 투자하는 방법입니다. 일반적으로 단기 투자자는 상하폭을 좁게 잡고, 장기 투자자는 상하폭을 넓게 잡는 것이 일반적입니다.

단기 투자자
상품이나 종목에 따라서는 변동폭이 클수록 단기로 대응하는 것이 좋을 수 있음

포뮬러플랜을 짤 때 일반적으로 플러스 라인은 크게 가져가고, 마이너스 라인은 작게 가져갑니다. 즉 정률법을 예로 들면 단기로 보고 상한선을 +6%로 잡았다면 하한선은 -3% 정도로 설정하는 것입니다. 이처럼 상한선을 높게 잡는 이유는 성공과 실패를 반반의 확률로 본다면

손절을 2번 할 때 1번의 수익으로 커버할 수 있어야 꾸준히 수익을 만들어갈 수 있기 때문입니다.

그런데 말이 쉽지 현실에서는 이 룰을 지키기가 솔직히 쉽지 않습니다. 장기적으로 성공하려면 냉정해져야 합니다. 기계적인 매매를 위해 상한선과 하한선을 설정했는데 이는 자연스럽게 손절매와 익절매의 의미를 담고 있습니다.

손절매 vs. 익절매

주식을 잘하는 사람일수록 손절매에 냉정합니다. 모든 투자는 자기 생각처럼 결코 흘러가지 않습니다. '아니다'라고 느끼면 털고 다시 시작하는 냉철함이 필요합니다. 하지만 어려운 심리학이론을 따질 필요도 없이, 대부분 쉽게 결정하기가 어려운 것이 엄연한 현실입니다. 그래서 더욱 필요한 것이 손절매입니다.

손절매와 익절매란 일정한 이익과 손실률에 대한 확정이라고 할 수 있습니다. 일반적으로 손해에 대해서만 손절매를 논하지만 조금만 더 생각하면 이익도 적정한 선에서 확정지을 필요가 있다는 것은 투자를 해본 사람이라면 공감할 것입니다.

투자를 하다 보면 어느 정도에서 매도시점을 잡을지 결정하는 것이 어렵습니다. 이익이 난 종목이 항상 그 이익을 지키고 있는 것은 아닙니다. 이익이 나면 좀 더 큰 이익을 기대하다가 그 동안 벌어놓은 것을 잃어버리는 경우도 흔합니다. 즉 이익목표를 잘 정해서 지키면 결과적으로 전체 수익의 크기가 늘어난다는 것이 일반적입니다.

손실률

인간의 본성이 같은 금액이라도 이익의 만족감보다는 손실의 상실감이 더 크다고 함. 쉽지는 않지만 손실을 적절히 제어하는 것이 성공적인 투자로 가는 지름길임

손절매의 5가지 원칙

손절매의 중요한 원칙들은 다음과 같습니다. 손절매는 주식투자에서 아무리 강조해도 지나치지 않은 투자원칙이므로 다음 내용을 잘 기억하길 바랍니다.

첫째, 매도의 목표는 투자 예상 기간에 따라 달라집니다. 중장기 투자라면 손절매 목표를 조금 넓게 잡을 수 있을 것입니다. 그래도 10% 이내로 손절매의 목표를 정하는 것이 좋습니다. 10% 이상 벗어났다는 것은 상황을 오판했다는 증거입니다.

둘째, 손절매의 조건을 구체적으로 정해야 합니다. 이는 미리 정해 놓은 손절매 가격이 현재가로 되면 실행한다든가, 매수호가 또는 매도호가 아니면 그 밑으로 현재가가 형성되면 무조건 매도한다는 식의 구체적인 행동지침을 정하라는 뜻입니다. 이렇게 정하면 망설임 없이 실천하게 됩니다.

셋째, 손실과 이익의 목표 폭을 비슷하게 잡으나 이익의 목표를 조금 높게 운영합니다. 예를 들어 수익 목표는 20%로 잡고, 손실 목표는 2%로 잡는 것은 옳지 않습니다. 골이 깊으면 산이 높은 법입니다. 20%를 상승하기 위해서 중간 중간 3~5%의 하락이 있게 마련인데, 그런 하락을 계산에 넣지 않고 막연히 이익을 극대화하겠다는 것은 욕심이 지나친 것입니다.

넷째, 기계적이고 습관적인 손절매에 대한 실천이 매우 중요합니다. 그때그때 이런저런 이유를 대고 합리화를 하면서 손절매를 머뭇거리면 안 됩니다. 다섯째, 경험이 쌓이면 수익 목표에 도달했다고 무조건 매도하기보다는 시장상황을 고려할 수 있습니다. 좀 더 업그레이드된 단계인데, 기술적 분석을 통해 목표지점을 손쉽게 돌파하고 상승하는 종목은 올라가게 놓아둔 다음 일단 매도 화면에서 이익의 목표치에 단가를 입력한 후 기다립니다. 이익을 볼 때 충분히 보는 것이 향후 손절매가 오더라도 수익을 낼 수 있는 방법입니다. 다만 손실에 대해서는 좀 더 냉정해야 합니다. 마음이 아프더라도 말입니다.

시간과 시황판단에 대한 손절매

손절매의 종류도 다양합니다. 조금 더 깊이 들어가면 시간과 시황판단에 대한 손절매도 필요하게 됩니다.

1) 시간의 손절매

주식이나 펀드를 매수한 후 손실이나 이익의 목표치에 도달하지 않은 상태에서 과연 어느 정도까지 기다려야 하는 것일까요? 많은 투자자들의 오류는 가격에 대한 손실은 인정하면서도 시간에 대한 기회손실과 위험은 인지하지 못합니다. 투자대상에 따라 목표기간의 밴드를 설정하면서 투자하는 것이 합리적입니다.

시간의 손절매가 중요한 것은 해당 종목을 보유한 투자자들이 자신의 보유종목이 상승하지 못함에 따른 불안감에서 벗어나게 해준다는 점입니다. 다른 종목들은 상승하는데 자신의 보유종목만 오르지 않는다면 실망하게 되고, 또한 시간이 지나면서 절망으로 바뀌며 거기서 오는 상대적 박탈감과 배신감으로 전체 포트폴리오 운영에 치명적인 문제가 생길 수 있습니다. 단기적 투자자는 1개월 수준으로, 중기 투자

시황
시장상황을 이르는 말로, 같은 수치를 가지고도 시황을 판단하는 기준이 조금씩 다름. 경험이 쌓여야 시황에 대한 판단이 정교해짐

자는 3개월에서 6개월 정도로, 장기 투자자라면 1년 이상으로 투자기간을 설정하는 것이 보통입니다.

2) 생각의 손절매(시황 판단에 대한 손절매)

어느 정도 경험 있는 투자자라면 어떤 종목을 공략할 때 자신만의 시나리오를 짜놓고 실천하는 경우가 대부분일 것입니다. 그렇지만 자신이 생각한 방향과 시간대로 주가가 움직이지 않게 되었을 때, 예기치 않은 돌발 사태에 대처하기 위한 손절매 방법입니다.

생각의 손절매는 시간과 가격에 대한 방어와는 약간 다른 개념입니다. 자신의 생각대로 움직이던 주가가 어느 시점에서 예상외의 매물대를 만나거나, 전쟁과 같은 정치적인 이슈나 무역충돌과 같은 해외의 돌발변수 등으로 장 전체의 상황이 매우 불안전한 경우가 얼마든지 발생할 수 있습니다. 이런 경우에는 보수적인 판단을 하는 것이 결과적으로 옳은 경우가 많습니다.

매물대

매물대란 거래가 많이 몰려있는 구간을 말함. 하락하는 구간에서는 지지로 나타나고, 상승하는 구간에서는 저항으로 나타나는 경우가 많음

주린이가 진짜 궁금해하는 것들

◎ 보유하고 있는 주식을 다른 증권사로 옮길 수도 있나요?

Ⓐ 마치 은행에서 다른 은행계좌로 송금하듯이 주식을 이체할 수 있습니다. 다만 본인 주식계좌라면 상관없으나 다른 명의계좌라면 양도의 문제, 즉 양도세 문제가 발생할 수 있기 때문에 이 부분은 신중하게 생각하고 이체해야 합니다.

06
주가의 순환과 테마

주가의 움직임에는 잠재된 순환원칙들이 있습니다. 계속 반복되지만 우리가 잘 느끼지 못하는 것들이 주식투자에서는 소중합니다. 봄이면 미세먼지가 늘 말썽입니다. 조류독감, 구제역, 돼지열병 등도 늘 그때가 되면 극성을 부립니다. 주가의 변동원리에 순응하면서 매매해야 변동이라는 파도에 흔들리지 않고 중심을 잡고 대응할 수 있게 됩니다.

주가의 순환 원칙들

주가가 아무렇게나 요동을 치는 것 같아도 지켜보면 일정한 규칙을 발견할 수 있습니다. 주가의 순환에 대한 몇 가지 중요한 원칙들을 살펴봅시다.

1) 골이 깊으면 산이 높습니다

세상을 호령하던 자가 갑자기 몰락하기도 하듯이 잘 나가던 회사도 힘든 순간이 옵니다. 주가가 많이 오르면 낙폭도 클 확률이 높습니다. 반대로 회사가 망하지 않는다면 많이 떨어진 주식은 시장상황이 반전했을 때 많이 오를 확률도 높습니다.

> **낙폭**
> 고점에서 저점까지의 폭으로 주식은 한 방향으로만 움직이지 않고 진폭을 가지며 움직임. 낙폭이 크면 낙폭 사유가 해소되면 상승도 커질 수 있음

주식을 투자하면서 급락을 맞게 되는 순간이 옵니다. 예측된 위험은 위험이 아니라고 하듯이 어느 날 갑자기 세상이 바뀌면서 순식간에 주가가 무너져 내리는 때가 옵니다. IMF 외환위기가 그랬고, 글로벌 금융위기도 그랬고, 코로나19 사태가 그러했습니다. 그런 순간에 전문가는 손절매로 대응하지만 주식초보자가 손절매로 대응하기란 쉽지 않습니다.

손절을 놓친 경우 추가매수를 통해 매수단가를 낮추게 되는데, 무계획적인 물타기는 장기로 버티기가 어렵습니다. 급락이 지속되다가 완화되면서(5일 이동평균선의 기울기가 완만해지면서) 횡보를 하다가 반등의 포인트를 잡을 때 추가로 매수하는 것이 유리합니다. 매수단가를 낮추면 반등이 왔을 때 손실을 최소화하면서 매도할 수 있고, 반등이 제대로 오는 경우에는 이익이 크게 날 수도 있습니다.

기본적으로 추가매수는 기업이 업종 내에서 위기에도 살아남을 수 있는 정도의 우량주일 때 실행하는 것이 좋습니다. 주가가 낮다는 것은 투자자 입장에서 유리하지만 만기가 있는 자금과 같이 시간에 구애를 받게 되면 버티기 힘들기 때문에 자금의 성격에 따라 추가 매수를 결정해야 합니다.

반대의 상황으로는 급등한 주식은 급락하게 된다는 의미입니다. 급등하는 주식일수록 어느 순간 갑자기 하락하게 될 수 있습니다. 즉 위험이 크다는 것입니다. 초보투자자가 급등주를 매입한다는 것은 그만큼 급락의 위험을 안고 투자한다는 것과 같은 의미이므로 급등 전에 매수하지 못했다면 추격매수는 자제하는 것이 좋습니다.

급등주

급등주를 매매한다면 유통주식과 신용물량이 적고 성장성을 겸비한 경우가 성공확률이 높음

2) 주가는 상승과 하락을 반복하며 움직입니다

주식시장에는 버블의 시기가 있고, 반대로 공포에 질린 시기도 옵니다. 기본적으로 성공의 확률을 높이는 투자는 전반적인 추세가 상승세일 때 투자하고, 대세적인 하락기에는 주식투자로 성공하기 힘든 환경이므로 피하는 것이 좋습니다. 주식시장이 계속 오르거나 계속 떨어지는 것이 아니라 상승과 하락이 반복되므로 상승 파동에 합류해서 주식투자를 하는 것이 좋습니다.

상승과 하락을 반복한다는 것은 다른 각도에서는 투자한 주식이 상승했다고 너무 자만할 것이 아니고, 하락했다고 지나치게 위축될 필요도 없다는 것입니다. 오를 때는 끝없이 오를 것 같으며 가격의 변동성이 커지는데도 투자자는 위험에 매우 너그러워지는 경향이 있습니다. 항상 하락을 염두에 두고 상승을 즐겨야 합니다.

3) 주가는 방향을 바꿀 때까지 흐름을 지속합니다

주가가 방향을 바꿀 때까지 흐름을 지속하는 것은 자연현상에 관성의 법칙이 있는 것과 마찬가지의 이치입니다. 이것을 주식에서는 추세라고 합니다. 추세는 수급의 논리로 설명할 수 있습니다. 오르면 사려는 사람이 늘고 추가적인 상승을 유도합니다.

다만 주가가 계속 오를 수는 없는 법, 그러므로 주포(매매를 주도하는 세력)가 변심하는 '주가의 변곡점'을 잘 파악해야 합니다. 변곡점을 확인하는 방법은 기술적인 분석을 활용하게 됩니다. 물론 말처럼 쉽지는 않습니다.

버블

가격이 가치보다 지나치게 높은 상태로, 그 대표적인 사례가 2000년대 초반 기술주 중심의 '닷컴버블'임

4) 주가는 마지막에 가속도가 붙는 경향이 있습니다

주식 초보자와 선수의 매매패턴은 반대를 보이는 경향이 많습니다. 대부분의 대바닥에서 일반인들은 견디지 못하고 투매를 하면서 나가게 되는데, 이 물량을 전문가가 받아가면서 오르게 되고, 주가가 마지막 불꽃을 피우는 시점에서 급등현상이 나타나게 됩니다. 이때 초보투자자가 다시 관심을 가지고 합류할 때 불꽃이 정점인 경우가 많습니다.

투자한 종목에 상승가속도가 붙기 시작할 때는 항상 적절한 매도 타이밍을 준비해야 합니다. 특히 상승이 가속화될 때 발생한 장대양봉을 상쇄할 장대음봉이 생긴다면 스스로 주식시장의 큰 손이 아니라면 매도로 대응하는 것이 좋겠습니다.

사례로 2020년 마스크 대란 상황에서의 오공 주가 추이를 보도록 하죠.

오공 주가 추이

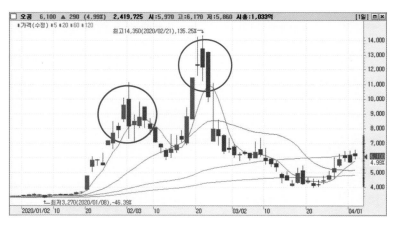

자료 : 삼성증권 HTS화면

오공은 시장은 작으나 해당 업에서 탄탄한 입지가 있는 회사입니다. 이런 회사에 장기투자하다 보면 시장에서 외부적인 기회를 주는 경우가 생깁니다. 코로나와 같은 외생변수에 편승해서 투자하려면 전업으로 투자해야 정확한 매매가 가능합니다.

상승가속도

상승에 속도가 더 붙는 것을 말함. 상승의 끝 무렵에는 양봉이 커지면서 가속도가 붙고 장대양봉이 나온 다음에 음봉이 나올 때인 경우가 많음

오공이라는 회사는 접착제를 주로 생산하는 틈새산업의 나름 강자인 회사입니다. 코로나19 관련 마스크 테마로 강한 움직임을 보였습니다. 테마에 탑승하는 경우에는 시장상황에 따라 단기적으로 대응하는 것이 필수입니다. 이 차트의 장대음봉이 발생한 첫 번째 원이 첫 번째 매도기회였고, 장대음봉이 여러 번 발생한 두 번째 원은 놓쳐서는 안 되는 매도타이밍이었습니다.

오공이라는 회사는 기본적으로 업종의 특성상 폭발적인 성장을 보이기는 어려운 회사입니다. 마스크 부분도 주력 상품이 아닌 여러 제품 중 하나입니다. 접착제에서 강점이 있고 재무구조는 건강한 회사이므로 두 차례의 매도타이밍을 놓쳤다면 다음 해 봄 황사를 기다리면 수익구간이 발생할 수도 있겠지만 정말 오랜 기다림이 필요할 수도 있습니다.

주가가 하락하는 기간은 그 주식에 투자한 모든 사람이 나가떨어질 만큼 고통스럽게 기다려야 하는 경우가 많습니다. 이를 '물량소화의 법칙'이라고 합니다. 매도물량이 충분히 소화될 때까지 주가는 급락 후 횡보하는 경우가 많고, 초보투자자에게는 더욱 고통스러운 기간입니다. 이 기간 동안에는 투자자들의 그 종목에 대한 원성이 하늘을 찌르게 됩니다.

5) 주도주는 순환합니다

어느 시점에서 주도주가 나타나고, 이러한 주도주가 어느 정도의 시세를 형성하면 주식시장은 항상 또 다른 주도주를 찾아 움직입니다. 주도주는 선제적으로 대응해야지 추종매매를 하게 되면 실패할 확률이 높습니다.

장대음봉

큰 음봉이 발생했다는 것 자체가 투자심리가 매우 나빠졌다는 것을 의미함. 눌림목을 정확히 판단할 수 없다면 매도로 대응하는 것이 옳음

주도주

주식시장에서 전반적인 주가를 이끌어가는 인기주 집단 혹은 종목

예를 들어 테마의 한 종류로 해마다 만나게 되는 계절별 테마 순환을 정리해보도록 합시다. 테마주의 종류는 다양하지만 매년 반복되므로 한 번만 잘 숙지해두면 됩니다.

계절별 테마 순환

- 봄 : 황사(공기청정기, 마스크, 안과 관련 질환 제약사), 5월 어린이날과 어버이날(장난감, 홈쇼핑), 봄 여행(여행)
- 여름 : 무더위(빙과류, 치맥), 여름방학(휴가)
- 가을 : 태풍(병충해, 전염병), 추석(홈쇼핑)
- 겨울 : 방학(게임, 엔터테인먼트), 영화, 여행

정치테마

위의 계절 테마 외에 정치테마도 주식시장에서는 익히 알려져 있습니다. 정치테마를 흔히 '정치인 인맥주'라고 하는데 정말 조심해야 합니다. 스스로 매매를 주도할 만한 주포가 아니라면 정치인 인맥주는 조심에 또 조심을 해야 합니다. 해당 기업이 '좋다 나쁘다'를 말하는 것이 아닙니다.

다음 차트의 회사는 안철수 대표가 창업한 회사 출신이 해당 회사의 임원이라는 이유로 테마에 포함되었는데 안철수 대표의 정치재개와 해당 기업의 실적과의 연관성을 찾을 수조차 없습니다. 그렇다면 완전히 수급으로만 주가는 설명되는 것입니다.

수급

본질적인 주가의 가치 상승이 없이 단순히 수요와 공급으로만 주가가 움직인다면 조만간 움직임은 되돌아오게 됨

정치테마 주식의 주가 추이

자료 : 삼성증권 HTS화면

여러 테마가 있지만 정치테마는 가장 변동성이 심합니다. 투기적인 측면이 강하기 때문에 제때 매도하지 못하면 손실이 커질 수 있습니다. 초심자는 조심스럽게 투자하는 것이 맞습니다.

2020년 초 정치참여 선언 후 주가가 갭상승했다가 급락하게 됩니다. 초보투자자는 이런 주식은 아예 피하는 것이 정신 건강, 계좌 건강에 좋습니다.

세상을 사는 이치가 차면 기울고 기울면 다시 차게 되듯 주식도 순환하면서 오르고 내리고 하게 됩니다. 조급함을 버리고 즐기듯 투자하면 마음도 편하며 수익률도 우월해집니다.

갭상승

주가가 전일의 고가보다 높이 시작해 그대로 상승하는 경우를 말함. 해당일에는 상승의 힘이 강한 경우에 발생함

07
적립식 투자

주식투자 성공원칙을 한마디로 정리하자면 '싸게 사서 비싸게 파는 것'입니다. 그런데 오르면 비싸다고 못 사다가 폭등하면 그제야 매수하고, 떨어지면 싸다고 샀다가 더 떨어지면 무서워서 정리해버리는 경우가 종종 있습니다. 이런 오류를 줄이는 효과적인 방법이 바로 적립식 투자입니다. 다만 만병통치약에 해당하는 투자기법은 아님을 기억합시다.

기간분산과 코스트 애버리징 효과

적립식 투자는 분산투자의 방법 중에서 기간을 분산하는 방법입니다. 기간을 분산하는 첫 번째 이유는 일시에 투자하면 시장가격의 변동성 영향이 너무 커지기 때문입니다.

주식을 적립식으로 투자한다면 하나의 종목을 매수할 때 정기적으로 같은 금액으로 분할 매수하게 됩니다. 주가는 오르고 내리고를 반복하는 경향이 있으니 주가가 오를 때는 적게 매수하고, 주가가 떨어질 때는 많은 수량을 매수합니다. 그래서 주가가 평준화되는데 이를 '코스트 애버리징(Cost Averaging)' 효과라고 합니다.

코스트 애버리징

일정금액을 장기에 걸쳐 특정 투자대상에 정기적으로 투자해나가는 장기 투자 방법으로, 매입단가가 평준화되는 것을 말함

코스트 애버리징 효과

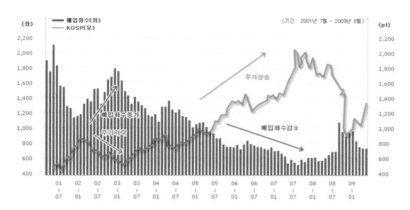

자료 : 미래에셋자산운용

주가가 하락하면 펀드 매입좌수가 증가하고 주가가 오르면 매입좌수가 감소하는 모습을 보여줍니다. 그렇게 적립식으로 매입하면 매입가격이 평준화됩니다.

이해하기 쉽도록 간단한 숫자를 대입해서 살펴보도록 하죠.

평준화 효과

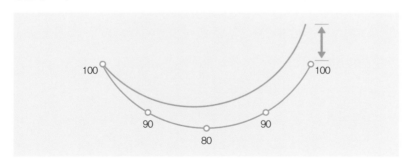

적립식으로 투자하는 경우 투자대상 자산가격이 하락했다가 제자리에 오더라도 수익이 나게 됩니다. 반대로 가격이 오르다 제자리로 가면 손실이 나기도 합니다. 적립식이 꼭 수익이 나는 것은 아닙니다.

만약 거치방식으로 100이라는 가격에 500을 투자했다면, 하락 후 가격이 다시 원점인 100으로 돌아왔으므로 거치 투자의 수익은 0입

거치 투자

'거치'란 한번 투자하고 일정기간 묶어둔다는 의미로, 거치형 상품의 대표적인 것이 정기예금임

적립식 투자

매 기간 혹은 매월 주식이나 펀드 등에 적금처럼 꾸준히 투자하는 방식을 말함

니다. 그런데 이를 5번 적립식으로 투자하면 총 매수가격은 '100+90+80+90+100=460'입니다. 5번 분할해 매수했기에 평균단가는 100이 아닌 92가 됩니다. 기간을 무시한 단순한 수익률이 8%가 넘게 됩니다. 이 부분이 바로 적립식 투자의 매력입니다.

다만 주의할 점은 적립식 투자가 만병통치약은 아니라는 것입니다. 즉 반대의 경우도 있습니다. 주가가 오르다가 다시 제자리에 가는 경우에는 거치식에 비해 중간에 비싸게 분할 매수한 셈이므로 수익률이 마이너스가 됩니다.

그럼에도 불구하고 적립식 투자를 권하는 이유는 단순한 가격의 평준화 효과 때문이 아닙니다. 적립식 투자야말로 투자를 시작하는 초보자에게 의외로 잘 어울리는 투자 방법이기 때문입니다.

투자의 시기

"언제부터 매수해야 할까요?" "언제 매도해야 할까요?" 이 질문들에 대한 답이 어렵게 느껴지는 사람이라면 적립식으로 투자하는 방법을 권합니다.

주식투자를 하고 싶으나 언제 투자할지 결정하기 어렵고 목돈도 적은 투자자 입장에서 주식투자를 어떻게 시작해야 할지 솔직히 어렵습니다. 그러한 경우에 적립식 투자가 적절합니다. 주식을 모르는 사람도 누구나 알 수 있는 유명한 회사로 조금씩 매월 일정액을 저축하듯이 시작하면 됩니다.

일반적으로 펀드에 투자할 때 적립식 투자 방법을 많이 사용하지만

주식에 투자할 때도 유용합니다. 예를 들어 설명해보겠습니다.

개인 투자자의 한과 눈물이 많이 서려 있는 주식인 한국조선해양(현대중공업)의 장기 주가 추이입니다.

한국조선해양 주가 추이

자료 : 삼성증권 HTS화면

한국조선해양(현대중공업)의 장기 주가 추이입니다. 조선업의 활황에 큰 시세상승이 있었고 반대로 업의 침체기에는 하락폭도 크게 나왔습니다.

한국조선해양은 세계에서 인정받는 최고의 조선해양기업입니다. 2번의 큰 상승 이후 업황의 어려움으로 장기적으로 침체했습니다. 수년간 '이제는 업황이 돌아설 것'이라고 생각한 수많은 개미투자자의 투자가 있었지만 여전히 주가는 침체를 벗어나지 못했습니다. 만약 성격이 급한 투자자, 돈을 빼내야 할 사정이 있는 투자자라면 '투자 후 계속 보유'가 쉽지 않았을 것입니다.

이럴 때 좋은 투자가 적립식 방법입니다. 한국조선해양 주식을 매달 일정 투자액으로 꾸준히 사는 것입니다. 월급날이 25일이라면 25일에 매번 일정액으로 매수합니다. 매월 같은 수량의 한국조선해양 주식을 사는 것도 방법입니다. 예를 들어 투자금액이 적다면 매월 1주씩 오르건 내리건 매수하는 것입니다. 이 점이 바로 적립식 투자가 물타기와 다른 점입니다.

적립식 투자와 물타기의 차이

물타기는 투자한 주식에 손실이 나서 이를 만회하기 위해 부정기적으로 추가 자금을 더 넣는 것이고, 적립식은 투자 전부터 계획적으로 투자기간과 금액을 정해 주기적으로 같은 금액을 넣는 것입니다. 최소한 1년 이상이며 2, 3년 정도가 좋습니다.

이렇게 계획한 투자를 마치면 느긋하게 기다립니다. 3년이 넘어가면 규모가 좀 만들어지고, 금액이 어느 정도 되면 적립식의 장점인 가격의 평준화 효과도 미미해집니다. 적립을 목표한 기간을 채우고 나서는 주가가 평균단가보다 10% 이상 오른 시점에서 주가추이를 보고 매도를 결정하면 됩니다. 분할 매도도 좋은 방법입니다.

적립식 투자와 장기투자의 차이

무엇보다도 적립식 투자의 가장 큰 장점은 가격의 평준화보다도 장기투자를 가능하게 한다는 점이라고 생각합니다. 적립식으로 투자하더라도 상승 후 제자리로 가면 손실이 발생하기에 적립식 투자라 할지라도 결국 해지 시점에는 주가가 올라야 하는데, 장기적립식으로 투자하게 되면 자연스럽게 장기적인 관점에서 기다릴 수 있어 성공 확률이 높아집니다.

다만 주식을 적립식으로 투자하는 경우 주의할 점은 업종의 1등주로 투자해야 한다는 것입니다. 장기로 투자할 때는 기업의 지속성이 검증되어야 하는데, 해당 업에서 1등을 하는 주식은 당연히 존속 가능성이 높습니다. 어떤 산업이라도 기복이 있기 마련이고, 업황이 돌아서서 좋아질 때 1등주는 좀 더 좋은 성과를 보이는 경우가 많습니다.

장기적으로 업황이 좋지 못해 힘든 시기를 보내고 있는 1등 주식으로 지금부터 적립식 투자를 실천해보길 권합니다. 언제부터? 바로 지금부터!

기업의 지속성

기업의 연속성이라고도 함. 장기투자일수록 기업에 문제가 생기지 않아야 함. 업황은 변동하기 마련이므로 버틸 수 있는 재무적인 체력이 있어야 성공을 거둘 수 있음

업황

사업이나 산업의 상황을 말함

 주린이가 진짜 궁금해하는 것들

◉ **사서 오래 버티면 오를 날이 올까요, 손절해야 할까요?**

Ⓐ 사서 오래 버티는 걸 '존버'라고도 하죠. 존버하면 오를 수 있을까요? 만약 오른다면 누구나 존버할 수 있을까요? 어려운 이야기입니다. 개미투자자의 한계는 녹록지 않은 경제사정으로 자금이 급해지는 경우가 자주 생긴다는 점입니다. 즉 버티기가 어렵습니다. 그래서 더욱 여유자금으로 주식을 해야 한다는 것입니다. 투자한 기업이 업종의 1등 기업이라면 해당 업종이 없어지지 않는 한 기회는 온다고 생각합니다. 다만 여유자금이어야 합니다. 그래야 버티기도 가능합니다. 손절은 미리 정한 손절 수준에 도달하면 바로 실행하는 것이 정석입니다. 손절수준을 지났는데 버티다가 어쩔 수 없이 매도하는 것은 다시 오를 수 있는 기회도 잘라버리는 것이기 때문에 좋지 않습니다. 그런데 신기하게도 내가 팔면 해당 주식이 오르는 것을 경험하게 됩니다. 이런 실수를 반복하지 않으려면 철저한 손절매 원칙을 지키거나 업종의 최우량주로 분할매수 투자를 하는 것이 좋습니다.

08
주식연계 상품(구조화 상품)

주식이나 부동산을 현물로만 투자하는 것이 아니라 구조화시킨 금융상품으로 투자하는 경우도 많습니다. 구조를 어떻게 만드느냐에 따라 수백 가지 수익구조를 만들 수도 있습니다. 따라서 철저히 수익구조를 분석하고 투자해야 합니다. 상품구조를 알고 나면 주식투자와 병행해 포트폴리오를 구성할 수 있습니다. 단, 이해가 안 되면 투자하지 맙시다.

구조화 금융상품의 개념

구조화 금융상품은 일반적인 주식, 채권 등과 같은 금융상품을 발행자와 투자자의 상호 니즈에 맞게 새로운 금융기법을 활용해 구조화한 상품입니다. 주로 금융공학을 활용해 파생상품의 수익구조를 결합하게 됩니다.

글로벌 금융위기 이전까지만 하더라도 부동산은 가격 하락 위험은 작으면서 때로는 급등하는 훌륭한 투자대안이었습니다. 당연히 가계의 자산 대부분이 주택을 중심으로 한 부동산이 차지했던 게 대세였다고 할 수 있습니다.

하지만 이제는 상황이 달라졌습니다. 성장률이 하향 안정화되고 인구구조가 고령화되면서 부동산 투자에서 과거와 같은 매매차익을 통한 수익을 기대하기는 힘든 상황입니다. 부동산 임대소득 또한 경제성장률이 하락해 임대수익률은 갈수록 더 낮아지고 있습니다. 따라서 가계 자산의 재구성, 즉 부동산 자산의 유동화는 피할 수 없는 흐름이 되었습니다. 좀 더 크게 보면 복잡다단한 투자환경에서 실물자산의 유동화는 대세인 것입니다.

게다가 베이비부머의 은퇴가 시작되면서 노후대비에 대한 중요성이 더욱 부각되었고, 유동성과 현금흐름이 좋은 상품이 부상되고 있습니다. 투자자도 부동산이 과거와 같지 않다고 느끼면서 유동성이 좋은 금융상품을 찾지만, 기대 수익성이 좋은 주식은 변동성이 크고, 안전성이 좋은 정기예금은 이미 물가 수준도 보상받지 못하고 있어 대안을 찾기가 쉽지 않았습니다. 그래서 중위험 중수익 개념의 금융상품 개발이 지속되고 있습니다.

구조화 금융상품의 장점은 다음과 같습니다.

- 발행자 입장에서는 자금조달비용을 감소시킬 수 있는 구조를 설계할 수 있음
- 투자자의 입장에서는 시장수익률보다 높은 수익구조를 선택할 수 있음
- 특이한 손익구조도 설계할 수 있기 때문에 다양한 상품 개발이 가능함
- 특정한 위험을 줄이거나 제거할 수 있음
- 직접투자가 곤란한 투자대안도 대체투자가 용이함

유동화

자산유동화의 준말로 부동산, 매출채권, 유가증권, 저당채권 등과 같이 유동성은 떨어지나 재산적 가치가 있는 자산을 기초로 해 유동화증권을 발행해 유통시키는 방법으로 대상자산의 유동성을 높이는 일련의 행위

중위험 중수익

중간 정도의 위험과 중간 정도의 수익을 추구한다는 의미로, 예금보다는 수익성이 높지만 공격적인 투자를 지양하는 투자전략

구조화 금융상품의 구조

**구조화
금융상품**

구조화금융(Structured
Finance)으로 기존의
정형화된 기법이나 과
정으로 만족시킬 수
없는 다양한 금융 관
련 수요에 부응하기
위해 기존 금융상품에
위험관리수단을 적절
히 혼합한 금융상품

구조화 금융상품은 '금융상품+파생상품' 구조를 가지는 것이 일반적입니다. 파생상품의 특성상 다양한 구조를 설계할 수 있어 리스크의 문제, 규모의 문제, 법적 문제, 접근성의 문제 등 여러 가지 제약으로 기존에 직접 투자하기에는 망설여지던 주식, 부동산, 금리, 통화, 원자재 등 다양한 투자대안을 효과적으로 선택할 수 있습니다.

구조화 금융상품은 일반적으로 주식연계상품이 가장 많고 고객의 가입이 많습니다. 그러므로 여기에서는 주식연계상품 위주로 살펴보도록 합시다.

주식연계 금융투자상품은 기존의 금융투자상품에 주식 관련 파생상품을 혼합한 형태의 복합상품입니다. 주로 주가 혹은 주가지수의 성과에 따라 상품의 수익률이 달라집니다. 금융기관별로는 은행의 주가지수연동예금(ELD), 증권사의 주가지수연동증권(ELS), 자산운용사의 주가지수연동펀드(ELF)라는 상품명으로 판매되고 있습니다.

ELS의 기본 구조

ELD, ELF의 경우 결국은 ELS(Equity linked securities)로부터 시작합니다. ELS는 다양한 구조가 존재하지만 기본 구조를 이해하면 다양한 상품의 구조도 유추할 수 있게 됩니다. ELS는 채권부분과 주식파생상품부분으로 만들어집니다.

- 원금부분(채권) : 원금 혹은 원금의 상당부분을 운용해 원금손실 가능성 조절
- 수익부분(파생상품) : 원금의 일부로 주식 관련 파생상품으로 수익률 조절

가장 많이 판매되는 원금보장형 KOSPI200지수 연계 상품 구조를 파악해봅시다.

- 조건 : 원금보장형 만기1년 ELS, 1년 후 KOSPI200지수에 따라 수익지급(투자금 100원, 채권의 시장수익률 5%)
- 원금부분 : 원금보장을 위해 약 95원을 1년 채권에 투자해 만기에 100원을 만듦(정확하게는 '100/1+0.05=95.24원'이 채권에 투자됨)
- 수익부분 : 5원을 가지고 KOSPI200지수에 대한 콜옵션 매수

콜옵션
특정한 기초자산을 만기일이나 만기일 이전에 미리 정한 행사가격으로 살 수 있는 권리

이런 경우 투자원금은 채권으로 만기에 보전을 받을 수 있습니다. 즉 투자금 95원에 만기 이자 5원을 합해 원금 100원에 맞춰 수익부분에 관계없이 원금부분은 맞춰줄 수 있게 됩니다. 그리고 수익 여부는 콜옵션 부분에 따라 수익이 지급됩니다.

콜옵션의 가격이 5%이고 수익부분에 5%를 투자한다면 참여율이 100%가 됩니다. 참여율이란 기초자산 가격변동에 어느 정도 비율로 실제 수익을 받을 수 있는지에 대한 것입니다. 즉 지수상승에 따른 수익률의 참여비율입니다.

참여율
금융상품의 수익률이 기초자산의 가격변동 대비 늘어나는 비율

이해하기 쉽게 예를 들어보겠습니다. 100원이 투자원금이고 이 중에서 원금보장부분외 사용 가능 금액이 5원이라면, 관리비용과 금융

기관의 마진 1을 떼고 결국 4원이 최종 콜옵션 수익부분에 투자할 수 있을 것입니다. 이런 경우 실투자 4%에 콜옵션비용 5%의 비율(=4/5)인 80%가 참여율이 됩니다.

만약 주가가 1년 후 10% 상승했다면 참여율을 곱한 8%가 최종 고객에게 지급됩니다. 만약 주가가 오르지 않거나 떨어진 경우에는 원금만 회수하게 됩니다. 결론적으로 주식시장에 직접 투자하기에는 부담스럽지만 원금을 보전받으면서 주가가 오르는 경우 일정 부분을 수익으로 가져갈 수 있게 되므로 중위험 중수익 기회를 선택할 수 있게 되는 것입니다.

주가지수연동 상품의 종류

주가지수연동 금융투자상품은 원금보장 여부에 따라 원금보장형과 원금손실가능형으로 구분됩니다. 은행의 주가지수연동예금은 전액 원금보장형이며, 증권사에서 주로 판매하는 ELS(주가지수연동상품)는 2가지 유형이 다 가능합니다. 또한 주가지수연동상품은 수익 실현 방식에 따라 녹아웃형, 불스프레드형, 디지털형, 리버스컨버터블형 등으로 분류되는데, 공부하는 차원에서 불스프레드(Bull Spread)형 구조를 살펴보죠.

불스프레드형은 주식시장의 상승 방향에 투자하고자 하나 하락위험은 피하고자 하는 보수적 투자전략입니다. Call옵션을 이용하는 경우 이를 Bull call spread라고 하는데, 행사가격이 낮은 콜옵션을 매수하고 행사가격이 높은 콜옵션을 매도합니다. 비싼 콜옵션을 매수하고

불스프레드
기초자산의 가격이 상승할 경우에 이익을 볼 수 있도록 구조를 만든 것으로, 한 계약을 매입하고 상이한 다른 계약을 매도해 구성

저렴한 콜옵션을 매도하므로 초기에 프리미엄 순지출이 발생합니다.

예를 들어 KOSPI200지수가 100포인트 수준에서 움직이고 있다고 봅시다. 이때 콜옵션 98을 3포인트로 1계약 매수하고 동시에 콜옵션 102를 2포인트로 매도했습니다.

프리미엄

원래의 의미는 할증금의 의미이나 금융상품에서는 위험에 대한 대가의 의미로 쓰임. 콜옵션을 매도한 사람은 기초자산 가격이 오르는 위험을 인수했기 때문에 그 대가로 프리미엄을 받음

콜옵션 매수(행사가격 98포인트)

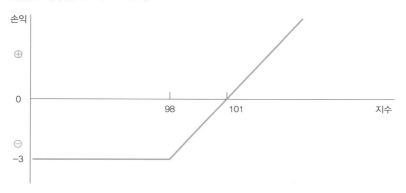

살 수 있는 권리인 콜옵션을 매수한 수익구조입니다. 기초자산의 가격이 98 이상이더라도 98원에 매수할 수 있는데 옵션을 가지는 대가로 3을 지불했습니다.

콜옵션 매도(행사가격 102포인트)

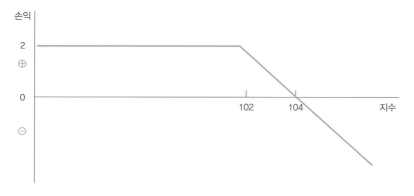

팔 수 있는 권리인 풋옵션을 매도한 수익구조입니다. 기초자산 가격이 102보다 오르더라도 102에 팔아야 하는데 옵션을 매도한 대가로 2를 받았습니다.

강세 콜옵션 스프레드

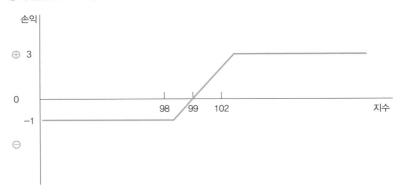

앞서 보여드린 같은 기초자산의 콜옵션과 풋옵션을 동시에 거래한 수익구조입니다. 상승과 하락이 함께 제한되는 수익구조를 보이므로 보수적인 투자전략의 하나입니다.

최종 수익구조는 위 그림과 같이 지수가 상승하는 경우 이익이 발생합니다. 정확한 손익은 다음 표와 같습니다.

강세 콜스프레드 전략의 손익

KOSPI 200	98	99	100	101	102
Call 98 매수	−3	−2	−1	0	1
Call 102 매도	+2	+2	+2	+2	+2
합계	−1	0	+1	+2	+3

기초자산의 가격의 변화에 따른 최종 수익의 변화를 예시한 표입니다.

불스프레드형은 바로 이런 구조를 편입해 상품을 구성하는 것입니다. 원금보장을 원한다면 만기에 원금이 될 수 있도록 채권에 투자하고, 나머지만 불스프레드 수익구조를 사오면 됩니다.

언뜻 보면 단순한 구조로 보이지만 여기서 우리가 파악해야 할 중요한 포인트가 있습니다. 불스프레드는 하락 위험을 제한해 막았고 상승하는 경우 수익이 발생하지만, 수익 역시 일정 정도에서 제한된다는 점입니다.

파생의 기본원칙에 대해 꼭 이해해야 합니다. 파생의 기본원칙은 손실을 제한하려면 어디에선가 이익 역시 제한해야 한다는 것입니다. 그래서 같은 논리로 하락 위험을 좀 더 허용한다면 상승의 폭도 더 높게 열리는 것입니다. 따라서 상품은 원금보장형 혹은 비보장형으로 얼마든지 다양하게 만들어낼 수 있으며, 결국은 투자스타일에 따라 선택하면 되는 것입니다.

ELS의 수익구조와 종류

ELS는 기초자산인 특정 주권의 가격이나 종합주가지수의 성과에 따라 증권의 수익률(이자금액)이 달라지게 됩니다.

자주 판매되는 녹아웃형은 계약기간 중 주가지수가 한 번이라도 약정한 수준에 도달하면 사전에 약정된 확정수익률로 수익을 지급하고, 그렇지 못할 경우에는 주가지수 상승률에 따라 수익을 지급합니다.

디지털형은 옵션만기일의 주가지수가 사전에 약정한 수준 이상 또는 이하에 도달하면 확정수익을 지급하고 그렇지 못하면 원금만 지급합니다.

리버스컨버터블형은 옵션만기일의 주가지수가 사전에 약정한 수준 이하로만 하락하지 않으면 일정 수익을 지급합니다.

ELS의 일반적인 수익구조는 다음과 같습니다.

옵션만기일

옵션거래의 만기일로, 여기서는 옵션이 걸린 상품의 만기 정도로 이해하면 됨. 거래소의 주식 관련 옵션은 매월 2번째 목요일이 만기임

주요 주가연계증권의 수익구조

유형	수익구조
녹아웃형	투자기간 중 사전에 정해둔 주가수준에 도달하면 확정된 수익으로 조기 상환되며, 그 외의 경우에는 만기시 주가에 따라 수익이 정해지는 구조
불스프레드형	만기시점의 주가수준에 비례해 손익을 얻되 최대 수익 및 손실이 일정 수준으로 제한되는 구조
디지털형	만기시 주가가 일정 수준을 상회하는지 여부(상승률 수준과는 무관)에 따라 사전에 정한 2가지 수익 중 한 가지를 지급하는 구조
리버스 컨버터블형	미리 정한 하락폭 이하로 주가가 하락하지만 않으면 사전에 약정한 수익률을 지급하며 동 수준 이하로 하락하면 원금에 손실이 발생하는 구조

주요 주가연계증권의 수익구조 비교

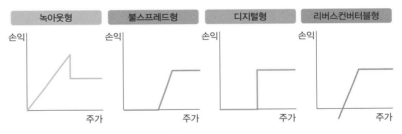

투자상품을 어떻게 조합하느냐에 따라 매우 다양한 수익구조를 만들 수 있습니다. 여기서는 대표적인 수익구조 4가지를 보여드리고 있습니다.

조기상환형

투자 기간에 상환평가일마다 일정한 조기상환조건을 충족시키면 제시된 수익률을 얻는 구조

월지급식

투자자산을 운용사가 운용해 매월 투자자에게 일정액을 되돌려주는 방식

다양한 구조화 금융상품과 리스크 관리

다양한 구조화 금융상품이 쏟아지고 있습니다. 조기상환형과 월지급식 상품 등 다양한데, 수익구조도 중요하지만 기초자산이 무엇인지도 중요합니다. 원금이 보장되지 않는 경우 최대손실이 어느 정도 가능한지, 그리고 중도환매가 가능한지 잘 체크한 후 가입할 필요가 있습니

다. 무턱대고 고수익률만 보고 가입하게 되면 수익은커녕 원금의 상당 부분이 손실되기도 합니다.

만약 구조화 금융상품의 수익구조가 잘 이해되지 않는다면 투자하지 않는 것이 원칙입니다. 투자하지 않으면 적어도 소중한 원금은 지킬 수 있기 때문입니다.

다만 다양한 투자자산의 금융화는 필연적이라고 할 수 있습니다. 금융화의 장점은 유연한 확장성에 있기 때문입니다. 주식과 관련된 금융상품을 부지런히 공부하고 연구해야 합니다.

금융화

금융화는 증권화와 비슷한 말로 실물자산을 금융상품화해 거래하는 트렌드를 말함. 예를 들어 원유를 원유실물로 거래하지 않고 원유 선물거래로 투자하는 것임

09
ETF, CB, BW

갈수록 금융상품이 다양해지면서 주식과 채권의 성격을 함께 가지는 상품도 있고, 주식과 펀드의 성격을 함께 가지는 상품도 있습니다. 새로운 투자대안을 찾는 고객의 니즈에 맞춘 상품들이 지금도 계속 생겨나고 있습니다. 주식과 다른 상품의 장점을 믹스한 경우 새로운 투자기회가 만들어지므로 늘 관심을 가져야 할 필요가 있습니다.

ETF

ETF(Exchange Traded Funds)는 일반적으로 주식·채권과 같은 기초자산의 가격이나 지수의 변화에 연동해 운용하는 것을 목표로 하는 펀드로서, 주식시장에 상장되어 주식과 동일한 방법으로 매매할 수 있어 거래의 편의성을 갖춘 펀드를 말합니다.

조금 다르게 표현하면 지수구성종목의 주식 및 순자산만큼의 현금을 수탁은행에 납입하고 운용회사가 이를 근거로 발행한 증권이 거래소 시장에서 개별주식처럼 거래되는 펀드라고 할 수 있습니다. 쉽게 한마디로 '상장지수펀드'라고 하는데 인덱스 펀드를 매매할 수 있도록 상장시킨 것이라고 이해하면 되겠습니다.

인덱스 펀드

선정된 목표지수와 같은 수익을 올릴 수 있도록 하는 펀드로, 예를 들어 주식이라면 대부분 종합주가지수를 인덱스로 설정

ETF의 특징에 대해 알아봅시다. 이를 통해 ETF와 인덱스 펀드의 공통점과 차이점을 명확히 구분해보죠.

1) ETF는 인덱스 펀드

ETF는 특정지수를 대표하는 인덱스와 동일한 수익을 얻고 인덱스와 동일한 위험을 부담하는 것을 목표로 운용되는 인덱스 펀드라고 개념을 잡으면 됩니다.

2) ETF는 시장에서 거래가 이루어지는 펀드

ETF는 기존의 인덱스 펀드와는 달리 거래소에 상장되어 있기 때문에 일반주식과 같은 방법으로 거래할 수 있습니다. 따라서 ETF에 가입하고자 하면 금융기관에 방문하는 것이 아니라 주식을 주문할 때와 마찬가지로 거래소의 거래시간에 전화주문 혹은 HTS에 접속해 주문을 해야 합니다.

3) ETF는 인덱스 펀드이면서 주식의 기능을 갖춘 신개념 투자대상

ETF는 인덱스 펀드를 시장에서 거래가 이루어질 수 있도록 설계되었기 때문에 기존의 인덱스 펀드의 단점을 최소화했습니다. 즉 ETF 1주를 매수함으로써 ETF가 추종하는 특정지수의 전 종목을 매수한 것과 동일한 효과를 가지며, 시장 내 매도로 현금화의 방법이 수월하면서 더 빠릅니다. 일반적인 코스피지수형 인덱스 펀드보다 하루 더 빨리 현금화할 수 있습니다.

차익거래

2개의 시장에서 가치가 다른 상품이 있을 때 한 곳에서는 사고 다른 곳에서는 파는 방식으로 무위험 이익을 내는 것이며, 현실적으로는 거래비용이 발생함

ETF와 인덱스 펀드의 비교

구분	ETF	인덱스 펀드
분산투자	○	○
시장거래	○	✕
신용거래	○	✕
차익거래	○	✕
공매도	○	✕
실시간 거래	○	✕

ETF는 인덱스펀드에 비해 투자의 편리성, 투자전략의 다양성 등이 좋습니다.

ETF의 장점

ETF는 저렴한 비용, 운용의 투명성 등 장점이 많습니다. 자세한 내용은 다음과 같습니다.

1) 저렴한 비용

보통의 펀드들이 1% 이상의 펀드 보수를 적용하는 것에 비해 상대적으로 낮은 보수율이 적용됩니다. 포트폴리오 변경 횟수가 적어 펀드가 부담하는 매매 비용이 적으며, 주식과 달리 ETF 매도시 증권거래세가 면제됩니다.

일반적으로 펀드의 수수료를 비교하면 다음과 같습니다.

- 펀드보수 : ETF 〈 인덱스 펀드 〈 성장형 펀드
- 펀드회전율 : ETF 〈 인덱스 펀드 〈 성장형 펀드

인덱스 펀드는 만기일 이전에 해지할 경우 수익의 일정부분에 해당하는 환매수수료를 지불해야 합니다. 이와는 달리 ETF는 거래소에 상장되어 일반 주식처럼 매매하므로 환매 수수료가 별도로 발생하지 않습니다.

2) 운용의 투명성

일반펀드가 매분기 및 매달마다 발표하는 것에 비해, ETF의 운용성과 및 포트폴리오는 매일 공시하므로 투명성이 높습니다. 펀드 내 투자금이 어디에 어떻게 투자되고 있는지 실시간으로 확인할 수 있어 투자 판단에 도움을 주며, 실시간 가격변동으로 투자수익 여부를 쉽게 판단할 수 있습니다.

3) 소액으로 분산투자하기에 용이

1주만 매수해도 지수를 구성하는 모든 종목에 투자하는 것과 유사한 효과를 볼 수 있습니다. 따라서 소액으로도 시장 전체에 투자할 수 있을 뿐만 아니라, 채권이나 원유와 같이 접근하기 힘든 자산에도 투자를 가능하게 해 분산투자효과를 극대화할 수 있습니다. ETF를 단순히 주식형 인덱스보다 저렴하다는 이유로 투자하다가도 다양한 분산투자의 매력에 투자하는 경우로 발전하는 경우가 많습니다. 그리고 투자전략에 따라 반대방향인 리버스(인버스) 투자나 2배를 추구하는 레버리지 투자도 가능합니다.

환매수수료

처음 계약했던 만기가 되기 전에 투자자가 돈을 찾을 때 수수료로 부과하는 것으로, 상품별로 계약조건에 따름

리버스

기초자산의 가격이 하락하는 경우 이익이 발생하는 상품

개별주식투자 vs. ETF 투자

구분	개별주식	ETF
거래소시장에서 실시간 거래 가능 여부	○	○
투자위험	'시장위험+개별종목 위험'을 다 가져 위험분산이 어려움	시장위험
위험 분산 효과	위험분산을 위해서는 일정규모 이상의 투자규모가 필요	소액투자를 통해서도 높은 분산효과를 창출
거래비용	주식 매도시 증권거래세(0.3%) 부과	증권거래세 면제
Sector 및 스타일 투자	투자목표 달성을 위해서는 일정수준의 투자규모가 필요	전략구사가 용이

개별주식에 비해 ETF는 지수를 추종하므로 분산투자효과가 있습니다.

4) 매매의 적시성

ETF는 특정지수의 움직임을 추종한다는 점에서는 인덱스 펀드와 동일하지만, ETF는 거래소에 상장되어 있기 때문에 일반 주식처럼 언제든지 쉽게 매매할 수 있으므로 시장 상황에 따른 탄력적인 매매가 가능합니다. 즉 장중 환매시점을 투자자가 마음대로 정할 수 있는 것입니다.

장중에 북한과 관련된 갑작스런 요인이 발생해 시장이 단기에 급락하는 경우를 예로 들어봅시다. 인덱스 펀드는 당일 종가로 결정되는 기준가로 가입하지만, ETF는 이같은 급락시점에 매수해 당일 중에도 시장 반등시 즉시 발빠른 매도가 가능합니다. 선물이나 옵션거래가 어려운 일반 투자자 입장에서는 선물이나 옵션의 대용상품으로도 ETF가 훌륭한 기능을 할 수 있는 것입니다.

환매

되사간다는 의미로, 쉽게 '해지'라고 생각하면 됨

주식 관련 채권(합성채권)

합성채권이라 함은 일반사채를 기본 성격으로 하되 별도의 기능을 부과해 자금수요자와 투자자 간의 자금거래가 더욱 원활하게 이루어질 수 있도록 한 채권을 말합니다.

일반적으로는 경쟁상품인 주식의 성격을 가미한 상품이 주종을 이루고 있지만, 채권의 기본조건(만기 등)을 변경할 수 있는 특약(예 : 신용도 하락시 조기상환요구권 인정)을 부가하는 등의 다양한 유형도 가능합니다. 이러한 특약이 부가될 경우 발행자는 금리부담 등을 덜 수 있고, 수요자는 다양한 투자요구를 만족시킬 수 있는 장점이 있습니다.

> **합성채권**
>
> 기본적으로 채권의 성격을 가지되 별도의 기능을 부가해 자금의 수요자와 투자자 간의 자금거래가 더욱 원활하게 이루어질 수 있도록 한 채권을 말하며, 보통 주식의 성격과 채권의 성격을 합성

전환사채

전환사채(Convertible Bond)는 발행 당시에는 이자가 확정된 보통사채로 발행되지만 미리 정해진 일정 조건에 의해 보유채권을 일정시점에서 일정한 수의 발행기업 주식으로 전환해 취득할 수 있는 권리가 부여된 사채입니다.

투자자는 주가 상승시에는 주식으로 전환해 주가상승에 따른 이익도 기대할 수 있으며, 주가하락시에는 주식으로 전환하지 않고 고정금리를 주는 채권의 특성을 인정받아 안정성을 확보할 수 있습니다. 확정이자를 받을 수 있는 채권으로서의 안정성과 주식의 가격상승으로 인한 자본이득을 함께 기대할 수 있는 점이 특징입니다.

통상 사채발행 후 3개월부터 만기 1개월 전까지로 정해지는 전환기

간 중에 언제든지 사채보유자는 발행시에 정해진 전환가액으로 채권을 주식으로 전환할 수 있습니다. 발행자의 입장에서 전환사채는 주식으로 전환할 수 있는 권리가 부여되기 때문에 그 옵션(권리) 프리미엄만큼 금리를 낮게 발행할 수 있습니다.

옵션 프리미엄

위험을 인수한 것에 대한 대가라는 의미

신주인수권부사채

신주인수권부사채(Bond with Warrant)란 발행시에 미리 정해진 일정한 조건에 근거해 그 회사의 주식을 인수할 권리가 붙은 사채입니다. 따라서 신주인수권부사채는 보통사채와 신주인수권이 하나로 결합된 증권인데, 사채보유자가 신주인수권을 행사할 때는 약정된 매입대금을 납입하고 신주를 인수하게 됩니다.

신주인수권부사채가 전환사채와 다른 점을 잘 알아두어야 합니다. 전환사채는 주식으로 전환될 경우에 채권의 효력이 없어지게 되지만 신주인수권부사채의 경우에는 신주인수권을 행사해 추가자금을 납입하고 주식을 취득하게 되므로 채권의 효력이 만기까지 존속된다는 것입니다.

사채보유자는 당초 정해진 행사가액으로 부여비율의 한도까지 미리 정한 행사기간 중에는 언제라도 그 회사의 주식을 인수할 수 있습니다. 한편 신주를 인수할 수 있는 권리 혹은 그 권리를 나타낸 증권을 워런트라 하며, 그 종류로는 분리형과 비분리형이 있습니다.

교환사채

교환사채는 사채소유자에게 소정의 기간 내에 사전에 합의된 조건으로 동 사채를 발행한 상장기업이 소유하고 있는 다른 회사 발행 상장 유가증권과 교환을 청구할 수 있는 권리, 즉 교환권이 부여된 사채를 말합니다. 따라서 교환권 청구시 추가적인 자금 부담이 없다는 점에서 신주인수권부사채와 다르며, 자본금의 증가가 수반되지 않는다는 점에서 전환사채와 다릅니다.

사채

사채는 회사채의 준말임

교환사채 vs. 전환사채 vs. 신주인수권부사채

구분	교환사채(EB)	전환사채(CB)	신주인수권부사채(BW)
사채에 부여된 권리	교환권	전환권	신주인수권
대상 유가증권	발행회사가 소유한 상장유가증권	발행회사의 주식	발행회사의 주식
권리행사 후 사채권자 지위	사채권자의 지위상실, 다른 회사 주주의 지위 획득	사채권자의 지위상실, 발행회사 주주의 지위 획득	신주인수권 행사 후에도 사채권자 지위 존속
주식의 취득가격	교환가격	전환가격	행사가격
주주가 되는 시기	교환을 청구한 때	전환을 청구한 때	신주인수를 청구한 때

주식의 성격이 가미된 채권의 특성은 채권에 부여된 주식에 대한 권리에 따라 구분할 수 있습니다.

전환사채와 신주인수권부사채가 주식투자자에게 현실적으로 중요한 점은 발행시에는 채권이나 주식이 전환 혹은 발행되므로 주식물량이 늘어나는 효과가 있다는 것입니다. 즉 주가가 오르는 상황에서 CB나 BW 발행이 많다면 물량부담 때문에 주가가 많이 상승하지 못할 수 있습니다. 따라서 주식이 새로 발행될 수 있는 CB, BW 기발행 공시

등을 꼼꼼하게 확인해봐야 합니다. 아울러 전환사채 등이 빈번하게 발행되는 회사는 재무구조가 좋지 않은 경우가 많으니 좀 더 각별한 주의가 필요합니다.

 주린이가 진짜 궁금해하는 것들

◎ 동전주를 보유한 채 그냥 두면 어떤 문제가 생기나요?

ⓐ 동전주라는 것은 말 그대로 지폐 단위인 1,000원 미만의 주식을 말합니다. 주가가 그 정도로 낮은 경우는 일반적으로 기업의 규모나 재무건전성이 좋지 않은 경우가 많습니다. 다만 해당 기업의 영업성과나 전망이 좋아진다면 투자자 입장에서는 주가가 낮아 접근성이 좋기 때문에 주가가 급등하는 경우도 발생합니다. 기업에 따라 투자여부를 결정할 문제이지, 단순히 동전주라고 해서 문제가 발생하는 것은 아닙니다.

08

나만의 주식투자
원칙 세우기

주식투자의 원칙이란 것이 어렵거나 먼 곳에 있는 게 아닙니다.
마트에서도, 드라마에서도 주식투자의 원칙을 찾을 수 있습니다.
나만의 투자원칙을 만들어 자본주의를 즐기길 소망합니다.

01
투자심리와 손절

우리는 어떤 결정을 했을 때 정보를 선별적으로 받아들여 옳은 선택을 했다고 믿는 경향이 있습니다. 그러나 투자에서는 많은 주의가 필요합니다. 사회생활에서는 "죄송합니다"로 마무리할 수 있을지라도 주식투자의 세계에서는 돈이 직접 움직이기 때문입니다. 강력한 자기통제력과 합리성으로 무장해야 전쟁에서 승리할 수 있습니다.

합리성

합리적이라는 것은 이치에 합당하다는 의미임. 주식투자자가 합리적인 의사결정을 하기 위해서는 공부를 많이 해야 함

소비자의 심리

비싼 돈을 들여 특정 브랜드의 옷을 샀습니다. 그런데 며칠 후에 해당 브랜드가 세일행사에 들어갔다는 것을 알게 되었습니다. 만약 여러분이 구매자라면 어떻게 생각할까요? 환불이나 세일가격으로 재구매가 쉽지 않다면 '세일기간의 옷들은 기획제품일 거야'라고 생각하지는 않을까요?

유명 학원에 과목별로 막대한 돈을 투자해 아이를 공부시켰는데 수능성적이 좋지 않게 나왔다고 가정해봅시다. 아이의 학습태도를 탓하기보다 학원의 문제라거나 수능제도에 문제가 있다거나, 쓸데없이 어렵게 출제되었다고 자기 합리화하는 경우가 많습니다. 실제로 고액과

외보다 더 중요한 것은 아이들의 학습태도라는 것을 잘 알면서도 우리는 다시 아이들 손을 잡고 다른 학원을 찾습니다.

이솝우화에 포도를 먹지 못한 여우가 "저 포도는 시큼할 거야"라고 말하는 것처럼 우리도 마찬가지입니다. 흔히 믿고 싶은 것만 믿어버리는 경우가 많습니다.

인지부조화와 투자의 세계

영국 철학자 칼 포퍼(Karl Popper)는 "우리가 옳다고 하는 만큼 우리는 언제나 틀릴 수 있다. 언제 틀릴지는 알지 못한다. 삶은 문제해결의 연속이다"라는 보석 같은 이야기를 남겼습니다. 진리에 다가가는 방법은 실수와 착오의 위험을 감수하면서 추측과 반박이라는 시행착오를 부지런히 거치는 것입니다.

이런 비판적 합리주의는 인간의 이성이 완벽하지 않고 오류를 범할 수 있다는 '이성의 한계'를 인정하는 데서 시작합니다. 내가 잘못했을 리는 없을 것이라는 독단적인 생각을 버리는 것에서 출발하는 것입니다.

미국의 사회심리학자인 레온 페스팅거(Leon Festinger)는 인지부조화 현상을 연구한 후 "인간은 합리적인 존재가 아니라 자신을 합리화하는 존재"라고 결론을 내렸습니다. 인간은 결코 이성적인 존재가 아닙니다. 오히려 자신이 틀렸다는 것을 인정하지 않으려다가 더 큰 실수를 저지르는 어리석은 존재입니다.

투자의 세계에서도 이는 적용되는데, 특히 투자경험이 적은 초보자는 종종 본인의 오류를 인정하지 않으려 합니다. 아무리 자신이 보유한 종목의 주가가 바닥을 치고 부정적인 정보들이 들려도 애써 외면합니다. 오히려 그 종목에 대한 조그만 긍정적인 정보나 전망에만 귀를 기울이면서 버티면 주가가 다시 반등할 거라는 희망을 고집합니다. 지금 주가의 움직임은 일시적인 현상일 뿐 결국은 자신의 생각대로 움직일 것이라는 믿음을 지속시킵니다. 자기가 하는 것은 분할매수이고, 남이 하는 것은 물타기입니다. 폭락하는 주가를 보면서도 손절매는 생각하지도 않고 애물단지마냥 들고 갑니다. 결국은 원하지 않는 장기투자자의 길로 들어섭니다.

시장과 주가는 결코 투자자가 희망하는 대로 움직여주지 않는 경우가 너무나 많습니다. 현실을 되도록 긍정적인 시각으로 바라보는 것은 바람직하지만 근거 없는 낙관이나 자기위안이 되어서는 곤란합니다. 자칫 감당하지 못할 정도로 손실을 키우는 결과를 가져오기 때문입니다. 그렇다면 투자자인 우리가 인지부조화와 자기합리화의 덫에 빠지지 않는 방법은 없을까요?

인지부조화

저평가라는 신념과 실제로 발생하는 주가 하락 간에 불일치에는 고통이 따르기 마련임. 이 때 냉철한 시장판단을 하지 못하면 원하지 않는 장기투자자가 될 수 있음

기술적 분석의 활용

개인적으로도 참 좋아하는 브랜드이자 경영진의 마인드가 좋은 회사인 오뚜기를 예로 들어보죠. 나름 분석을 통해 마음에 드는 주식을 매입했는데 주가가 떨어질 때 참으로 속상합니다. 상황이 예측과는 다르게 진행되는 것을 느끼면서도 언젠가는 반등하는 때가 오리라 생각하고 기다리다보면 결국 손절시기를 놓치게 됩니다.

오뚜기 주가 추이

자료 : 삼성증권 HTS화면

오뚜기의 2019년 주가 추이를 보면, 하락 추세임이 분명합니다.

주관적 판단이나 믿음에만 좌우되지 않도록 투자원칙을 정해놓고 이를 충실히 지켜나가야 합니다. 위 사례에서 기술적 분석을 활용하는 것이 도움이 됩니다. 5일 이동평균선이 장기 이동평균선을 뚫고 내려오면 아쉽더라도 정리하는 것입니다. 좋은 회사라 미련이 남는다면 일단 후퇴를 하고 하락의 추세가 멈추고 횡보에 들어갈 때 다시 매수 찬스를 노려보는 것이 좋습니다.

장기 이동평균선

단기 이동평균선의 상대적인 개념으로, 일반적으로 120일 이상의 이동평균선을 말함

냉정한 비관론자

기술적 분석도 결국은 완벽할 수 없고 확률의 문제이기 때문에 때로는 최악의 상황도 가정하는 냉정한 비관론자가 되어야 합니다. 분석한 것과는 다른 방향으로 상황이 전개될 때를 대비한 투자원칙은 명확하고

단순할수록 좋습니다. 그래야 자기합리화가 들어설 여지가 없어집니다.

예를 들어 투자를 시작하기 전에 미리 기대수익률과 함께 감내할 손실 허용선을 미리 정하는 것입니다. '투자금액 대비 10% 이상 손실이 나면 무조건 매도한다'와 같이 단순하고 강력한 원칙을 설정하는 것입니다. 그래야 위험 불감증으로 인한 손실을 줄일 수 있습니다.

손실 허용선

투자자가 견딜 수 있는 손실률이나 손실금액을 미리 설정하는 것임

주린이가 진짜 궁금해하는 것들

◉ **매도를 잘하는 특별한 방법이 있나요?**

Ⓐ 매도를 잘하는 왕도가 있다면 제게도 알려주기 바랍니다. 다만 조금의 팁이 있다면 첫째, 목표수익률과 손절수준을 정합니다. 목표수익률 혹은 목표가격을 미리 정하고 투자하면 시장상황에 휘둘려 매도시기를 놓치는 경우를 막을 수 있습니다. 주가가 오르면 대부분의 사람은 리스크에 너그러워집니다. 하지만 리스크 관리는 엄격해야 장기투자가 가능합니다. 만약 하락해 미리 정한 손절가격이나 손절수익률에 이르면 투자환경이 크게 변하지 않는 한 손절매도합니다. 둘째, 분할매도가 도움이 됩니다. 목표수익률 혹은 목표가격이 되면 최소 두 차례 이상으로 나누어 매도합니다. 추가 상승하는 경우 나머지 물량은 목표수익률보다 높여 매도할 수 있습니다. 목표수익률 도달 후 하락하는 경우에도 전액 현금을 확보하지는 못하지만 일부 현금을 확보하고 보유물량이 줄어들어 위험이 줄어듭니다. 셋째, 기술적 분석을 참고해서 매도하면 됩니다. 이 부분은 이 책의 기술적 부분을 참고하기 바랍니다.

02
분산투자

한 사람만 사귀고 결혼한다면 위험한 결정일까요? 여러 사람을 사귀어보는 것, 즉 인간관계에 있어 분산투자는 결혼이라는 중대한 결정을 앞두고 본능적으로 선택하는 합리적인 결정이라고 생각합니다. 이렇듯 분산투자를 모두들 생활에서도 실천하고 있는 셈입니다. 이론의 틀은 어렵지만 '분산투자는 위험을 줄인다'는 결론을 꼭 기억해야 합니다.

분산투자

나누어 투자하는 것은 위험을 줄이는 가장 쉽고 전통적인 방법임

집중투자의 함정

투자경험이 적은 사람이 주식투자에 실패하는 가장 흔한 경우는, 좋아 보인다는 주변의 권유를 받고는 제대로 분석도 하지 않고 집중 투자하는 것입니다. 물론 그렇게 매수해서 성공하면 좋지만 만약 기대했던 방향으로 현실이 진행되지 않으면 우왕좌왕하게 됩니다. 제대로 분석하고 투자했다면 상황이 좀 변하더라도 일시적인 것인지 판단해서 투자의 지속여부를 결정할 수 있지만, 그렇지 못했다면 속절없이 전혀 원하지 않았던 장기투자자가 되기 쉽습니다. 집중 투자는 기대수익률이 높은 만큼 위험도 커집니다.

투자경력이 적은 투자자에게 투자 위험을 줄이는 가장 현실적인 대

안이 종목을 분산해 투자하는 것입니다. 분산투자가 위험을 줄인다는 것은 단순히 나온 이야기가 아니라 세계 석학들에 의해 이론적으로, 수학적으로 검증된 것입니다. 초보투자자에게도 시사하는 바가 크니 간단하게나마 포트폴리오 이론에 대해 살펴보도록 하죠.

포트폴리오 이론

포트폴리오

초보투자자라도 산업별로 종목을 나누어 투자하는 습관을 가지면 좋음. 예를 들어 IT업종, 제약바이오업종, 음식료업종 중에서 한 종목씩은 투자종목에 꼭 편입하기 바람

위험자산으로 포트폴리오를 구성하면 포트폴리오의 수익은 개별 투자대상의 수익률을 투자비중으로 가중 평균한 값이 됩니다. 그런데 포트폴리오의 위험은 개별 투자안의 위험을 투자비중으로 가중 평균한 것보다 작거나 같습니다. 바로 이 점이 포트폴리오 투자의 가장 큰 장점입니다.

포트폴리오의 위험은 투자 자산 수익률 간의 상관관계에 따라 결정되는데, 상관관계가 작거나 음수를 가지면 수익률 변동성이 상쇄되어 포트폴리오 위험이 감소하기 때문입니다. 예를 들어 S전자와 L전자는 유사한 사업구조를 가지고 있어 주가의 움직임이 유사성을 가지지만 정확히 같지는 않습니다. 즉 S전자가 오를 때 L전자도 같이 오르지만 오르는 폭은 조금씩 다르게 나타나는 경우가 대부분입니다. 즉 두 투자안인 경우 이 두 투자안이 정확히 똑같은 방향이나 비율로 움직이는 경우, 즉 상관계수가 1인 경우는 현실적으로 드뭅니다.

결국 분산투자를 하면 개별 자산의 기대수익률은 포트폴리오 수익률에 바로 연동되지만 위험은 개별 투자안의 가중평균보다 낮아집니다. 이 점이 포트폴리오 투자의 보석 같은 매력입니다.

다음의 예시를 통해 좀 더 구체적으로 살펴봅시다. 아래 표는 주식인덱스펀드와 채권인덱스펀드의 투자 비중을 10%씩 조정해가면서 기대수익률과 표준편차의 변화를 나타내고 있습니다.

포트폴리오의 기대수익률과 표준편차 변화

구분	기대수익률(E(Ri))	표준편차(σi)	상관계수(ρBS)
채권인덱스펀드(B)	4%	6%	0.2
주식인덱스펀드(S)	10%	16%	
채권펀드 투자비중(wB)	주식펀드 투자비중(wS)	포트폴리오 기대 수익률(E(Ri))	포트폴리오 표준편차(σP)
(A) 100%	0%	4.0%	6.00
(B) 90%	10%	4.6%	5.93
80%	20%	5.2%	6.28
70%	30%	5.7%	6.98
60%	40%	6.4%	7.95
50%	50%	7.0%	9.09
40%	60%	7.6%	10.35
30%	70%	8.2%	11.69
20%	80%	8.8%	13.09
10%	90%	9.4%	14.53
(C) 0%	100%	10.0%	16.00

자료 : 금융자산투자설계 1 / 한국금융연수원

주식을 10% 편입한 포트폴리오의 기대수익률과 표준편차가 채권에 모두 투자한 포트폴리오의 기대수익률과 표준편차보다 양호하다는 것을 보여줍니다.

채권인덱스펀드에만 투자하는 경우(A)에는 기대수익률 4%, 표준편차가 6%입니다. 그리고 주식인덱스펀드에만 투자하는 경우(C)에는 기대수익률 10%, 표준편차가 16%입니다. 당연하지만 주식형펀드가 기대수익률이 높고, 위험도 함께 높습니다. 그런데 주목할 점은 채권형

상관계수

두 변수 사이의 상관관계(연관성)의 정도를 나타낸 계수로, 값이 1이면 두 변수의 움직임이 완전히 같다는 뜻이며, −1이면 움직임이 완전히 역방향임을 의미함

주식형펀드

주식에 60% 이상을 투자하는 펀드

펀드에 90%를 투자하고 주식형펀드에 10%를 나누어 투자하는 경우 (B) 기대수익률은 4.6%, 표준편차는 5.93%입니다. 즉 채권에만 모두 투자하는 경우보다 기대수익률은 조금 높고 위험은 오히려 조금 줄어드는 것입니다.

다시 한 번 설명하면 기대수익률은 주식형이 약간 포함되면서 올라갔는데 위험은 상관계수가 1보다 낮아 상쇄되는 효과가 있어 결국 약간이나마 축소되었다는 점입니다. 아래 그림을 보면 좀 더 명확하게 이해할 수 있습니다.

주식과 채권의 투자기회 집합

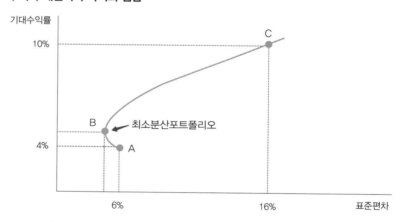

가장 위험이 적은 포트폴리오는 채권에 모두 투자하는 것보다는 일부 주식을 투자하는 포트폴리오라는 것을 보여줍니다. 안전성을 추구한다고 채권만으로 투자하는 것이 결코 최고의 선택이 아니라는 점을 증명하고 있습니다.

위 그림에서 보듯이 채권에만 투자하는 A안보다 주식을 10% 포함해서 투자한 B안이 최소분산포트폴리오이자 기대수익률이 더 높아 A안을 지배하게 됩니다. 물론 기대수익률이 매우 높은 고객은 주식으로만 투자하는 C안을 선택하게 될 것입니다.

이론이 어떻게 설명되는지 이해하지 못해도 큰 문제는 없습니다. 다만 분산투자하면 위험이 줄어든다는 점은 꼭 명심해야 합니다. 투자를 시작하고 절반을 잃으면 수익률은 −50%인데, 이를 다시 원금을 만들려면 100%의 수익률을 내야 합니다.

특히 초보투자자에게 당부드리고자 하는 것은 대박을 내는 것도 중요하지만 크게 잃지 않는 것이 더욱 중요하다는 것입니다. 기회는 반드시 다시 오기 때문에 조급하지 않게 공부하면서 준비하면 꼭 벌 수 있습니다. 쪽박이라는 위험을 관리하는 가장 쉬운 방법은 나누어 투자하는 것입니다.

분산투자의 방법들

각자 투자하는 스타일에 따라 여러 가지 분산해서 투자하는 방법이 있겠지만 실천하기 쉬우면서도 매우 중요한 방법들을 여기서 알아보겠습니다.

투자 스타일

투자스타일은 옳고 그름의 문제는 아님. 본인이 가장 편한 스타일로 투자하되 합리성만 지키면 됨

1) 10 vs. 10

100이라는 투자원금이 있다면 10개의 종목으로 대략 10% 수준으로 나누어 투자하는 것입니다. 이는 필자도 실천하는 방법입니다. 처음에는 10개의 종목에 분산해 투자하는 것이 다소 번거롭고 관리가 어렵게 느껴질 수 있으나 서서히 익숙해질 것입니다. 10개의 종목에 분산투자하다 보면 시장의 흐름에 따라 버는 종목들과 잃는 종목들이 생겨나면서 주식투자의 생리를 이해하는 데도 도움이 됩니다.

2) 반반투자

분산

나누어 투자하되 종목과 함께 투자시기도 나누면 더욱 변동성이 줄어들게 됨

종목을 분산하는 것뿐만 아니라 매매 시기를 분산하는 것도 위험을 줄이는 데 도움이 됩니다. 종목이 10개 종목 정도로 분산되어 있다면 현실적인 관리상 매수하거나 매도할 때 여러 번 나누어 매매하는 것이 쉽지 않을 수 있습니다. 이런 경우 반씩 나누어서 매매하는 것이 좋습니다. 아무리 좋아보여도 매수 목표량을 한꺼번에 매수하지 않고 반만 매수하고 가격 흐름을 보고 나머지 반을 매수하는 것입니다. 매도 역시 마찬가지입니다. 목표로 하는 수익률에 근접하면 일단 반을 팔고, 반은 좀 더 시장을 지켜보면서 매도하는 것입니다.

인생에 있어 가장 위험한 의사결정이자 계약은 결혼입니다. 세미나에 참석하다 보면 주식투자가 위험하지 않느냐고 물어보는 사람들이 많습니다. 이런 사람들에게 저는 이렇게 대답합니다. "사실 사는 것이 제일 위험한 것입니다. 그 중 결혼이 가장 어렵고 되돌리기 힘든 위험입니다." 결혼에 비하면 주식투자는 너무나 쉽습니다. 혼자서 열심히 공부하면 누구나 전문가가 될 수 있기 때문입니다.

03
기본적 분석 vs. 기술적 분석

기본적 분석과 기술적 분석 중에서 어느 것이 더 우월한 분석방법일까요? 투자전문가들은 지금도 논쟁 중입니다. 학문적인 부분을 떠나 주식의 초보자 입장에서는 자신에게 맞는 분석방법을 갈고 닦는 것이 중요합니다. 웬만하면 편견을 두지 않고 2가지 방법의 장점을 모두 사용할 수 있도록 공부하는 것이 좋습니다. 중요한 것은 결국 수익입니다.

기본적 분석과 기술적 분석의 우월성을 따지는 것은 학자에게 맡기고 초보투자자 입장에서는 종목발굴은 기본적 분석으로, 매매타이밍은 기술적 분석으로 풀어나가는 것이 합당합니다. 실제 필자가 투자했던 사례로 설명드리겠습니다.

기술적 분석상 저평가상태라 매수한 사례

건축자재로 유명한 KCC가 분할을 통해 신설된 법인이 케이씨씨글래스입니다. 신설된 법인은 유리부문과 PVC상재, 홈씨씨인테리어 사업부를 주요 사업으로 가지게 되었습니다.

분할

회사의 일부 사업부문을 분리해 하나 이상의 독립된 회사를 설립하는 것으로, 합병과는 반대되는 개념임

KCC 분할 재무제표

단위 : 백만원

계정	분할 전	존속법인(KCC)	신설법인(KCC Glass)
자산총계	8,689,706	7,687,802	1,056,027
유동자산	2,329,201	1,919,874(현금성자산 8,937억원)	409,327(현금성자산 1,798억원)
비유동자산	6,360,505	5,767,928(삼성물산, 모멘티브 등 포함)	646,699(코리아오토글라스 포함)
부채총계	3,137,632	2,990,837	153,884
유동부채	1,429,933	1,310,753(차입금 7,505억원)	119,180(차입금 84억원)
비유동부채	1,707,699	1,680,084(차입금 12,053억원)	34,704(차입금 4억원)
자본총계	5,552,074	4,696,964	902,143
자본금	56,435	48,085	8,350
자본잉여금	525,944	538,494	887,572
자본조정	−122,873	−975,962	–
이익잉여금	5,092,568	5,086,347	6,221
분할비율	–	0.8417998	0.1582002

자료 : 유안타증권

KCC 기업의 분할 전 약식 재무제표와 분할 후 신설될 법인의 약식 재무현황입니다.

현금성자산

현금 및 현금에 준하는 자산을 말함. 예를 들어 입출금통장에 들어 있는 돈이라든가 언제든지 해지할 수 있는 3개월 정기예금과 같은 것은 현금에 준한다고 봄

건설업 업황이 그리 밝지 못하고 저가 건자재의 범람으로 전반적인 주가상황이 좋지 못하리라는 것은 어느 정도 예상할 수 있는 부분입니다. 그럼에도 불구하고 신설법인의 현금성자산이 1,800억원 수준이고, 알짜회사인 코리아오토글라스 지분을 포함한 자산이 1조원 대이나 부채는 1,500억원 대이니 재무구조는 더 없이 탄탄하고 좋은 회사가 탄생하는 셈입니다. 기준가 46,700원에 상장되어 시가총액은 4,000억원이 조금 안 되는 수준에서 출발하게 되었습니다.

그런데 상장하면서 크게 폭락했고, 이것이 제 관심의 시작이었습니다. 아무리 현재의 건설업황이 어렵다지만 며칠의 하락으로 시가총액이 회사가 보유한 현금액 수준이라는 것은 아무리 생각해도 저평가 영역이었습니다.

가치투자의 관점에서 적절한 주식이 바로 케이씨씨글라스라고 할 수 있습니다. 상장 후 연이은 하락으로 4만원대 이하에서 5일선의 기

케이씨씨글래스 주가 추이

자료 : 삼성증권 HTS화면

케이씨씨글래스의 분할 상장 후 주가 추이를 보여줍니다.

울기가 완만해졌습니다.

개인적으로 차트의 기울기를 중요하게 생각하는데 신규 상장 종목으로 자료가 부족하기는 했지만 기본적 분석상 워낙 저평가 상태라 주가추이를 더 살피지 않고 매수를 시작했습니다. 매수 이후 '주가가 횡보하니 조만간 상승으로 전환하겠지' 생각하고 보유하다가 2차 하락기를 맞게 됩니다.

2차 하락기

1차 하락 후 횡보하다가 다시 하락하는 경우임. 2차 하락기에 개인들이 많이 매수하기에 개미투자자의 무덤이 되기 쉬움

물타기 vs. 분할매수

성공하면 분할매수이고, 실패하면 "대책 없는 물타기"라고 비난을 받는데, 이게 종이 한 장 차이인 셈입니다. 분할매수는 계획적으로 분할

해 매수하는 것이고, 물타기는 매수 후 하락하는 경우 매수단가를 낮추기 위해 어쩔 수 없이 추가매수하는 경우입니다. 손절할 것인지, 물타기를 할 것인지 고민의 순간에서 물타기를 선택했습니다. 지속적으로 조금씩 하락에 맞춰 추가로 매수를 했는데 주가가 12,000원까지 하락해 손실이 매우 커졌습니다.

물타기를 결정한 결정적인 이유는 지나친 저평가로 결국은 기회가 오리라고 확신했기 때문입니다. 물타기의 핵심은 생각지도 않은 주가 하락의 기간을 견딜 수 있을지에 대한 결정입니다. 힘든 시간을 견딜 자신이 없다면 매도하는 것이 답이겠지만 건실한 재무구조와 알짜회사인 오토글라스의 지분가치를 생각해보면 버틸 수 있겠다는 자신감이 들었습니다.

지분가치

보유하고 있는 주식지분의 가치를 말함. 우량한 회사의 지분을 가치고 있는 것 자체가 자산임

개인적으로 내 자신의 투자는 버틸 수 있었지만 그래도 전체 주식 투자금의 30% 수준이 넘어가니 적잖게 당황했습니다. 그런데다가 마침 종목추천을 요청하는 사람들에게도 추천을 했기 때문에 쥐구멍에라도 들어가고 싶은 심정이었습니다. 주가는 12,000원까지 하락했고, 분노의 물타기로 평균 매수단가를 25,000원 수준으로 만들어놓게 됩니다.

기술적 분석을 조금이라도 아는 사람이라면 앞의 차트에서 제가 투자한 첫 번째 시점이 아니라 골든크로스가 발생하는 두 번째 시점에서 매수해야 한다는 것을 쉽게 알 수 있을 것입니다. 기본적 분석으로 저평가된 종목을 발굴하고 기술적 분석으로 매매타이밍을 잡는 기본적인 원칙에 충실해야 했는데, 당시 성급한 측면이 있었으니 투자로서는 실패라고 봐야 합니다.

그런데 여기서 재미있는 공시를 보게 됩니다. 증여 공시입니다.

주식대량보유상황보고서

성명 (명칭)	생년월일 또는 사업자 등록번호 등	변동일*	취득/ 처분 방법	주식 등의 종류	변동 내역			취득/ 처분 단가**	비고
					변동전	증감	변동후		
정 몽 진	600805	2020년 04월 29일	증여(−)	의결 권 있는 주식	1,536,708	−170,068	1,366,640	29,400	수증 자 (정한 선)
정 한 선	071026	2020년 04월 29일	수증(+)	의결 권 있는 주식	2,056	170,068	172,124	29,400	증여 자 (정몽 진)

자료 : 전자공시시스템

주요주주의 주식보유현황에 대한 공시자료입니다. 주요주주의 지분변동사항은 공시가 의무이니 공시시스템에서 쉽게 확인할 수 있습니다.

증여는 매우 중요한 투자 포인트가 됩니다. 증여는 무상으로 재산을 이전하는 것으로 증여재산의 가액에 따라 증여세를 내야 하므로 증여하는 시점은 당연히 가격이 낮은 시점이 유리합니다. 주가가 지속적으로 하락했는데, 이때 주식을 자녀에게 증여한다는 것은 회사 사정을 잘 아는 대주주가 볼 때 이제 더 이상 주가하락은 어렵다고 본다는 반증인 것입니다.

증여 공시를 보고 마음이 편해졌습니다. 그래서일까요? 주가는 반등했고 평균 매수단가 이상에서 지속적으로 매도해 부담 없는 수준으로 보유주식을 줄일 수 있게 되었습니다. 이제부터는 편한 마음으로 주가의 추이를 기대할 수 있게 된 것입니다.

대주주

기업의 주식을 많이 소유한 사람을 말하며, 가장 지분이 많은 사람은 최대주주라고 함. 다만 세법에서 보는 대주주의 기준은 또 다름. 세법에서는 일정 금액이상의 주식을 보유하면 대주주라고 보고 있음

하나만을 고집하지 마라

투자실전은 선택의 연속이며 모든 선택이 성공하기 어렵습니다. 투자자가 생각하지 않은 방향으로 진행될 때 빠른 손절과 버티기 중 선택의 결정 요인은 '힘든 시기를 견딜 수 있을 만큼의 자신감이 있는가'입니다. 그럴 자신이 있다면, 강한 믿음이 있다면 회사의 재무구조가 튼실하다는 전제하에서 버틸 수 있을 것입니다.

결론적으로 초보투자자는 기본적 분석이나 기술적 분석 하나만을 고집하지 말고 자신의 투자원칙이 자리 잡을 때까지 종목 선정은 기본적 분석으로, 매매타이밍은 기술적 분석을 위주로 꾸준히 훈련하는 것이 좋겠습니다.

버티기

주식 용어로 '존버'라고도 함. 성공만할 수 있다는 보장이 있다면 존버하겠지만 그리 쉽지는 않음

04
적극적 투자 vs. 소극적 투자

'개별 주식에 투자할 것인가 아니면 주식시장에 투자할 것인가'에 관한 문제는 내가 시장을 이길 수 있는가와 유사한 질문이기도 합니다. 이는 또한 시장은 효율적인가에 관한 문제이기도 합니다. 이 질문에 대한 정답은 투자자 본인이 가지고 있습니다. 즉 옳고 그름에 관한 문제가 아니라 투자자의 스타일에 관한 문제인 것입니다.

시장은 효율적인가?

'시장은 효율적인가?'에 대한 질문을 다른 말로 하면 '시장수익률 + 알파는 가능한가?'와 같은 질문일 것입니다. 모든 초보자의 꿈이 워런 버핏과 같은 투자자가 되는 것입니다. 만약 시장이 효율적이라면 워런 버핏과 같이 장기적으로 시장을 이기는 투자성과를 기록할 수는 없을 것입니다.

그런데 시장이 효율적이지 않다면 주위의 주식투자자들 중에 성공한 사람이 많아야 할 것입니다. 하지만 현실은 온통 주식으로 잃었다는 사람이 대부분입니다.

수많은 석학들이 지금도 논쟁 중인 것을 우리가 단숨에 결론을 내

> **워런 버핏**
>
> 워런 버핏은 세계에서 가장 유명한 투자가로, 가치 있는 주식을 발굴해 매입하고 이를 오랫동안 보유하는 것으로 유명함. 가치투자로 너무나도 유명한 벤저민 그레이엄의 영향을 받음

기는 어려울 것입니다. 흥미로운 점은 일반적으로 금융회사가 많이 판매하는 펀드는 성장형 스타일인데 이는 시장의 비효율성을 전제로 한 셈입니다. 반대로 인덱스 스타일은 시장의 효율성을 전제로 하는 것인데 한국은 인덱스 펀드도 단순 인덱스보다는 '인덱스 + 알파', 심지어는 레버리지를 일으키는 펀드도 인기가 많은 편입니다. 한국인의 특성상 단순히 인덱스만 지키는 것은 시시하기 때문인가 봅니다.

시장의 비효율성

시장의 비효율성을 주장하는 것은 주식시장에서 주가는 합리적으로 형성되지 않고 고평가나 저평가가 수시로 발생된다고 보는 입장임

한편 시장이 효율적이라면 사실 주식으로 직접 투자해 성공하기는 어렵다고 봐야 합니다. 지금도 알파 논쟁은 지속되고 있고, 앞으로도 쉽게 결론이 나지 않을 것입니다. 알파 논쟁은 노벨 경제학상을 받을 학자에게 맡기고, 우리는 본인의 스타일에 맞는 주식을 찾아내고 투자전략을 실행시키는 것입니다. 결국 정답은 투자를 실천할 우리 스스로가 가지고 있기 때문입니다.

주식투자전략

주식투자전략은 앞서 잠깐 살펴보았지만 시장을 대하는 태도에 따라 적극적 투자전략과 소극적 투자전략으로 구분할 수 있습니다.

1) 적극적 투자전략

적극적 투자전략(Active strategy)은 말 그대로 적극적으로 투자해 시장평균수익률을 넘어서는 것을 목표로 하며, 소극적 투자전략은 시장의 평균 수익률을 추구하는 전략입니다. 적극적 투자전략은 시장의 비효율성을 전제로 종목선정에 심혈을 기울입니다. 따라서 여러 종목보

다는 제한적으로 선택한 종목에 좀 더 집중하는 경향이 있습니다. 또한 주가 예측을 통해 단기매매하는 성향을 보입니다. 즉 마켓타이밍을 적극적으로 잡습니다.

이에 비해 소극적 투자전략은 시장의 효율성을 전제로 시장을 추종합니다. 이론상 시장 전체를 매수 후 보유하며, 따라서 도중에 종목 교체를 위한 매매에 따르는 비용이 상대적으로 적습니다.

2) 소극적 투자전략

소극적 투자전략(Passive strategy)은 시장 전체의 평균수익을 얻거나 투자위험의 감소를 목표로 하는 투자전략입니다. 즉 증권시장이 효율적이라는 것을 전제해 초과수익을 얻는 것이 사실상 힘들다고 판단하는 것입니다. 투자결정을 위해 특별한 정보수집 활동을 하지 않고 일반적 예측을 그대로 받아들이므로 정보비용이 극소화될 뿐만 아니라, 매매 빈도도 극히 제한해 거래비용도 최소화하는 투자운용 방법입니다. 소극적 투자전략은 펀드매니저의 시장 상황을 벗어나는 투자를 배제하기 위해 통계적인 분석들을 많이 이용합니다. 패시브 투자전략은 따라서 일정범위 안에서 사전적으로 기대수익 및 리스크가 어느 정도 가늠이 됩니다.

거래비용

장기로 투자되는 경우 비용이 누적되면 무시할 수 없음. 투자전략의 우월성에 차이가 없다면 비용을 줄이는 방법을 선택하는 것이 합리적임

인덱스전략

소극적 투자전략의 대표는 인덱스(Index)전략입니다. 인덱스에 투자하는 것은 소극적 투자전략의 대표적인 운용전략이라 할 수 있습니다.

인덱스

시장지수를 말하며, 주식시장이라면 일반적으로 종합주가지수를 말함. 채권시장에도 채권인덱스가 있음

헤지펀드

다양한 상품에 투자해 목표 수익을 달성하는 것을 목적으로 하는 펀드로, 운용전략이 다양하며 사모펀드 형태가 일반적임

과거에는 주식시장의 인덱스만을 이야기하는 경우가 많았지만, 최근에는 인덱스전략이 다양한 상품에 접목되면서 주식, 채권, 원자재 등 거의 모든 투자대안의 다양한 인덱스를 추종하는 상품이 계속 나오고 있습니다.

주식시장의 대표 시장인덱스로는 'KOSPI200'이 대표적입니다. 그 외에도 다양한 인덱스가 개발되고 있습니다. 종합주가지수에 투자하는 방법은 인덱스펀드, 파생상품, ETF 등 다양합니다. 인덱스 자체도 다양한데 예를 들어 섹터 인덱스로 자동차, 반도체, 은행 등 업종의 전반적인 주가 흐름을 반영하는 인덱스뿐만 아니라 부동산과 관련된 지수도, 채권파생 및 헤지펀드와 관련된 상품 등 지속적으로 개발되고 있습니다.

가장 적극적인 의미에서의 소극적인 투자관리는 인덱스펀드나 지수 자체에 투자하는 것입니다. 즉 완벽하게 시장의 성과에 맡기는 것입니다. 인덱스는 시장 전체 움직임 자체이므로 인덱스에 투자하면 지수 산정에 포함되는 주식을 모두 산 것과 같은 효과를 얻게 됩니다. 즉 이렇게 구성된 투자는 수익과 위험에서 시장 평균 수준만큼의 성과를 누리는 것입니다.

같은 의미에서 파생상품을 직접투자하기 힘든 개인투자자라면 상장지수펀드(ETF)도 소극적인 투자관리의 가장 좋은 방법입니다. 이 방법은 효과는 비슷하면서 비용은 오히려 적게 들기 때문에 보다 효율적이라고 할 수 있습니다. ETF는 인덱스펀드와 비교할 때 거래비용, 유동성, 신용거래비용, 투자관리 등 여러 가지 면에서 유리하기 때문입니다.

인덱스 투자의 힘

한국 투자자는 인덱스투자를 무시하는 경향이 있습니다. 예를 들어 인덱스 펀드에 투자하는 것은 마치 수익을 올리기 위한 노력 없이 쉽게 투자하는 느낌을 받기도 합니다. 그러나 장기적으로 인덱스만큼 강한 것은 없습니다.

인덱스 투자의 장점들에 대해 살펴봅시다.

1) 강력한 시장수익률

우리는 시장평균수익률을 무시하는 경향이 있지만 사실 아무리 유능하고 몸값이 비싼 펀드매니저도 지속적으로 시장을 이기는 경우는 없습니다. 워런 버핏과 같은 투자의 대가도 최근 몇 년 동안의 투자수익률이 시장수익률에 미치지 못하는 경우가 생깁니다. 따라서 장기 투자한다면 인덱스가 성과적인 측면이나 비용적인 측면에서 가장 효율적일 수 있습니다.

2) 저렴한 비용

펀드의 경우에도 인덱스펀드는 시장전망이나 종목분석에 대한 비용이 낮으므로 액티브펀드보다 낮은 보수를 적용합니다. 또한 보유한 증권의 매매도 성장형 펀드에 비해 횟수가 적기 때문에 비용 자체도 저렴합니다. 장기로 투자하는 경우 비용의 차이도 무시할 수 없는 요소입니다. 시장을 꾸준히 이길 자신이 없다면 초보투자자는 인덱스를 투자해가면서 적은 비용으로 투자의 감을 조금씩 익혀보는 것도 좋은 방법입니다.

액티브펀드

시장 전체의 움직임을 상회한 운용 성과를 목표로 하는 펀드로, 예를 들어 주식형 펀드라면 종합주가지수보다 높은 수익률을 추구함

3) 투명한 운용

인덱스투자라면 추적대상 지수의 가격 변동이 바로 투자수익률이 됩니다. 따라서 투자자는 굳이 상품의 운용 현황을 체크하지 않더라도 수익률을 쉽게 추정할 수 있습니다. 액티브 스타일 운용의 경우 시장 수익률을 초과할 수도 있지만 현저히 미치지 못하는 경우도 생기므로 공격적인 성향이 아닌 투자자라면 시장에 투자하는 것이 합리적입니다.

4) 개별 종목 리스크 회피

특정 종목에 치중하는 공격적인 운용은 예기치 않은 개별종목의 리스크에 노출 됩니다. 특히 종목분석에 약한 개인투자자 입장에서 가장 마음 편한 투자는 인덱스 투자입니다. 따라서 처음 투자상품에 입문하는 고객이라면 액티브보다는 패시브 스타일이 투자를 관리하는 데도 도움이 됩니다. 시장 자체에 투자했기 때문에 남들보다 크게 실패할 확률도 줄어듭니다.

 주린이가 진짜 궁금해하는 것들

◎ 보유 종목을 몇 개 정도 가지고 가는 게 좋나요?

- -

Ⓐ 정답은 없습니다. 다만 분산투자가 현대 포트폴리오 이론으로 위험을 줄이는 합리적인 방법이라는 것은 검증을 받았습니다. 초보투자자라면 최소 3개 이상의 종목으로 투자를 시작하고, 일반적인 투자자의 경우엔 10개 정도의 종목이 적당하지 않을까 생각합니다.

개별위험 사례

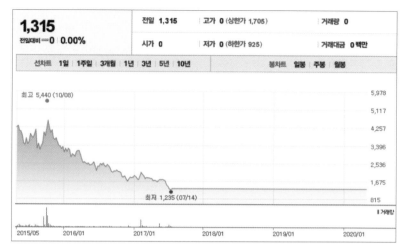

자료 : 네이버 증권

모 피자회사의 최대주주의 개인적인 문제로 주가가 급락한 상황을 보여줍니다.

상기 회사는 익히 유명한 피자회사의 주가입니다. 개인적으로도 좋아했던 피자인데 회장이 불미스러운 일을 일으키면서 사회적 지탄을 받아 순식간에 주가가 폭락했다가 심지어 주식의 거래정지까지 발생한 경우입니다.

개별 주식을 투자하다보면 이런 일을 겪게 되는 경우가 생기는데 이럴 때는 정말 고통스럽습니다. 그러나 식료품산업 자체는 경기방어적인 산업이기 때문에 섹터지수에 투자했다면 이런 개별 주식투자의 위험은 피할 수 있습니다.

섹터지수

특정 산업군 지수

인핸스드 인덱스 투자전략

인핸스드(enhanced) 인덱스 투자전략은 시장지수 수익률을 약간 초과하는 수익률을 목표로 하는 전략입니다. 적극적 투자전략과 다른 점은 제한적 위험을 근거로 인덱스의 추가 수익을 말 그대로 강화된 인덱스를 추구한다는 점입니다. 당연하지만 정통적인 인덱스 전략보다 추적오차가 크며 비용도 약간 늘어나게 됩니다.

단순 인덱스만으로 투자가 지루하다면 이런 전략이 유효합니다. 인덱스에 더해 제한된 플러스 알파 추구는 기본적으로 인덱스의 포트폴리오를 잘 구성해 인덱스보다 좀 더 높은 수익률을 올리겠다는 것이 기본 투자전략입니다. 이 투자 유니버스에 일부 특정 종목을 인덱스보다 강화해 포트폴리오를 구성하는 것입니다.

가장 많이 사용하는 투자사례로는 종합주가지수와 삼성전자의 주가 움직임의 차이를 이용하는 것입니다. 과거의 추이를 살펴보면 종합주가지수보다 삼성전자의 주가 움직임이 더 좋은 경우가 많았습니다. 지수와 괴리율이 높을수록 시장지수보다 낮은 수익률을 거둘 수 있다는 점은 당연합니다.

괴리율

기준이 되는 수치와의 차이를 뜻함. 통계에서는 오차라고 부르며 투자한 상품이 인덱스보다 성과가 낮게 되면 그 괴리율만큼 상대적인 손해가 발생함

3가지 전략의 성과 비교

비록 과거자료지만 결론적으로 주식초보자라면 투자전략의 차이를 느낄 수 있는 재미있는 사례를 들어보도록 하겠습니다. 채권에 투자한 경우, 주식 인덱스에 투자한 경우, 완벽한 마켓타이밍에 성공한 가상

의 경우, 이 3가지 전략에 대해 비교해봅시다.

1993년부터 2012년까지(20년간) 다음 3개의 투자전략을 수행한 경우를 살펴보죠.

- 투자전략 1 : 매년 1월에 만기 1년의 통화안정채권에 반복 투자
- 투자전략 2 : 지난 20년간 KOSPI 시장 포트폴리오에 투자(배당도 매년 재투자)
- 투자전략 3 : 매년 초 당해 연도 통화안정채권과 KOSPI 수익률 중 어느 것이 우월할지에 대해 완벽한 시장예측을 해서 우월한 것에만 투자하는 행위를 지난 20년간 반복한 경우

이러한 3가지 투자의 결과를 비교해보면 다음 표와 같습니다

3가지 투자전략에 따른 투자 성과 비교

전략	1. 통안채투자	2. 주식투자	3. 완벽한 시장예측
20년간 누적수익률	304.26%	324.25%	7,000.42%
연평균 수익률	7.31%	13.31%	25.35%
표준편차	4.15%	35.38%	21.55%

자료 : 금융자산투자설계 1 / 한국금융연수원

완벽한 시장예측을 했다고 가정한 경우의 수익률과 주식과 채권의 일정 기간 수익률을 비교한 표입니다. 현실적으로 완벽한 예측은 불가능하고, 다만 주식과 채권투자에 대한 합리적 기대수익률에 대한 감을 잡는 데 참고하기 바랍니다.

당연한 결과지만 첫 번째 전략인 채권에 투자하는 것이 수익률은 낮지만 가장 안정적인 수익률을 거두었습니다. 두 번째 전략인 주식 인덱스에만 투자하는 경우에도 연평균 수익률로만 판단하면 결과적

통화안정채권

한국은행이 시중의 통화량을 조절하기 위해 통화안정증권법에 따라 발행하는 금융채의 일종으로, 채무불이행 위험이 없다고 봄

시장예측

주식시장을 예측하는 것인데, 사실 이를 완벽하게 할 수 있는 사람은 없음. 또한 1~2년은 맞출 수 있지만 이를 지속적으로 맞추는 것은 더욱 어려움

이기는 하지만 연 13%라는 높은 수익률을 거둘 수 있었습니다. 다만 위험(표준편차)이 지나치게 높아서 심장이 약한 사람이라면 지속적으로 주식시장에만 투자하는 것은 어려웠을 것입니다.

마지막으로 완벽한 시장예측의 경우에는 말 그대로 가정이기는 하지만 놀라울 정도의 수익률을 보여줍니다. 마지막 전략은 그야말로 가정입니다.

이 사례 분석에서 보듯이 완벽하게 시장을 예측해 주식시장이 좋은 해에는 주식에, 채권이 우월한 성과를 기록한 해에는 채권에 투자했다면 투자원금의 70배에 달하는 수익률을 기록했을 수 있었습니다. 이런 유혹에 오늘도 많은 투자자들이 최적의 투자 타이밍을 찾지만 결코 성공이 쉽지 않다는 것은 자명합니다. 주식이 좋았던 해에 채권을, 채권이 양호했던 해에 주식을 투자하는 경우도 빈번하기 때문입니다. 특히 주식초보자에게는 더욱 그러합니다.

인덱스 투자로 시작

가장 중요한 사실은 장기적으로 한국의 주식시장 인덱스에 투자했다면 채권투자에 비해 높은 수익률을 기록할 수 있었다는 점입니다. 개별 종목이 아닌 주식시장 자체에 대한 장기투자의 중요성이 바로 여기에 있습니다.

한국은 극심한 경제적 침체기인 IMF 외환위기나 글로벌 금융위기와 같은 상황이 아니라면 매년 꾸준한 성장을 멈추지 않고 있습니다. 이런 수많은 실증적 결과에도 불구하고 주식시장에서 개인투자자의 성공이 어려운 것은 단기간에 고수익을 노리기 때문입니다.

목표 수익률이 지나치게 높으면 조급해지며, 조급해지면 시장을 오히려 읽지 못하게 됩니다. 또한 변동성이 큰 주식과 같은 상품은 단기에 승부를 내는 것 자체가 힘듭니다. 예를 들어 반토막이 난 경우에 손실률은 -50%이지만 다시 원금을 회복하려면 2배(100%)의 수익률을 기록해야 합니다. 단기에 이런 기회를 주는 종목을 잡는다는 것은 로또에 당첨된 것이라고 봐야 합니다.

굳이 지나치게 높은 수익률에 목표를 두지 않고 장기간에 걸쳐 한국이라는 나라의 성장 잠재력에 투자하는 인덱스 투자에 관심을 가져봅시다. 주식 초보자라면 주식시장을 이해하기 위해 인덱스 투자로 시작해보는 것도 괜찮은 방법입니다.

성장 잠재력

한국은 성장 잠재력이 있기에 위기에 강한 면모를 보여왔음. 다소 위축이 되는 구간이 오더라도 장기적으로는 성장해왔다는 점은 강점임

05
나만의 투자원칙

원칙을 가지는 것은 시시각각 변하는 세상에서 중심을 잃지 않게 해줍니다. 나만의 투자원칙을 가지는 것은 중심을 잡고 살아가는 것과 마찬가지입니다. 단, 나만의 투자원칙이 있더라도 전반적인 경제상황을 거스르는 투자는 성공하기 힘듭니다. 투자원칙을 수립하되 시장상황에 맞게 유연하게 대처해야 합니다. 투자하면서 계속 공부해가야 할 부분입니다.

워런 버핏의 투자원칙

워런 버핏의 투자 기업을 보면 오래된 제품과 서비스를 취급하는, 장수하는 기업들로 구성되어 있습니다. 예를 들어 미국에서 잘 팔리고 있는 크래프트(Kraft)의 나비스코 '오레오 쿠키'는 1912년부터 판매되고 있습니다. 버핏이 오랫동안 선호해온 '아메리칸익스프레스'는 1850년 뉴욕에서 처음 사업을 시작했고, 버핏이 선택한 은행인 '웰스파고'는 1852년에 설립되었습니다. '코카콜라'는 1886년부터 판매했고, P&G는 1837년에 비누를 팔기 시작했으며, '존슨앤드존슨'의 봉합제는 1887년 처음 시장에 나왔습니다. 다국적 제약회사 '글락소스미스클라인'은 1880년에 창립된 글락소웰컴과 1830년 첫 번째 약국의

봉합제

실밥제거가 필요 없는 의료용 봉합제

문을 연 스미스클라인비참이 합병되어 설립된 기업입니다. '월마트'와 '코스트코'는 버핏의 포트폴리오 중에는 가장 짧은 역사를 가진 기업들로 월마트는 1962년에, 코스트코는 1983년에 설립되었습니다.

대체 버핏은 왜 이토록 오래된 것을 중요시하는 것일까요? 버핏이 역사가 깊은 기업을 선호하는 이유는 무엇일까요? 기업이 판매하는 제품이나 서비스와 관계가 있기 때문입니다.

코카콜라를 예로 들어보죠. 코카콜라는 100년 이상 동일한 제품을 생산·판매하고 있습니다. 이 기업은 연구와 개발에 많은 돈을 투자할 필요가 없으며 생산 설비도 마모될 때만 교체해주면 됩니다. 그것은 제품 자체가 바뀌지 않는 만큼 동일한 기계와 설비를 교체하기 전까지 최대한 효과적으로 사용할 수 있다는 것을 의미합니다.

단지 경쟁력을 유지하기 위해 매년 연구와 개발에만 수십억 달러를 투자해야 하는 인텔과 코카콜라를 비교해봅시다. 만약 R&D에 투자를 하지 않으면 인텔 컴퓨터 프로세싱 칩은 3~4년 내에 구식이 되어 사용할 수 없을 것입니다. 그것이 버핏이 컴퓨터 산업에 관심을 갖지 않고 아무리 주식이 좋아보여도 그가 결코 손을 대지 않았다고 말한 이유입니다.

너무 빨리 바뀌고 이해하기도 어려운 기술을 기반으로 한 컴퓨터와 소프트웨어 업계는 미래가 확실하지 않습니다. 미래를 볼 수 없으면 어떠한 분야에도 손을 대지 않는다는 원칙을 충실히 따를 뿐입니다 (참고 : 『워런 버핏의 포트폴리오 투자전략』, 비즈니스북스).

워런 버핏은 지속적인 발전 가능성에 중점을 두어 주식을 선택하고, 시장의 흐름에 따른 잦은 거래가 아닌 장기간 보유하는 방식을 통해 거대한 부를 이룬 투자로 유명합니다. 이런 투자원칙이 꼭 정답은 아

소프트웨어

기계장치부를 말하는 하드웨어에 대응하는 개념으로, 프로그램과 같은 것을 의미함. 여기서는 소프트웨어를 무시하는 것이 아니라 워런 버핏의 '아는 것에 투자한다'는 투자철학을 설명하고자 하는 것임. 워런 버핏은 과거엔 IT기업에 투자하지 않았지만 현재의 포트폴리오에는 IT기업에 투자하고 있음

닐 수도 있습니다. 최근의 수년간에는 버핏의 투자수익률이 예전 같지 않다는 분석도 많습니다.

중요한 점은 자신이 잘 아는 투자에 장기적인 관점에서 투자를 진행해 왔다는 것입니다. 수익이 좋아보여도 잘 모르는 기업에는 투자하지 않았다는 점이 인상 깊습니다. 초보투자자의 흔한 실수는 고급정보라는 사탕발림에 속아 잘 알지도 못하는 기업에 집중적으로 투자하는 경우입니다.

나만의 투자원칙

나만의 투자원칙을 수립하는 것은 중요하지만 이런 원칙이 하루아침에 만들어질 리가 없습니다. 따라서 투자를 처음 시작하는 사람이라면 누구에게나 적용이 될 큰 틀의 투자환경 분석에 대해 먼저 분석을 시작해보겠습니다. 기본 원칙에서 시작해서 조금씩 자신의 색깔을 입혀 나가면 됩니다.

1) 거시적인 시장의 기본원칙

거시환경
세계경제 및 국가경제 등 거시적인 환경요소 영향을 많이 받음

아무리 뛰어난 사람도 시장을 항상 이길 수 없습니다. 기본적인 거시환경 속 주식시장의 투자원칙이 있습니다.

경기는 항상 좋거나 항상 나쁜 것이 아니라 생물처럼 순환을 합니다. 그 주기가 특정되어 있지 않아서 정확하게 분석하는 것은 어렵지만 일반적인 경기상황은 뉴스들을 통해서도 감을 잡을 수 있습니다. 그림의 왼쪽 부분이 경기가 상승하는 구간과 투자대안이고, 반대로 오

경기변동에 따른 투자전략 및 대안

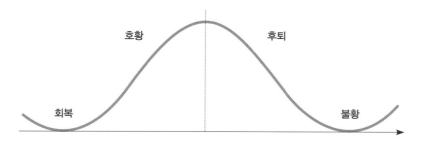

• 거시경제상황

경기	경기개선	경기둔화
물가	물가상승	물가하락
금리	고금리	저금리

• 투자 유망 기초자산

주식	경기민감주	경기방어주
채권	회사채/하이일드	국채
원자재	기초소재/원유	금

경기상황을 무시한 투자는 실패하기 쉽습니다. 경기변동에 대한 기본적인 이해를 가지고 투자전략을 수립해야 합니다.

른쪽 부분은 경기가 하락하는 구간과 투자 유망한 대안입니다.

주식투자는 당연히 경기가 상승할 때 유리합니다. 경기가 정점일 때 주식을 정리하고 높은 금리의 정기예금으로 갈아타고, 경기가 바닥에 이르면 다시 주식을 매수하는 것이 환상적인 투자전략이라 할 수 있습니다. 채권에 투자한다면 경기가 좋은 상황에서는 수익률이 높은 회사채가 유리하지만 경기가 하강하는 상황에서는 리스크에 대해 민감해지므로 국채가 유리합니다. 경기가 상승하는 국면에서는 유가나 구리

회사채

경기가 정점에 있다면 높아진 금리수준을 확정할 수 있는 회사채가 유리함

안전자산

경기가 불황인 경우 상
대적으로 안전한 자산
을 말함. 화폐로는 달러
가, 실물자산으로는 금
이 대표적임

와 같은 원자재가 유망하고, 경기가 하락할 때는 금과 같은 안전자산
에 투자가 몰리게 됩니다.

말은 참 쉬운데 투자현장에서 이렇게 이분법적으로 구분지어 투자
한다는 것은 당연히 어려운 일입니다. 다만 기본적인 투자대안으로 꼭
기억해야 합니다.

2) 경기민감 vs. 경기둔감

경기가 좋을 때는 사실 어떤 주식에 투자해도 성과가 좋을 확률이
높기 때문에 잘 드러나지 않으리라 생각하지만 경기에 민감한 업종에
투자하는 것과 그렇지 않은 것과는 차이가 크게 납니다. 경기에 순응
적인 산업은 대표적으로 IT·건설·조선·철강업종 등이 주로 이야기됩
니다.

건설업 주가 추이

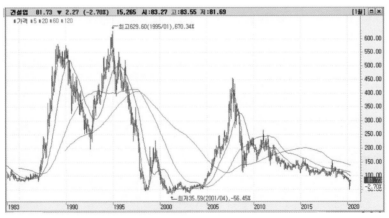

자료 : 삼성증권 HTS화면

유가증권시장의 건설업종 장기지수입니다. 경기에 민감한 업종이므로 상승과 하락의 진폭이 큽니다.

경기민감업종 중 대표적으로 유가증권시장의 건설업종의 주가추이를 보면 명확해집니다. 진폭이 매우 크다는 것이 확연히 드러나는데, 경제성장률이 좋을 때와 침체기일 때 확연히 구분됩니다.

경기가 좋지 않을 때에는 전문가들은 쉬는 것도 투자라고 합니다. 그런데 주식을 투자하다 보면 경기가 좋지 않다고 투자를 멈추는 것이 마음 같지 않습니다. 이런 경우 경기 변동에 상대적으로 둔감한 업종에 투자하는 것이 성과가 좋을 확률이 높습니다.

음식료업 주가 추이

음식료업종의 주가추이입니다. 경기민감성이 낮은 편이며 장기적으로 성장해 왔습니다.

대표적인 경기방어업종인 음식료업의 장기 주가추이를 보면 건설업과는 다름을 알 수 있습니다. 주로 상승의 트렌드에서 크게 벗어나지 않고, 하락도 건설업과는 매우 다르게 비교적 짧게 오는 경향이 있습니다.

물론 업종 내에서도 수많은 종목이 있고, 업황이 힘들어도 힘차게

경기방어업종

경기에 상대적으로 둔감한 업종이 경기방어업종에 해당함. 식음료나 통신, 전기 등 생활에 꼭 필요한 상품을 만드는 업종이 경기방어적인 업종에 해당함

성장하는 기업도 있을 수 있습니다. 그렇지만 현실적으로 주식투자경험이 적은 투자자라면 경기에 따라 순응하는 투자를 하는 것이 확률적으로 성공에 가깝습니다.

나의 투자실력이 확고히 자리잡을 때까지는 전반적인 경기의 순환과정 안에서 업종을 선택하고 그 업종 안에서 상대적으로 저평가된 종목을 발굴하는 노력을 계속 해야 합니다. 저평가된 종목을 발견하기 어렵다면 가장 쉬운 방법은 해당 업종에서 1등 주식에 투자하는 것이 안전합니다.

 주린이가 진짜 궁금해하는 것들

◉ 주식투자금은 최소 얼마 정도가 적당한가요?

Ⓐ 투자자금은 투자자의 상황에 따라 천차만별입니다. 1억원을 가진 사람의 1천만원과 1천만원이 전 재산인 사람의 1천만원은 금액은 같아도 그 무게감은 완전히 다를 것입니다. 다만 중요한 점은 본인의 생활에 지장이 없는 여윳돈으로 투자해야 한다는 것입니다. 주식투자는 변동성이 크기 때문에 그 변동성을 완화하는 방법 중 하나는 투자를 길게 가져가는 것입니다. 여유가 없는 만기가 정해진 자금으로 투자하면, 투자가 원하지 않는 상황에 이를 때 손실을 강제로 실현시켜 반등의 기회를 잡지 못하는 우를 범하게 됩니다. 여유자금으로 여유롭게 좋은 주식에 투자하기 바랍니다.

여윳돈

여유가 있는 경우 기다릴 수 있지만 만기가 정해진 경우에는 원하지 않는 상황에서도 청산을 해야 함. 변동성이 큰 투자안일수록 더더욱 여윳돈으로 투자해야 함

06
역발상 투자

남들과 다른 길을 가는 것은 외롭고 힘든 일입니다. 이렇게 인간의 본성에 역
행하는 것이지만 투자에서는 종종 필요한 전략이 됩니다. 남들과 똑같이 한
다면 평이한 투자가 되는 것이기 때문입니다. 높은 수익은 지나친 공포를 이
겨내며 자라게 되고, 큰 손실은 지나친 낙관에서 발생합니다. 냉철한 분석이
여러분의 계좌를 살찌우는 원동력입니다.

투자자의 군중심리

우리가 상품을 구매할 때는 여러 곳의 가격정보를 수집하고 세일기간
을 활용하는 등 최대한 저렴한 가격에 구매하려고 노력합니다. 그런데
주식은 약간 다른 측면이 있습니다. 주가가 오르면 오를수록 더 많은
사람이 사려고 하는 경향이 있습니다. 대부분의 사람은 주식시장이 오
르는 초기에는 그 흐름에 합류하기를 꺼리다가 주가가 장기적으로 오
르고 있을 때, 뉴스에 주가의 가파른 상승 이야기가 나올 때 관심을 가
지고 투자에 뛰어드는 경우가 종종 발생합니다.

주식투자의 군중심리는 주식투자는 위험하다는 두려움과 대박이
가능하다는 욕심이 뒤엉킨 현상입니다. 주식시장의 과거는 오르건 내

군중심리

합리성보다는 지나치
게 분위기에 휩쓸리는
일반인이 많음. 전문가
는 이런 군중심리를 역
으로 이용함

리건 과열된 시장상황이 반복되었다는 것입니다. 희망이 넘쳐나는 과열된 시장에서는 경쟁력이 부족한 기업에도 쉽게 투자하지만, 공포가 지배하는 시장에서는 저평가된 업종 1등기업도 투자를 꺼리게 됩니다. 그래서 역발상투자가 의미를 가지게 됩니다.

다우이론

찰스 다우가 개발한 다우이론은 기술적 분석 중에서 가장 유명하고 오래된 방법입니다. 매매신호가 늦게 나타난다는 비판이 많은데, 여기서는 전문가와 일반 투자자의 매매심리에 대해 주로 살피고자 합니다.

다우이론의 장기추세 진행과정
- 강세시장 : 매집국면 → 상승국면 → 과열국면
- 약세시장 : 분산국면 → 공포국면 → 침체국면

매집국면
전문가가 일반인이 사지 않을 때 주식을 매집하는 단계

강세시장의 제1국면인 매집국면에서는 경제전망이 어둡지만 거래량이 점차 늘어나는데, 이때 전문가는 매입을 시작합니다.

제2국면인 상승국면에서는 경기가 호조에 들어가고 주가가 상승하면서 일반인의 관심이 고조됩니다. 이때 전문가는 오히려 매도를 시작합니다.

제3국면인 과열국면에서는 경기 호조가 이어지며 주가가 과열단계에 들어가고, 일반인이 확신을 가지고 주식을 매수합니다. 전문가는 이때 오히려 매도를 강화합니다.

약세시장의 제1국면인 분산국면에서는 전문가는 수익 실현을 마무리하고 주가는 소폭 하락해 거래량은 증가하는 양상을 보입니다.

제2국면인 공포국면에서는 경기가 침체에 들어가고 주가가 급하게 하락하며 거래량이 급감합니다. 이때 전문가는 매수를 시작합니다.

제3국면인 침체국면에서는 일반 투자자의 투매현상이 나타난 후 주가 낙폭이 점차 축소됩니다. 이때 전문가는 매수를 늘리게 됩니다.

다우이론을 잘 발전시키고 활용했던 그랜빌은 강세시장과 약세시장에서 일반투자자와 전문투자자의 생각이 다르게 나타나는 것에 주목했습니다. 전문투자자가 약세3국면에서 확신을 가지고 매수하고 강세3국면에서 공포를 가지고 매도하는 것에 비해, 일반투자자는 반대의 심리로 매매하는 경향이 있다는 것입니다. 이렇게 일반인과 다르게 냉정하게 시장을 바라보고, 전문가적인 시장분석 능력을 가지려면 공부하고 실천하고 적응하는 훈련이 끊임없이 필요할 것입니다.

분산국면

전문가가 주식을 매도해 이익을 실현하는 국면

과열신호

일반적인 투자자와는 반대로 역발상을 하려면 비정상적인 과열이라는 것을 판단해야 하는데, 초보투자자도 쉽게 확인할 수 있는 방법은 신문의 표지기사입니다. 신문의 커버스토리에 증시에 대한 기사로 도배가 된다면 현재 시장에 참여하는 대다수의 사람들이 앞으로의 시장 전망에 대해서 지나치게 의견이 일치되고 있다는 증거가 됩니다.

시장이 과열될 때를 시각적으로 파악할 수 있는 좋은 지표가 바로 변동성지표입니다. 변동성이 크다는 것은 시장이 그만큼 크게 변동하고 있다는 증거이므로 이를 공포지수라고 부르기도 합니다.

VIX

Volatility Index의 약자
로 변동성지수라고 하
며 공포지수라고도 함

주식시장의 변동성을 파악할 수 있는 지표인 VIX는 시카고선물시장의 옵션 변동성 지수입니다. 옵션은 변동성을 먹고 사는 만큼 변동성이 커질수록 옵션가격이 높아지는데, 이 옵션가격에 내재된 변동성을 측정해 지수화한 것입니다. 이와 유사하게 한국시장의 변동성지수로 한국거래소는 VKOSPI를 발표합니다.

VKOSPI는 주가의 오르고 내리는 것이 중요한 것이 아니라 오르고 내리는 변동성이 확대되는지 축소되는지에 대한 것이니 주가의 방향성과는 별도의 지표라는 점을 주의해야 합니다. 전문투자자는 이를 변동성 자체에도 투자하고 위험을 관리하는 수단으로도 쓰지만 초보투자자라면 일단은 시장의 공포를 활용하는 역발상 투자에 집중하도록 합시다.

VKOSPI 예시

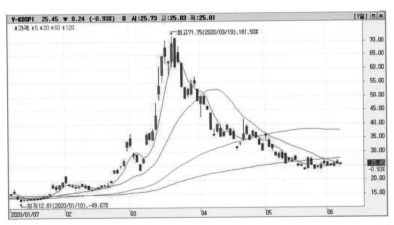

자료 : 삼성증권 HTS화면

유가증권시장의 변동성에 대한 지표입니다. 주의하실 점은 상승과 하락이 아니라 변동성 자체가 커졌는지 줄었는지에 관한 지표입니다. 주식시장에서 변동성은 위험성과 유사한 말이므로 시장의 변동성이 극대화될 때는 역으로 투자진입을 고려할 필요가 있습니다.

코로나19 사태가 좋은 사례가 됩니다. 2020년 코로나19의 영향으로 시장은 급락했고 변동성이 급격히 확대되는 것을 볼 수 있습니다. 2020년 3월을 지나면서 변동성이 정점을 지나 축소되기 시작하는데, 바로 이런 시기가 일반투자자가 공포에 휩싸일 때 투자를 시작하기 좋은 타이밍이 됩니다.

정확히 고점을 파악하기 힘들다면 5일 이동평균선이 20일 이동평균선을 하향 돌파할 때를 선택하는 것도 방법입니다. 변동성지표가 개발된 것이 오래지 않아 익숙하지 않지만 HTS화면에서 쉽게 찾을 수 있습니다.

차트로 흐름을 쉽게 볼 수 있지만 나름 고급지고 전문적인 지표이니 잘 활용해보면 좋겠습니다. 1년에 한번 정도는 시장이 출렁거리는 때가 꼭 오는데, 이런 기회를 포착할 수 있게 되면 전문가에 가까워지는 것입니다.

변동성 지표

변동성을 수치화한 지표로, 변동성은 주식시장에서 위험을 뜻함. 변동성을 역이용하는 투자전략을 세울 필요가 있음

■ 독자 여러분의 소중한 원고를 기다립니다 ────────────

메이트북스는 독자 여러분의 소중한 원고를 기다리고 있습니다. 집필을 끝냈거나 집필중인 원고가 있으신 분은 khg0109@hanmail.net으로 원고의 간단한 기획의도와 개요, 연락처 등과 함께 보내주시면 최대한 빨리 검토한 후에 연락드리겠습니다. 머뭇거리지 마시고 언제라도 메이트북스의 문을 두드리시면 반갑게 맞이하겠습니다.

■ 메이트북스 SNS는 보물창고입니다 ────────────

메이트북스 홈페이지 www.matebooks.co.kr

책에 대한 칼럼 및 신간정보, 베스트셀러 및 스테디셀러 정보뿐만 아니라 저자의 인터뷰 및 책 소개 동영상을 보실 수 있습니다.

메이트북스 유튜브 bit.ly/2qXrcUb

활발하게 업로드되는 저자의 인터뷰, 책 소개 동영상을 통해 책에 서는 접할 수 없었던 입체적인 정보들을 경험하실 수 있습니다.

메이트북스 블로그 blog.naver.com/1n1media

1분 전문가 칼럼, 화제의 책, 화제의 동영상 등 독자 여러분을 위해 다양한 콘텐츠를 매일 올리고 있습니다.

메이트북스 네이버 포스트 post.naver.com/1n1media

도서 내용을 재구성해 만든 블로그형, 카드뉴스형 포스트를 통해 유익하고 통찰력 있는 정보들을 경험하실 수 있습니다.

STEP 1. 네이버 검색창 옆의 카메라 모양 아이콘을 누르세요. STEP 2. 스마트렌즈를 통해 각 QR코드를 스캔하시면 됩니다.
STEP 3. 팝업창을 누르시면 메이트북스의 SNS가 나옵니다.